RENDEZ-V

Maurice Druon est né à [...] études secondaires (il est lau[...] à l'Ecole des Sciences politi[...] Aspirant sorti de l'Ecole de [...] 1940, il s'évade de France en 1942 pour rejoindre les Forces Françaises Libres à Londres. C'est là qu'il écrit avec son oncle Joseph Kessel les paroles du *Chant des Partisans* (1943) dont la musique est d'Anna Marly. Il sera correspondant de guerre jusqu'à la fin des hostilités.

Romancier, essayiste, historien, Maurice Druon a publié à partir de 1946 plus de vingt-cinq ouvrages, traduits dans le monde entier. Les plus connus sont la trilogie des *Grandes Familles* dont le premier tome a reçu le Prix Goncourt en 1948 (les deux autres titres sont *La Chute des corps* et *Rendez-vous aux enfers*), le cycle des *Rois maudits* (sept volumes), *Les Mémoires de Zeus*, *La Volupté d'être* (dont a été tirée une pièce : *La Contessa*), *Alexandre le Grand*, et un conte, *Tistou les pouces verts*, qui est un classique de l'enfance.

Grand Prix littéraire de Monaco pour l'ensemble de son œuvre, en 1966, élu à l'Académie française la même année, à quarante-huit ans, Maurice Druon a été ministre des Affaires culturelles en 1973-1974, député de Paris en mars 1978, député européen en 1979. Secrétaire perpétuel de l'Académie française depuis 1986.

ŒUVRES DE MAURICE DRUON

A La librairie Plon :

LA FIN DES HOMMES

I. — LES GRANDES FAMILLES.
II. — LA CHUTE DES CORPS.
III. — RENDEZ-VOUS AUX ENFERS.

LA VOLUPTÉ D'ÊTRE.

LES ROIS MAUDITS

I. — LE ROI DE FER.
II. — LA REINE ÉTRANGLÉE.
III. — LES POISONS DE LA COURONNE.
IV. — LA LOI DES MALES.
V. — LA LOUVE DE FRANCE.
VI. — LE LIS ET LE LION.

LES MÉMOIRES DE ZEUS

I. — L'AUBE DES DIEUX.
II. — LES JOURS DES HOMMES.

ALEXANDRE LE GRAND.
LE BONHEUR DES UNS...
TISTOU LES POUCES VERTS.
LA DERNIÈRE BRIGADE.
L'AVENIR EN DÉSARROI (essai).
DISCOURS DE RÉCEPTION A L'ACADÉMIE FRANÇAISE.
LETTRES D'UN EUROPÉEN (essai).

Dans Le Livre de Poche :

LES GRANDES FAMILLES.
LA CHUTE DES CORPS
LA VOLUPTÉ D'ÊTRE.
ALEXANDRE LE GRAND.

LES ROIS MAUDITS

I. — LE ROI DE FER.
II. — LA REINE ÉTRANGLÉE.
III. — LES POISONS DE LA COURONNE.
IV. — LA LOI DES MALES.
V. — LA LOUVE DE FRANCE.
VI. — LE LIS ET LE LION.

MAURICE DRUON

de l'Académie française

LA FIN DES HOMMES
III

Rendez-vous aux enfers

ROMAN
NOUVELLE ÉDITION

LE LIVRE DE POCHE

© Maurice Druon, 1970.

*A Donine de Saint-Sauveur
ce livre est dédié.*

CHAPITRE PREMIER

LE BAL DES MONSTRES

I

La Préfecture de Police avait l'obligation de fournir un officier de paix et un détachement d'agents lorsqu'un ministre était attendu à une réception. Pour cette raison, durant toute la seconde moitié du printemps, il ne se passait pas de jour qu'un service d'ordre spécial, à la porte d'un académicien, d'un directeur de journal, d'une duchesse, d'un bâtonnier, d'un grand banquier, ne canalisât la circulation et ne fît ranger les voitures en épi le long du trottoir.

Les marronniers des avenues portaient leurs derniers thyrses blancs; les tulipes éclataient dans les massifs des Tuileries, au pied des statues de marbre et des jeunes couples pétrifiés sur les bancs dans l'échange d'un immobile baiser.

Cependant chaque soir, entre cinq et huit heures, dans l'étranglement des guichets du Louvre ou les

encombrements de l'Opéra, derrière les gros autobus verts ramenant leurs cargaisons de labeur et de
lassitude, se pressait le flot des voitures particulières à l'intérieur desquelles s'impatientaient des
gens importants, ou qui croyaient l'être, ou qui voulaient l'être, et qui souffraient de chaque minute
perdue comme d'un nerf arraché.

Paris était au plein milieu de sa « Saison ».

A tour de rôle, trois cents maîtresses de maison
faisaient déplacer leur mobilier et fourbir leur
argenterie, retenaient les mêmes serviteurs en extra,
dévalisaient les mêmes fleuristes, commandaient
chez les mêmes fournisseurs les mêmes petits fours,
les mêmes pyramides de sandwiches au pain de
mie ou au pain de seigle, fourrés des mêmes ver-
dures et des mêmes anchois, pour retrouver après le
départ de leurs invités leurs appartements désolés
comme par le passage d'une armée en campagne,
leurs meubles jonchés de coupes vides et de vaisselle
sale, leurs tapis roussis par les cigarettes, leurs
nappes moirées de taches, leurs marqueteries frap-
pées de cercles poisseux, leurs fleurs asphyxiées par
les effluves de la foule, et pour se laisser choir, rom-
pues, dans un fauteuil, en prononçant toutes la
même phrase :

« Dans l'ensemble, cela s'est très bien passé... »

Et toutes, le lendemain, sinon le soir même, sur-
montant leur feinte ou leur réelle fatigue, se préci-
pitaient à des réceptions identiques.

Car c'étaient toujours les quelques mêmes centaines de personnes, appartenant à ce qu'il y avait de

plus notoire dans le parlement, les lettres, les arts, la médecine, le barreau, à ce qu'il y avait de plus imposant dans la finance et les affaires, à ce qu'il y avait de plus marquant parmi les étrangers de passage, de plus prometteur ou de plus habile dans la jeunesse, de plus riche dans la richesse, de plus oisif dans l'oisiveté, de plus « gratin » dans l'aristocratie, de plus mondain dans le monde, que l'on voyait graviter, se bousculer, s'écraser, s'embrasser, se lécher, se juger, se haïr.

La parution d'un livre, la première d'un film, la centième d'une pièce de théâtre, le retour d'un explorateur, le départ d'un diplomate, l'ouverture d'une galerie de tableaux, le record d'un pilote, tout servait de prétexte à quelque festivité.

Chaque semaine, une coterie, pourvu que la presse l'étayât, révélait un génie qui ne durerait pas deux mois, étouffé dans son succès ainsi qu'une torche dans sa fumée.

Paris étalait alors en fait de robes, de bijoux et d'ornements tout ce que ses métiers d'art et de mode pouvaient produire. L'invention et le goût, l'argent aussi, se dépensaient sans compter pour le vêtement, la parure et le décor.

Prodigieuse foire aux vanités, comme peut-être jamais il ne s'en était tenu sur la terre ! Quel mouvement intérieur, quelle nécessité poussaient ces gens à s'inviter ainsi par fournées, à répondre aux invitations, à feindre le plaisir en des lieux où ils s'ennuyaient, à danser par politesse avec des partenaires qui leur déplaisaient, à se vexer s'ils étaient

omis sur une liste mais à gémir chaque fois qu'ils
recevaient un nouveau bristol, à applaudir des
œuvres ou des auteurs qu'ils méprisaient, à être
méprisés de ceux-ci mêmes qu'ils applaudissaient,
à se répandre en sourires pour des indifférents, à
clamer leur misanthropie, leur lassitude du monde,
et à user en ces jeux curieux leur temps, leurs forces
et leur fortune ?

La vérité était qu'en cette foire, où chacun arrivait
à la fois offrant et demandeur, acheteur et came-
lot, se pratiquait le troc le plus subtil du monde,
celui de la puissance et de la célébrité.

Le succès, le pouvoir ne sont pas, comme on le
croit trop généralement, choses qui se vendent; ce
sont choses qui s'échangent.

Il existe infiniment moins de prévaricateurs, de
concussionnaires, de prébendiers, de thuriféraires
payés et de franches putains qu'on ne le dit.

La partie obéit à des règles bien plus fines; c'est
le jeu de la réciprocité, un travail d'araignées humaines où chacun, pour parvenir à fabriquer sa
toile, doit accepter de se laisser prendre aux toiles
des autres.

La foire aux vanités se doublait évidemment de
la foire aux femmes et aux garçons, puisque le pouvoir et le succès n'ont, en définitive, d'autre objet
que de procurer des droits à l'amour, sauf à constituer, à la limite, ses substituts.

Les hommes de gouvernement apportaient à cette
parade des vraies et des fausses valeurs une consé-
cration officielle.

La nuit, les frontons des grands monuments étaient éclairés par d'énormes projecteurs qui conféraient aux masses architecturales, aux bas-reliefs, aux colonnades et aux balustres une irréalité féerique. Les fontaines de la Concorde s'enveloppaient d'un poudroiement humide et lumineux. Et les premiers dignitaires de la République, entre des gardes culottés de peau blanche et coiffés de casques à crinières, montaient les escaliers des théâtres subventionnés pour présider à des fêtes qui se donnaient l'excuse de la charité.

En outre, cette année-là, l'Exposition Universelle, dernière d'une lignée qui remontait à 1867, et qui avait déjà produit cinq générations de pavillons en stuc, de propagande et de médailles d'or, l'Exposition allait ouvrir ses portes. Il y aurait, somme toute, deux « Saisons », et à la seconde, comme il était nécessaire de le faire de loin en loin, le peuple serait convié.

II

Simon Lachaume arriva peu avant minuit à la soirée d'Inès Sandoval. Il avait reçu douze jours plus tôt l'invitation suivante :

LA COMTESSE SANDOVAL
vous espère chez elle
parmi quelques amis choisis, à son
BAL DES BETES

*

(vous trouverez, en arrivant, un masque imaginé et
dessiné à votre intention par Anet Brayat)

« Tiens, s'était dit Simon, c'est la saison pendant laquelle elle est comtesse. Evidemment, il y a beaucoup d'étrangers à Paris, en ce moment... »

L'hiver, en effet, drapée dans la haute simplicité de la gloire littéraire, la poétesse n'usait pas de son titre.

Le vaste appartement d'Inès Sandoval, situé, ou plutôt ancré au deuxième étage d'un ancien hôtel particulier du quai d'Orléans, ressemblait à l'intérieur d'un château de navire corsaire. La poétesse aimait les pierres précieuses en vrac dans des ciboires, les lourdes soies anciennes aux bords effrangés, les croix orthodoxes, les vierges espagnoles cravatées de perles mortes, les guitares, les luths, les vielles à manivelle, et les gros coffres Renaissance couleur de fumée. Des tentures brochées d'or et fendues par le milieu remplaçaient les portes.

Dans l'antichambre, une immense volière, bourrée de perruches bleues, de serins frisés et de bengalis, emplissait l'air de criailleries exotiques et d'un fade parfum d'ailes chaudes. Des chats persans, beiges et touffus, fuyaient silencieusement dans les coursives, portant dans leurs yeux d'or la réincarnation d'on ne savait quel remords, ou la tristesse simplement de leur émasculation.

Animaux naturalisés, oiseaux empaillés sous des globes, perroquets de Saxe ou de Sèvres étranglant leur cri dans leurs gosiers de porcelaine, carlins en Shaftesbury assis sur les moquettes, tortues serties d'argent, lavis d'inquiétantes figures félines pendus aux murs, pachydermes en peluche, qui eussent mieux trouvé leur place dans une chambre d'enfants, achevaient d'encombrer la décoration.

Ce penchant animalier avait dicté à Inès Sandoval le thème de son bal.

« Bonsoir, monsieur le ministre. Il y a, je crois, un masque réservé pour Votre Excellence », dit à Simon un serviteur en habit noir.

« Comment ce garçon me connaît-il ? » se demanda Simon. Puis il se dit que cet extra l'avait sans doute déjà abreuvé six fois dans la semaine, lui avait tendu devant six portes différentes son chapeau et ses gants.

L'extra, après avoir exploré, sur une grande table, les restes mollement étalés de la décapitation d'un parc zoologique, tendit au ministre un poulpe de carton et de tulle.

Simon sourit à ses souvenirs.

Au temps de la brève aventure qu'il avait eue avec Inès, plusieurs années auparavant, la poétesse avait coutume de lui dire :

« Tu es ma pieuvre adorée. Tes bras m'enserrent

et m'entraînent vers les profondeurs sous-marines de la joie. »

Ce masque de céphalopode était un rappel délicat d'étreintes lointaines.

« Pourvu qu'il n'y ait pas de photographes ! se dit encore Simon. Et puis, après tout, s'il y en a, mieux vaut avoir un masque. »

Une foule d'êtres mi-hommes, mi-bêtes, ou plutôt mi-hommes, mi-monstres, se pressait dans un désordre de cauchemar. Les « quelques amis choisis » étaient près de deux cents, et le vacarme de leurs voix couvrait par moments la musique. Pour le bal d'Inès Sandoval, Anet Brayat, peintre d'avantgarde, avait refait la création; les masques, nés de son imagination, recomposaient de nouvelle manière l'œuvre de la cinquième journée de Jéhovah. Hiboux ébouriffés à faces violettes et à becs dorés, énormes têtes de mouches aux yeux émetteurs d'éclairs en fils de laiton, lapins en peau de léopard, serpents à plusieurs langues marquées : « français, anglais, allemand, espagnol », félins de velours grenat, moutons aux toisons en paille de fer, ânes jaunes, poissons glauques portant au front une scie à main ou un marteau d'enfant, morses tatoués de signes télégraphiques, avec des isolateurs de porcelaine de chaque côté du front, squelettes de chevaux, hannetons à plumes, batraciens indigo et pélicans verts se déplaçaient en fracs et en longues robes du soir. Un commandeur de la Légion d'honneur arborait une tête de lion rose ornée de moustaches de gendarme. Des trompes d'éléphant en gutta-percha

pendaient devant des plastrons glacés. Des bras nus
chargés de bracelets de diamants se levaient, non
pour agiter une houppette à poudre, mais pour
remettre en place une crête de pintade ou une na-
geoire de raie.

Les invités avaient l'air assez satisfaits du spectacle qu'ils se donnaient les uns aux autres, et s'amusaient à entrer dans les personnages de leurs
masques. On les entendait glousser, bêler, caque-
ter, braire, mugir, coasser. Un porc mauve fendait
la presse en faisant mine de fouiller du groin dans
le sein des femmes.

Dans l'un des salons, cet étrange monde bipède,
particulièrement tassé, se dandinait sur place au
rythme, parfois assourdissant et parfois assourdi,
de l'orchestre dont les musiciens étaient déguisés en
singes. Et cette pièce semblait une bassine infernale où l'on eût fait bouillir toutes ensemble les
créatures manquées qu'inventent les malades dans le
délire des fièvres.

La maîtresse de maison allait de groupe en
groupe, le visage à demi dissimulé sous un masque
d'oiseau d'où partaient, à hauteur des oreilles, deux
grandes ailes vertes qui giflaient au passage les
autres masques. Sa robe, de même couleur que les
ailes du masque, découvrait d'assez belles épaules.

Inès Sandoval était atteinte d'une légère boiterie
de la jambe droite, qui lui venait de la hanche mais
dont elle tirait le meilleur parti. Elle avançait par
quarts de cercle, tournant légèrement autour d'elle-
même, comme si elle rejetait sans cesse en arrière

une invisible traîne et amorçait à chaque pas une révérence.

Chacune de ses paroles semblait vouloir créer l'illusion qu'elle souffrait d'un excès de spontanéité du cœur.

Lorsqu'on la félicitait de la réussite de sa soirée, elle répondait :

« Mais je n'y suis pour rien, absolument pour rien ! Tout est dans le talent de Brayat et dans votre amitié. »

Anet Brayat, petit homme gras, aux pieds ronds et relevés du bout, s'inclinait poliment sous les compliments. Son énorme chevelure broussailleuse et sa barbe rouge surgissaient d'un smoking si sale qu'on eût dit qu'il avait serré sa palette contre son bedon avant de sortir. Devant son visage, il tenait, à l'aide d'un manche de bois, un masque de bouc, écartelé du rire de la comédie antique, ce qui était une manière assez claire d'exprimer aux gens : « Je me suis bien moqué de vous, n'est-ce pas ?... »

On pouvait se demander comment Inès Sando-val, qui toujours pleurait misère, avait pu faire les frais d'une fête si coûteuse, et comment Brayat, tou-jours chargé de commandes et toujours sans le sou, avait trouvé le temps de dessiner ces têtes.

Le compositeur Auguérenc, affublé d'un masque de triton... « C'est pour qu'Orphée enfin porte le dauphin », lui avait doucement glissé Inès... attira Simon dans un coin en le saisissant par les décora-tions de sa boutonnière, et lui susurra l'explication.

Il fallait simplement savoir que l'énorme, vieille

et richissime Mrs. Worms-Parnell, ce soir transformée en colombe, avait commandé un autre jeu de cette série de masques, pour une fête identique, chez elle, en Amérique. D'autre part, l'idée allait naître, très spontanément, d'immortaliser cette soirée en faisant une édition à tirage limité des aquarelles de Brayat, chacune rehaussée d'un quatrain d'Inès, édition à laquelle les « amis choisis » pourraient difficilement se dispenser de souscrire et qui laisserait, en principe, un bénéfice de deux cent mille francs.

Un photographe aveugla à bout portant le compositeur et le ministre de l'Education nationale, occupés à leurs perfidies. Simon eut un geste d'impatience. Au même instant, il aperçut, à travers l'éblouissement du magnésium, Sylvaine Dual, coiffée d'une carapace de langouste, et qui venait vers lui. A la démarche faussement dédaigneuse de la comédienne, à la tension de ses épaules, à la manière dont ses doigts trituraient une minaudière orfévrée, Simon comprit qu'une scène de ménage s'apprêtait, et il se détacha rapidement d'Auguérenc.

Il prit la main de Sylvaine, comme s'ils ne s'étaient pas vus le jour même, comme si la comédienne n'était pas sa maîtresse avouée, officielle, et il porta machinalement cette main à son masque.

Il sentit qu'autour d'eux quelques monstres, du fond de leurs yeux d'ombre, les observaient.

« Tu vois que tu aurais parfaitement pu passer me prendre, ou au moins m'envoyer ton chauffeur, dit Sylvaine. Je remarque en tout cas que lorsqu'une soirée t'amuse, les charges du pouvoir te retiennent moins tard que d'habitude. Evidemment, il ne fallait pas perdre pour moi cinq minutes de cette ravissante sauterie qui est du dernier ridicule. »

Elle portait une robe qui la moulait d'un ruissellement marin et pailleté, l'entravait à mi-jambes, pour s'élargir ensuite en un vague mouvement de nageoires, et qui accusait, du buste aux chevilles, la sensualité de son corps et de ses attitudes.

Sylvaine était manifestement furieuse parce qu'elle n'avait pas été prise sur le cliché du photographe et que les magazines mondains ne la montreraient pas auprès de « son » ministre, furieuse aussi parce que le masque de langouste lui semblait comporter une intention injurieuse de la part d'Inès, furieuse enfin parce que Simon l'avait laissée venir seule.

Empêtré dans les tentacules de tulle qui s'insinuaient dans son gilet, Simon répondit que le conseil de cabinet s'était terminé plus tôt que prévu, et que d'autre part, en paraissant à ce bal, il obéissait à un pur devoir d'amitié.

« Parce que tu as couché il y a dix ans avec la dame, nous savons, répliqua Sylvaine. Et lorsque monsieur le ministre vient chez une de ses anciennes maîtresses, il veut surtout ne pas arriver avec moi, surtout ne pas paraître faire couple ! Ce que tu peux être lâche devant ces femmes, mon pauvre Simon !... Enfin tu es content, ce soir, elles sont toutes là. Il y a ta chère Marthe Bonnefoy qui pourrait être ta mère, il y a...

— Et toi, tu n'as personne, aucun souvenir, n'est-ce pas ? Toi, tu es pure, toi, tu es vierge. Wilner, par exemple, n'est pas là, grommela Simon en faisant un geste pour désigner discrètement l'illustre dramaturge dont on reconnaissait bien, sous une tête de bœuf Apis à cornes d'or, la lourde et haute stature... Si cette sauterie, comme tu dis, se passait chez l'un quelconque de tes amis, tu la trouverais parfaite. »

A travers les trous de leurs masques, la langouste et la pieuvre se regardaient avec haine. Ils s'efforçaient de parler bas, de feindre le simple aparté de salon. Mais leur propre colère, enfermée sous leurs têtes de carton, bourdonnait contre leurs oreilles.

« En tout cas, moi, je n'ai pas honte de me montrer avec toi, reprit Sylvaine.

— Naturellement; tu n'as jamais eu qu'à y gagner ! » répliqua Simon.

Après de longs mois d'insistance, de pressions et d'intrigues, il était parvenu récemment à faire entrer Sylvaine à la Comédie-Française; il pensait avoir acquis par là le droit à quelques semaines de paix.

« Salaud ! salaud et mufle... par-dessus le marché, dit Sylvaine. Eh bien, puisque c'est ainsi, amuse-toi bien, mon cher; je vais tâcher d'en faire autant. »

Ils furent séparés par un serveur qui leur présentait un plateau.

« Elle aura toujours une âme de poule », pensa Simon en s'éloignant. Il en conclut que leur liaison allait se terminer incessamment et inévitablement. Mais cette certitude l'habitait depuis bientôt cinq ans. Il n'avait jamais rompu avec aucune femme

aussi souvent qu'avec Sylvaine. Il faudrait bien
qu'un jour cela devînt vrai.

« Comment peut-on aimer un être qu'on méprise
sans être soi-même de nature méprisable ? » Telle
était la question que cet amour lui posait de manière continue.

Et Simon se demandait quelle femme parviendrait
à le détacher de Sylvaine. Aucune rencontre, aucune
aventure, qu'il taisait ou feignait de taire, ne lui
fournissait, et depuis longtemps déjà, l'illusion d'un
véritable sentiment.

Qui donc lui avait dit jadis... ce devait être Jean
de La Monnerie, oui, c'était le vieux poète qui lui
avait dit un jour : « Vous verrez, à partir d'un
certain âge, on ne se met plus à aimer une femme
que pour se libérer d'une autre. Et c'est alors que
les amours commencent à devenir infernales. »

III

Dans une fête masquée, surtout de cette sorte, tout
le monde a très vite identifié tout le monde, et les
seules personnes qui ne se reconnaissent point sont
celles qui ne se sont jamais vues. Or, de nombreux
masques parurent intrigués par un couple qui
venait d'entrer, et buffles, hiboux, lapins et rhinocéros inclinèrent la tête pour se chuchoter de bec à
oreille : « Qui est-ce ? »

Les nouveaux arrivants étaient très jeunes, et, autant qu'on en pouvait juger, très beaux. Le garçon, grand et fort mince, la taille allongée par l'habit, avait de jolies mains fines et pâles sortant de ses manchettes, et il élevait non sans noblesse vers le stuc des plafonds une tête de cerf blanc à longues ramures d'argent. Sa compagne portait un masque de biche noir, au-dessus d'une robe blanche et drapée à l'antique. Son corps cambré montrait de parfaites proportions; elle avait moins de finesse peut-être que le jeune homme, mais une grâce lumineuse qu'affirmait chaque geste de ses bras nus.

Tandis qu'Inès Sandoval accueillait le jeune couple, Simon Lachaume, curieux, s'approcha.

« Tenez, cher ami, faites donc danser cette jolie personne, avec qui, sans qu'elle s'en doute, vous avez beaucoup de souvenirs communs, dit Inès à Simon.

— Qui est-elle ? murmura celui-ci.

— Ah ! mon cher, s'écria la poétesse, elle vous le dira si elle veut. C'est la soirée du mystère. »

Et elle s'éloigna, entraînant le jeune homme au masque de cerf.

Les singes-musiciens jouaient un tango, et les danseurs dandinaient doucement leurs têtes de délire.

Simon prit l'inconnue dans ses bras. Il dansait mal, et le savait, mais la presse était telle que cela n'avait guère d'importance. Il lui suffisait de se laisser porter par la foule. Ce corps jeune, ni audacieux ni refusé, dont il sentait contre lui les courbes et le mouvement aisé, cette main légère et calme, posée dans la sienne, procuraient à Simon un plaisir certain.

« Voyons, qui êtes-vous ? » demanda-t-il.

Il s'attendait que le masque de biche jouât pour l'intriguer le jeu habituel et facile : « Devinez !... Française ?... Pas Française... Mariée ? Non... Vous brûlez, vous refroidissez. »

L'inconnue, regardant les danseurs autour d'elle, dit :

« Vous ne trouvez pas que cela ressemble aux tableaux de Jérôme Bosch ? »

Elle avait une voix nette et bien posée.

Puis elle ajouta simplement :

« Je suis Marie-Ange Schoudler.

— Non ! s'écria Simon. Vous êtes la fille de Jacqueline et de François ? Oh ! que c'est étrange ! Je comprends maintenant pourquoi Inès... »

L'étonnement lui fit pendant deux pas manquer la mesure, et il releva machinalement son propre masque, comme si cela eût dû lui permettre de voir le visage de la jeune fille.

Les yeux caverneux du poulpe, au-dessus de son front, et les tentacules ruisselant sur son faux col lui donnaient une apparence de divinité marine secondaire, soudain émergée des abysses.

« Je suis Simon Lachaume, dit-il.

— Ah oui, en effet, vous avez bien connu toute ma famille », dit Marie-Ange Schoudler, toujours calmement.

Et elle ajouta après un temps, sans que Simon pût discerner si l'intention était légèrement ironique ou réellement déférente :

« Je suis très honorée de danser avec vous, monsieur le ministre. »

Mais elle ne releva pas son masque.

« Et il y a un instant, reprit Simon, je pensais justement à votre grand-père La Monnerie... Vous savez, je me souviens de vous toute petite. Et maintenant, voilà... la vie est vraiment étonnante !... Et puis, non, au fond, tout cela est très normal; cela ne surprend que nous-mêmes... Marie-Ange ! » murmura-t-il comme pour se convaincre de quelque chose d'incroyable.

Les souvenirs brusquement se présentaient à Simon, des souvenirs de dix, quinze, de dix-sept années.

Quinze ans, cela ne semblait rien à vivre et soudain procurait une impression d'avalanche.

« Quel âge avez-vous maintenant ?

— Vingt-deux ans.

— Oui, évidemment... », dit Simon.

Ainsi l'enfant qu'une gouvernante tenait par la main aux grands enterrements, la gamine en chaussettes blanches qui jouait dans les jardins de l'avenue de Messine, était devenue cet être adulte, ce corps de femme avec sa proximité et son mystère... La stupéfaction banale devant la croissance des générations qui nous suivent emplissait Simon.

« Est-elle encore vierge ? » se demanda-t-il. A l'aisance précise de ce corps dont l'épaule, la poitrine et la hanche adhéraient à lui, sans effronterie ni timidité, il inclina plutôt à se répondre : non... Marie-Ange se taisait derrière son masque. « Au fond, pensa Simon, cela ne doit guère l'amuser d'entendre les gens lui dire : « J'ai bien connu votre père, votre mère et vos grands-pères ! » Elle préfère certainement qu'on lui porte attention pour elle-même. Et puis, à moins de vouloir se faire traiter comme un vieillard, il n'est jamais très habile de rappeler à une femme qu'on l'a fait sauter autrefois sur ses genoux. »

« Et ce jeune homme avec qui vous êtes arrivée ? reprit-il.

— C'est mon frère Jean-Noël. »

« Ah ! je comprends alors... », pensa encore Simon. Il avait, en effet, récemment entendu dire que l'on voyait beaucoup le petit Schoudler auprès d'Inès Sandoval...

Un grand masque de papillon passa en dansant à côté de Simon et de Marie-Ange.

« Avez-vous songé, dit celle-ci, aux papillons qui ne vivent que quarante-huit heures, et qui naissent pendant une période de mauvais temps ? Ils passent leurs quarante-huit heures dans le brouillard ou la pluie, et ils ne connaissent rien d'autre du monde. »

Elle avait parlé d'un ton toujours égal et uni.

« Ce que vous venez de dire pourrait être une phrase d'Inès Sandoval, remarqua Simon.

— Ah oui... Tant pis, fit-elle.

— Pourquoi, vous n'aimez pas Inès ?

— Mais si », répondit Marie-Ange avec une froide indifférence.

Les tableaux de Bosch... les papillons nés par le mauvais temps... Cette voix belle mais trop calme, ce masque noir qui ne se levait pas, ces bras lumineux... Simon était surpris, intrigué, amusé.

« Allons prendre un verre de champagne », dit-il.

Il se proposait d'interroger Marie-Ange afin de savoir comment elle vivait, ce qu'elle faisait, si elle était fiancée...

Il put seulement apprendre qu'elle travaillait dans la couture.

IV

Cependant Inès Sandoval, avait entraîné Jean-Noël Schoudler dans l'antichambre, devant la volière. Les portières de brocart atténuaient le bruit. Les perruches clignaient des paupières et se tassaient, lasses, les unes contre les autres.

Parée de son masque vert, Inès Sandoval semblait une sorte d'ogresse des oiseaux.

« Pourquoi es-tu arrivé si tard, chéri ? demanda-t-elle.

— A cause de Granny. C'est la fin. Nous avons même cru que nous ne pourrions pas venir du tout, répondit Jean-Noël. J'espère qu'elle ne mourra pas cette nuit.

— Oh ! mon pauvre aimé, quelle chose atroce... Tu aimais beaucoup ta grand-mère ?

— Non... », répondit le jeune homme.

Et ils se mirent à rire, tous deux, derrière leurs cartonnages et leurs plumes.

« C'est la première fois que je te vois en habit, mon merveilleux petit cerf », reprit Inès Sandoval.

Elle le fit pivoter par les épaules, pour le contempler de dos.

« Est-ce que cela se voit qu'il n'a pas été fait pour moi ? » se demandait avec angoisse Jean-Noël. Car, faute de moyens, il portait, retouché à ses mesures, un habit qui avait appartenu à son ex-beau-père, Gabriel de Voos, et qu'il avait retrouvé, presque neuf et préservé des mites, dans le fond d'une armoire.

Jean-Noël était à l'âge où l'on ne sait pas encore plaisanter des difficultés d'argent, et où l'assurance dépend étroitement des apparences. Le jeune homme se sentait aussi gêné de son vêtement recoupé qu'il l'eût été d'un costume loué.

« Enfin, dès que Granny sera morte, tout cela va changer un peu », se dit-il.

« Tu es vraiment très, très beau, mon ange . », dit Inès.

Elle releva son masque et, la hanche légèrement de travers, se posa devant un miroir pour contrôler son maquillage.

Elle avait de larges yeux où passaient des reflets violâtres comme sur les lacs de montagne, des cheveux abondants et sombres qu'elle coiffait de manière particulière, légèrement croulants sur la nuque, une peau brune et mate, des dents égales et serrées. Mais tout cela semblait avoir fait un peu trop d'usage.

Les substances secrètes qui donnent à l'épiderme sa souplesse ductile, à la chevelure son lustre et sa richesse profonde, commençaient à se retirer d'elle; trois rides sèches se dessinaient sur le front; l'émail des dents, sans être encore terni, avait déjà perdu sa parfaite luisance, et le regard offrait tantôt une ardeur violente, tantôt une atonie vague, une alternance étrange d'éclairs et d'absence.

Elle était à cet instant de sa vie où les grâces corporelles allaient l'abandonner. Comme elle avait largement franchi la quarantaine, bien des femmes estimaient qu'elle n'avait pas à se plaindre.

Pour Jean-Noël, Inès possédait les caractères de la divinité. Ses yeux ne voyaient qu'elle, et même, à force de la regarder, ne la voyaient plus. Il venait d'avoir vingt et un ans. Inès était, non pas sa première aventure, mais son premier amour digne de ce nom. Une aura, perceptible de lui seul, environnait, ainsi que les lames d'un ostensoir, la tête et les épaules d'Inès.

Comme il ne connaissait d'elle que ce qu'elle avait bien voulu lui révéler, c'est-à-dire ses mariages et ses deuils, il la tenait pour un être qui avait infiniment souffert, et il se sentait auprès d'elle une mission de consolation rédemptrice. Aussi perdait-il avec joie ses journées entières pour les deux heures qu'elle lui accordait ou qu'elle exigeait de lui, dans le poétique désordre de sa vie.

Jean-Noël savait qu'un jeune écrivain, naguère,

s'était suicidé pour elle. Ce décès s'ajoutait à deux veuvages, et à la perte d'un enfant.

Mais Jean-Noël ignorait encore qu'Inès eût la vague réputation de porter malheur.

Il lui prit la main, serra les doigts maigres et déliés entre ses paumes claires.

« Je t'aime, Inès, dit-il à voix très basse.

— Oui, mon amour. Il faut m'aimer, m'aimer infiniment. J'en ai tant besoin pour exister..., répond-it-elle. Maintenant, viens ; ne nous isolons pas trop longtemps. »

V

C'était l'heure où l'on commençait à ôter les masques. Certains invités avaient relevé le leur sur le front ainsi qu'un casque antique ; d'autres s'en éventaient, d'autres s'amusaient à les échanger et à se regarder dans les glaces. Les gens qui n'étaient venus que pour le « coup d'œil » s'apprêtaient à partir.

Inès Sandoval avisa un long personnage d'une soixantaine d'années, haut et flexible, chaussé d'escarpins, et qui tenait à la main, d'un air fort embarrassé, la tête de la licorne légendaire.

« *Pem, you're not going, I hope*[1] ! s'écria Inès.

---

1. Pem, vous ne partez pas, j'espère !

Et, étendant la main vers Jean-Noël :

« *I'd like to introduce Baron Schoudler, this is Lord Pemrose... Jean-Noël Schoudler is the great-son of a famous French poet*[1]... Mais je ne sais pas pourquoi je parle anglais, ajouta-t-elle en riant, car Lord Pemrose parle merveilleusement le français.

— Oh ! je m'exprime un peu », répondit en souriant, et presque sans accent, Lord Pemrose.

Jean-Noël, machinalement, retira son masque ainsi qu'il eût fait d'un chapeau, par politesse.

Son visage avait une extraordinaire clarté où seuls les yeux bleus brillaient d'un éclat sombre; ses cheveux, couleur de paille fraîche, se retournaient légèrement, en petites pointes, autour de l'oreille, et ses traits, au-dessus du haut col dur, montraient encore des rondeurs d'enfance.

En rencontrant cette extrême blondeur et cette beauté adolescente, le regard de Lord Pemrose, un regard gris entre des paupières plissées, vacilla un bref instant comme devant une lumière trop forte; et l'Anglais sembla chercher autour de lui quelque objet moins troublant sur lequel il pût reposer son attention.

Deux hommes âgés qui, à quelques pas de là, devisaient sur le balcon, se retournèrent au même instant, l'académicien Emile Lartois et le dramaturge Edouard Wilner. Eux aussi s'étaient démasqués. Mais le visage de Wilner, même délivré de

1. J'aimerais vous présenter le baron Schoudler... Lord Pemrose. Jean-Noël Schoudler est le petit-fils d'un illustre poète français.

son déguisement de bœuf Apis, avait une apparence
de taureau mythologique.

« Chaque fois, dit le professeur Lartois, que j'entends notre chère Inès présenter pompeusement
« le baron Schoudler », j'ai toujours l'impression
que je vais voir resurgir notre vieil ami Noël, avec
sa stature de géant, son regard noir et son bouc de
ruffian. Et puis j'aperçois ce blondin, cet Ariel... »

Il eut un sourire de biais en se mordillant la lèvre.
Wilner et lui-même avaient été tous deux, à des
époques différentes, les amants de la poétesse. Ils
faisaient partie de ce qu'on appelait « le vieux
fonds » du salon d'Inès.

« Elle change de registre, notre chère amie, reprit
Lartois. La charmeuse de serpents se fait charmeuse
de poulets.

— C'est la relève, mon cher, répondit le dramaturge, de sa voix profonde et sourde, en inclinant
son mufle mycénien. Ces gamins apprennent de
nos maîtresses ce qu'elles ont appris dans nos lits.
C'est ainsi que la science de l'amour se transmet,
depuis le début des temps. Et, un jour, ils trans-
mettront à des femmes que nous n'aurons même
pas vues naître des caresses que nous croyions avoir
inventées. Nous, nous serons déjà dissous dans la
terre... »

Il aspira une grande bouffée d'air par ses immenses narines, et ajouta :

« Quel âge avez-vous maintenant, Emile ?

— Soixante-quatorze, répondit le célèbre médecin. Je ne les sens pas, mais je les ai. »

Ses cheveux étaient devenus complètement blancs. Mais il conservait son teint frais, sa voix précise, un peu sifflante, et se tenait toujours aussi droit. Seules ses paupières et ses mains se desséchaient.

« Moi, j'en aurai soixante-treize dans quatre jours, oui, laissa tomber Wilner de sa bouche en gargouille. C'est bientôt la fin... »

Le bruit rauque de sa respiration ponctuait ses phrases, comme s'il y avait eu un trou dans le soufflet de l'orgue.

« Oh ! évidemment, reprit-il, je peux encore être aimé... je le suis d'ailleurs, et par des créatures exquises... et je suis toujours capable de rendre une femme heureuse. Vous aussi, du reste, n'est-ce pas, Emile ? Vous continuez d'étonner votre médecin, comme diraient vos patients... Nous sommes de vieux monstres conservés dans l'alcool de la gloire... »

Pensif et monumental, il se retourna vers la nuit, vers cette ville qui, depuis un demi-siècle, lui dispensait l'encens, les amours, les sujets de ses œuvres et le sentiment de sa puissance.

L'air était doux et le ciel entièrement piqueté d'astres.

Des séries de fenêtres brillaient aux façades des maisons des berges. Une vague lueur rose, issue de centaines de milliers d'autres fenêtres, fausse aurore des capitales, enveloppait jusqu'à l'infini les toits de la ville. De temps à autre, le brusque coup de phare d'un véhicule crevait cette lueur, enfonçait dans les hauteurs obscures une lame de lumière, et s'éteignait aussitôt.

La musique de l'orchestre ajoutait au paysage une sorte d'irréalité.

Les grands arbres, à la proue de l'île Saint-Louis, se balançaient doucement ainsi que des mâtures. Les arcs-boutants de Notre-Dame avaient, dans le fond de l'ombre, des formes de carènes.

Au-dessous du balcon, les voitures des invités stationnaient en file éteinte. Accoudés au parapet, les chauffeurs regardaient couler l'eau sombre; et parfois l'un d'eux lançait la fin de sa cigarette qui décrivait une courbe rougeoyante avant d'aller s'éteindre en grésillant dans l'onde.

« Mais il arrive un moment, reprit Edouard Wilner, où la seule véritable maîtresse, c'est la vie. C'est tout cela; ce sont ces étoiles sur lesquelles tous les couples d'amoureux ont dit les mêmes sottises; ce sont ces feuillages, ces pierres sur lesquelles nos yeux se sont ouverts et qui seront toujours là quand nous les fermerons; c'est le spectacle des hommes, ce ballet incohérent et magique dont nous faisons tous partie et où nous répétons les mêmes pas éternels avec une inquiétude toujours nouvelle; c'est le sentiment d'être soi, au milieu de l'univers, d'avoir des ongles à soi, une tête à soi, une manière de tenir sa plume, de palper les étoffes et les chairs, qui n'appartient qu'à soi et bientôt n'appartiendra plus à personne... »

Lartois l'écoutait, l'observait et se demandait : « Pourquoi me fait-il toute cette déclaration ? A-t-il une envie tardive d'entrer à l'Académie ? Ou bien est-il en train d'essayer une tirade pour sa prochaine pièce ? Ou bien est-ce que vraiment il se sent à bout de course ? »

« Et l'on a beau avoir aimé la vie de toutes ses forces, l'avoir possédée, fouillée de toutes les manières, l'avoir regardée chaque minute dans les yeux, l'avoir léchée sur tous ses pores, le jour où elle s'éloigne, cette garce, on a encore l'impression de ne pas l'avoir comprise. Et elle va prendre logis, acheva Wilner en agitant sa grande main flasque en direction de Jean-Noël, chez un freluquet comme celui-là qui la comprendra encore moins que nous et en fera moins bon usage. »

Et dans le regard qu'il lança vers le jeune homme passa un mélange d'envie et de colère, comme dans les yeux de certains pauvres devant l'étalage de la richesse.

Puis, sans transition, il dit :

« Par exemple, sa sœur, la petite biche, semble exquise. Elle est charmante, cette enfant : fine, délicate... Je vais aller danser avec elle.

— Vous dansez encore ? demanda Lartois.

— Ça m'amuse de me frotter », répondit Wilner.

Et il s'éloigna.

Auprès d'une fenêtre, Lord Pemrose, tout en parlant, observait Jean-Noël à la dérobée. Il détaillait la forme des oreilles, petites et bien ourlées, l'ovale un peu long du menton, la minceur rectiligne du nez, le dessin de la bouche. Et chaque fois que ses yeux rencontraient ceux du jeune homme, il avait une seconde de flottement dans la conversation.

Jean-Noël éprouvait en face de Lord Pemrose un sentiment indéfinissable, qui n'était point de la timidité, point de la gêne non plus, une sorte d'incertitude diffuse et non désagréable. Tout dans le personnage de Pemrose, l'élégance naturelle et flexible, la cravate noire nouée un peu lâche, la curieuse manière de relever la mèche ondulée qui lui retombait sur le front ou de parler les deux premiers doigts posés contre la tempe, semblait à Jean-Noël curieux et séduisant. Et l'intérêt que Lord Pemrose paraissait prendre à sa conversation ne manquait pas de le flatter.

Lord Pemrose avait dit son amour pour Paris et pour les gens qu'on y rencontre. C'était pour lui une nourriture indispensable. Il passait d'ailleurs une partie de l'année en France et l'autre en Italie. Comment... Jean-Noël ne connaissait pas l'Italie ? Oh ! quelles grandes joies il avait devant lui ! Il fallait absolument que Jean-Noël aille en Italie... *You must, you must*[1] !...

« Si jamais vous venez à Venise ou à Capri lorsque j'y suis, dit Lord Pemrose, surtout laissez-le-moi savoir. Je n'ai pas de plus grand plaisir que de montrer les lieux que j'aime aux êtres... que j'aime. »

Il inclinait la tête légèrement et souriait.

Une femme maigre, de silhouette assez jeune, mais avec des mains sèches chargées de bagues, de profondes salières aux épaules et quatre rangs de perles autour d'un cou décharné, s'approcha, la

1. Vous devez, vous devez.

face cachée sous un masque de panthère, et dit d'un ton ironique :

« *Basil ! Caro ! Tu sei incorriggibile*[1]. »

Lord Pemrose sursauta, reconnut la voix, les salières et les perles, et s'écria :

« Oh ! Lydia... *How are you, my dear*[2] ? »

Et il présenta Jean-Noël au masque de panthère, qui s'appelait la duchesse de Salvimonte.

Celle-ci reprit, toujours s'adressant à Pemrose :

« Mon très cher, quand il y a de si beaux jeunes gens, tu ne devrais pas les empêcher de danser. C'est de leur âge, voyons !... Dansez-vous ? » demanda-t-elle à Jean-Noël.

Elle avait un accent slave qu'elle transportait dans toutes les langues, donnant aux mots des intonations inusuelles.

Jean-Noël s'inclina en murmurant quelque chose qui ressemblait à une invitation.

« Alors, allons, dit-elle en prenant le bras de Jean-Noël.

— *Anche tu, sei incorriggibile*[3] ! » dit doucement Lord Pemrose.

En dansant avec la duchesse, Jean-Noël eut l'impression de tenir un paquet de fagots, mais de fagots tordus par le feu. A travers les trous du masque, il apercevait deux yeux ardents.

« Lord Pemrose semble vraiment un homme charmant, dit-il, cherchant à meubler le temps.

1. Basil ! Cher ! Tu es incorrigible.
2. Comment vas-tu, ma chère ?
3. Toi aussi, tu es incorrigible.

— Basil ? *Un tesoro*[1]. C'est un ami de toujours et je l'adore, dit la duchesse.

— Qu'est-ce qu'il fait ?

— Ce qu'il fait, cher ? Il est très riche et il dépense beaucoup, voilà tout. Et aussi il a écrit un livre sur la mystique, auquel, moi, je ne comprends rien du tout, je dois le dire. Pour moi, l'amour de Dieu, l'amour des anges, l'amour qui se passe dans le Ciel, cela n'existe pas. Je suis païenne. Pour moi, c'est l'amour comme on le fait sur la terre qui est le seul dieu... »

A ce moment, le cordon qui retenait son masque se détacha; et Jean-Noël frémit en découvrant le visage de sa danseuse. Elle était bien plus vieille qu'il ne le supposait. Elle avait sûrement soixante-dix ans, mais soixante-dix ans étranges, agressifs, déroutants.

Elle s'était fait retendre le visage quelques années plus tôt, dans les débuts tâtonnants de la chirurgie esthétique. Un sillon de peau fine, malsaine et jaunâtre, pareil à la cicatrice d'une brûlure, lui bordait la face d'une oreille à l'autre en passant sous le menton. Mais le bistouri n'avait retouché ni les paupières, ni la bouche, ni les ravines du cou. Et l'on eût dit que le masque de panthère, en tombant, venait de découvrir un autre masque, celui de la fausse jeunesse, appliqué, comme par une bande de papier gommé, entre les cheveux coupés court, teints en acajou, et les quatre rangs de perles.

1. Un trésor.

« Et naturellement, il vous a déjà invité à venir
en Italie, dit-elle. Oui, moi, je ne sais pas si j'irai
avant l'hiver. Il y a tellement d'endroits où je dois
aller. Et puis, moi, je ne peux pas supporter de rester plus de quinze jours dans le même lieu, et je
ne me décide jamais qu'à la dernière minute. Toujours j'attends l'imprévu... Seul l'imprévu vaut la
peine de vivre... »

Jean-Noël ne l'écoutait plus. Il regardait Inès au
milieu d'un groupe d'invités qui prenaient congé;
il songeait aux caresses que lui avait dispensées
l'après-midi même cette main déliée sur laquelle
s'inclinaient successivement et respectueusement
un ambassadeur scandinave, le gouverneur de la
Banque de France et d'autres puissants de ce monde;
il en éprouvait une joyeuse, une juvénile fierté.
La duchesse de Salvimonte, qui avait saisi le regard
du jeune homme, plissa les yeux et dit :

« Elle est si charmante, cette Inès ! Quelle créa-
ture céleste ! Elle a un pied qui ne touche pas tout
à fait la terre... »

Cependant Sylvaine Dual, avec un abandon spec-
taculaire surtout destiné à irriter Simon Lachaume,
tournait aux bras d'un secrétaire de la légation du
Pérou.

Lachaume, ayant parlé un moment avec Marthe
Bonnefoy, recherchait la jeune biche, tout en pensant : « A mon âge, voyons, n'est-ce pas ridicule... »
Il découvrit Marie-Ange dansant avec Wilner, et il
imagina aisément les paroles que le vieux dramaturge pouvait verser dans les oreilles de la jeune fille.

Et Simon vit aussi la vieille duchesse agrippée à Jean-Noël.

Lartois, qui se tenait non loin et observait la scène, se rapprocha.

« Nous pensons la même chose, je crois, mon cher Simon, dit-il. On devrait avoir le courage de crier à ces deux gosses : « Allez-vous-en, fuyez ! « Fuyez ces gens qui ont plus de trois fois votre âge, « et qui cherchent votre sève comme on cherche la « résine au tronc des jeunes sapins. Fuyez ce cynisme, « cette fausseté, ces vices qui souhaitent des recrues « fraîches. Fuyez ces érotomanes, fuyez ces plantes « vénéneuses comme Inès... Cessez de danser avec la « mort. Fuyez-nous... » Car tous les hommes qui sont ici, vous, moi, tous, nous avons envie de cette fille. Et toutes les femmes de plus de quarante ans ont envie du petit Schoudler, et quelques hommes aussi... Et nous sommes immondes.

— Cela ne nous ressemble guère, ce soudain accès de bons sentiments, répondit Lachaume.

— Ce sont des sentiments qui nous seraient peut-être habituels, si nous avions eu des enfants. Or, nous voyons là les petits-enfants de très vieux amis... Mais ces pensées sont après tout plus normales chez moi que chez vous, qui avez près de trente ans de moins que moi.

— Mais presque trente de plus qu'eux. Et le temps qui me sépare de ces enfants est bien plus épais, plus dense que celui qui me sépare de vous. »

La musique s'était arrêtée et l'orchestre prenait un instant de répit. Un valet de chambre s'approcha de Jean-Noël pour l'avertir qu'on le demandait au téléphone.

Quand Jean-Noël revint, le visage soucieux et mécontent, il se dirigea vers sa sœur et lui dit simplement à l'oreille :

« Granny... »

Ils gagnèrent la porte.

VI

Jusqu'à l'extrême fin de sa vie, Mme de La Monnerie avait continué de jouer au bridge.

Lorsqu'il lui fut impossible de se lever, ses partenaires habituels — sa cousine Laubrières, sèche et barbue comme une plante d'herbier, une autre vieille dame, celle-là, énorme, et un ancien maître des requêtes au Conseil d'Etat dont le menton à fanons s'appuyait sur un immense faux col — vinrent s'installer auprès de son lit.

Cette société pratiquait le taux d'un quart de centime, se traitait avec un mélange de courtoisie désuète et d'intimité vétilleuse, ressassait les mêmes plaisanteries et appelait la réunion quotidienne « notre grand tournoi ».

Les quatre vieillards étaient veufs, et personne ne songeait plus à les recevoir ni à les visiter. Enfermés dans la même geôle d'une longévité inutile, le bridge, dernière passion qu'ils pussent encore

satisfaire, les unissait aussi sûrement que les fatalités d'un grand amour. Ils croyaient souvent se
haïr à force de trop se voir, et ne pouvaient pourtant se passer les uns des autres.

Une indispensable tolérance leur permettait de
supporter mutuellement leurs laideurs, leurs manies
et leurs infirmités, bien que chacun, à part soi, vou-
lût se convaincre de faire une grâce charitable à
ses compagnons.

L'ancien maître des requêtes était obligé de s'ab-
senter toutes les demi-heures, et quand il y manquait, retenu par l'intérêt de la partie, il lui arrivait de mouiller les sièges. Parfois il ne s'en apercevait pas, mais parfois aussi il s'abandonnait aux
exigences de la nature avec une joie perfide. Il avait
alors l'impression d'exercer un dernier privilège
de mâle au milieu de ces trois femmes décrépites
qu'il nommait son « harem ». On faisait silence
sur cette misère physique, et l'on se contentait
d'écarter discrètement, lorsqu'on tournait, la chaise
qu'il venait d'occuper.

Mme de La Monnerie était si sourde que bien
souvent il fallait lui marquer les annonces sur un
papier pour qu'elle les comprît. Puis elle devint
si faible qu'elle ne put même plus garder ses cartes
à la main, et dut les faire tenir devant elle par sa
femme de chambre.

Ses amis du « grand tournoi » assistaient de jour
en jour à son déclin. Ils avaient le sentiment d'avoir
pour partenaire un cadavre qui n'était que de très
peu leur aîné. Chaque soir, lorsqu'ils sortaient à

petits pas de l'hôtel particulier de la rue de Lübeck, le cœur serré, ils balançaient la tête en murmurant : « Notre pauvre Juliette... » et ils se demandaient si la partie qu'ils venaient de faire ne serait pas la dernière.

Mme de La Monnerie mourait de tuberculose des vieillards. La maladie s'était installée dans ses poumons d'ancêtre. La vieille dame ne s'alimentait qu'avec peine et ne dormait plus du tout.

Elle ne pouvait non plus s'allonger sans être aussitôt saisie d'étouffements.

Assise sur un coussin pneumatique, et son épine dorsale décharnée calée par six oreillers, elle passait ses nuits dans une hébétude vague où elle voyait défiler des cartes sans arrêt.

Or, ce dernier soir, alors qu'elle était quasi comateuse depuis presque douze heures, elle se souvint brusquement d'une chose importante qu'elle avait à accomplir sans tarder, un dépôt à remettre avant de disparaître. A l'urgence impérieuse que revêtait cet acte, Mme de La Monnerie sut qu'elle allait incessamment mourir.

Elle retrouva ce ton d'autorité qui avait été le sien tout le long de son existence pour demander qu'on appelât un prêtre et qu'on fît venir ses petits-enfants.

« Vous avez eu le prêtre ce matin », lui dit-on dans l'oreille en articulant lentement.

Mme de La Monnerie ouvrit plus grands les yeux :

« Ah bon ! fit-elle. Alors mes petits-enfants seulement. »

Elle pensa : « Je ne l'ai sûrement pas dit au prêtre. Ai-je eu tort ? Mais non, puisque ce n'étaient
point mes péchés personnels... »

Et elle retomba dans sa torpeur fiévreuse où se
mêlaient les levées à pique, la comparution devant
le tribunal divin, les drames anciens et l'épuisement
de la fièvre.

Jean-Noël et Marie-Ange entrèrent dans la chambre du pas retenu et prudent avec lequel on approche des agonisants. Mme de La Monnerie ne bougea
pas. La religieuse de garde leur fit un signe de tête
qui signifiait : « Cela ne va pas plus mal... Elle
repose. »

La lampe de chevet éclairait faiblement la chambre, de mobilier Louis XVI. La table à bridge, avec
les deux jeux de cartes et la dernière marque, avait
été repoussée dans un coin. Sur une autre table,
dans le fond de la pièce, on apercevait, ternis et
poussiéreux, les pots de peinture et les papiers multicolores qui servaient autrefois à Mme de La Monnerie pour décorer les poupées en mie de pain qu'elle
fabriquait. Bien qu'elle eût abandonné ce passe-
temps depuis nombre d'années, elle n'avait jamais
consenti à se séparer de son matériel.

Plusieurs minutes, les deux jeunes gens contem-
plèrent l'aïeule, droite dans ses oreillers. Ses épaules
étaient minces comme des épaules d'enfant, sous
la chemise de nuit fripée. Elle avait les yeux clos
et sa bouche entrouverte produisait à chaque respiration un bruit sifflant et bref. Au-dessus de sa
face étrécie, décharnée, et légèrement cyanosée par

le début d'asphyxie, ses abondants cheveux blancs la coiffaient comme d'un chapeau trop large.

Jean-Noël et Marie-Ange éprouvaient le malaise anxieux que provoque instinctivement la vue des mourants. Mais ils avaient beau se dire : « Voilà, c'est grand-mère qui meurt... grand-mère... » ils avaient beau se forcer à penser que du ventre de ce corps épuisé et haletant était issue jadis leur propre mère qui, à son tour, les avait enfantés, le chagrin ne les atteignait point. Une sorte d'écran translucide et infranchissable séparait leurs existences de cette agonisante qui n'était même plus semblable à leurs souvenirs d'enfance.

Mme de La Monnerie releva les paupières et aperçut les jeunes gens. Depuis combien de temps étaient-ils là ? Venaient-ils seulement d'entrer ?

Ils formaient pour elle une apparition merveilleuse au pied du lit, Marie-Ange dans sa robe blanche, Jean-Noël dans son habit noir. Ils semblaient, à travers le brouillard de la mort, un couple de jeunes princes fiancés au bonheur.

« Ce sont mes petits-enfants... ce sont mes petits-enfants... », se dit la mourante.

« Vous venez du bal ? prononça-t-elle.

— Oui, Granny », répondit Marie-Ange.

Et la jeune fille se força à s'approcher pour venir l'embrasser.

La vieille dame l'arrêta de la main.

« Non, non, il ne faut pas m'embrasser, je suis trop malade, ce n'est pas bon pour vous. »

Puis elle répéta :

« Vous venez du bal... »

Ils étaient ses petits-enfants, et pourtant ils lui paraissaient, à elle aussi, étrangement lointains, et comme placés hors du temps. Le même écran, le même mur translucide la séparait d'eux. Ils ressemblaient à son père et à sa mère s'apprêtant à sortir, ils ressemblaient à elle-même et à son mari, Jean de La Monnerie, se regardant dans un miroir avant de se rendre à une soirée, ils ressemblaient à sa fille Jacqueline et à son gendre François... Ils étaient l'apparition de la jeunesse, la jeunesse qui ne finit jamais, et qui est belle et qui danse, et qui se poursuit et se perpétue, toujours pareille à elle-même.

« Pourquoi n'êtes-vous pas au bal ? » dit Mme de La Monnerie.

Jean-Noël regarda sa sœur.

« Vous nous avez demandés, Granny », répondit-il.

Mme de La Monnerie n'entendit pas la réponse; mais elle sortit de sa torpeur.

Son regard devint plus brillant.

« Ah ! vous êtes là, dit-elle, il faut que je vous parle. »

Le souvenir du secret à livrer lui était revenu. Elle remua un peu sa colonne vertébrale douloureuse, agita la main, tourna la tête vers la religieuse de garde.

« Allez-vous-en un moment », dit-elle à celle-ci.

Elle avait, bien que d'une voix très faible, repris son autorité.

La religieuse sortit.

Mme de La Monnerie quelques secondes encore regarda les jeunes gens, se demandant soudain si ce qu'elle allait leur révéler était réellement arrivé; elle avait le sentiment d'achever un rêve commencé une autre nuit.

« Voilà, il y a deux choses qu'il fallait que je vous dise, prononça-t-elle. La première, que beaucoup de gens savent, mais qu'on vous avait cachée, c'est que votre père s'est suicidé... Oui, on vous avait raconté que c'était un accident. Il s'est tiré une balle dans la tête... »

Jean-Noël ne comprit pas quelle main vint alors lui toucher la nuque. C'était la sienne propre qu'il venait de porter à ce point fragile.

« La deuxième, que personne ne sait, sauf le piqueux Laverdure et moi... », reprit la mourante.

L'air sentait atrocement les médicaments. Ce fut du moins la seule perception extérieure que Jean-Noël et Marie-Ange crurent recueillir en ce moment-là.

« La deuxième chose, reprit Mme de La Monnerie, c'est que votre mère a été assassinée par son second mari... votre ex-beau-père... de Voos... Il était ivre et jaloux... la fièvre coloniale. Laverdure a été parfait. Il nous a évité le scandale. Soyez-lui toujours reconnaissants... Je voulais que vous soyez prévenus, si jamais ce de Voos reparaissait... Voilà, vous savez. J'ai attendu le plus longtemps possible... Ne répétez jamais... à personne. Ce sont des secrets de famille. »

L'air, pour les deux jeunes gens, ne portait même plus l'odeur de pharmacie. La mort, en instance dans cette chambre, semblait raréfier dangereusement les principes nourriciers de l'atmosphère.

Jean-Noël et Marie-Ange se regardèrent et furent mutuellement stupéfaits de leur pâleur. Pourtant, ils ne se sentaient pas souffrir. Les fines narines de Marie-Ange étaient complètement transparentes.

« Marie-Ange ne va pas se trouver mal ? » se demanda Jean-Noël, et il étendit la main pour serrer celle de sa sœur. Ils auraient voulu poser des questions et n'osaient pas.

Mme de La Monnerie n'éprouvait pas l'apaisement attendu. L'effort qu'elle venait de fournir, au contraire, avait augmenté son oppression. Ce n'était plus le poids des secrets qui pouvait lui causer cette peine angoissante. Il fallait se décider à accepter de mourir.

« Puisque ça doit arriver, puisque ça va être maintenant... Mon Dieu, faites que je ne crie pas », pria-t-elle.

Et les enfants l'entendirent distinctement murmurer :

« Mon Dieu, faites que je meure convenablement. »

Elle sentait la terreur monter sur elle comme un drap noir.

« Allez, mes petits, allez-vous-en, dit-elle avec difficulté. Que Dieu vous bénisse; nous nous retrouverons tous là-haut. »

Un tremblement irrépressible s'emparait de ses membres.

« Au moins, j'aurai fermé les yeux sur quelque chose de beau, murmura-t-elle encore. Allez-vous-en, je vous le demande.

— Bonne nuit, Granny, reposez-vous bien », dit gravement Jean-Noël, en sachant que cette nuit-là était l'éternité.

La mourante fit un geste de la main pour leur signifier encore une fois de partir. Elle voulait cacher sa mort ainsi qu'une chose honteuse.

Jean-Noël et Marie-Ange obéirent et se dirigèrent vers la porte.

Ils ne se retournèrent pas. La dernière image qu'elle eut d'eux fut celle de leurs dos, les belles épaules nues de Marie-Ange, la nuque mince et blonde de Jean-Noël. Ils s'enfonçaient dans leur avenir. Elle n'attendit pas que la porte se fût refermée, cette porte qui avait rythmé les allées et venues de sa propre existence pendant tant d'années. Elle abaissa les paupières, décidée à ne plus voir aucun visage de ce monde, jusqu'à ce que la grande terreur ait pris fin.

VII

Dans le salon du rez-de-chaussée, les partenaires du « grand tournoi » attendaient. Ils étaient comme trois vieux animaux perdus dans une forêt de fauteuils. Ils n'avaient pas pu faire leur bridge, ce jour-là. Ils restaient, se considérant comme de la famille, et se donnant à eux-mêmes de vagues justifications... « Si cette pauvre Juliette demande à nous voir... Si nous pouvons servir à quelque chose... » Toutes les vingt minutes, l'ancien maître des requêtes s'absentait discrètement.

Isabelle Meignerais, la nièce de Mme de La Monnerie, ne savait comment se débarrasser d'eux. Courte et trop forte, ses cheveux parsemés de quelques fils argentés, elle se promenait dans la pièce, le front soucieux, en ôtant et remettant ses lunettes et, de temps à autre, elle offrait de l'orangeade aux vieillards.

« Tante Isabelle », comme l'appelaient Jean-Noël et Marie-Ange, avait grossi en atteignant la cinquantaine, et sans qu'aucun régime ni traitement ait pu s'y opposer. Elle éclatait dans la gaine qui lui serrait les hanches; sa robe était tendue sur sa poitrine. La ménopause avait en outre aggravé sa maladie de l'indécision. Pour l'instant, elle songeait à la rédaction des faire-part et regrettait la défunte Mme Polant, si précieuse autrefois dans les activités funéraires.

Jean-Noël et Marie-Ange entrèrent dans le salon.

« Alors ? » demanda à mi-voix la vieille vicomtesse de Laubrières.

Jean-Noël éleva un peu les épaules, écarta ses belles mains fines, et ne répondit rien. Marie-Ange écaillait machinalement le vernis incolore de son pouce, et elle ne quittait pas son frère des yeux.

Les trois vieillards échangèrent des regards qui

signifiaient : « Les pauvres petits; ils sont bien secoués. C'est affreux pour eux. »

« Vous ne voulez pas prendre un peu d'orangeade ou manger quelque chose ?

— Non, merci, tante Isabelle, dit Marie-Ange. Pas moi, en tout cas. »

Jean-Noël fit « non » de la tête.

« Notre père s'est suicidé... notre mère a été assassinée..., se répétaient-ils. Et nous avons vécu tant d'années sans le savoir ! »

Il ne suffisait donc pas qu'ils eussent été ruinés, il ne suffisait pas qu'ils fussent orphelins ! Fallait-il encore que leur malheur prît ses racines dans cette catégorie de drames dont on croit qu'ils ne peuvent arriver que chez les gens qu'on ne connaît pas... C'était comme si l'on venait de découvrir aux deux jeunes gens quelque maladie terrible dans leur hérédité.

Les souvenirs se pressaient, brusquement brassés... le souvenir, très lointain, de l'enterrement de leur père et du grand silence hostile dans l'hôtel de l'avenue de Messine. « ... Pourquoi papa est-il mort, Miss Mabel ?... — Un accident, un affreux accident, mes enfants. Il faut être très sages. Les grandes personnes ont de la peine... » Et puis le souvenir plus récent de ces vacances de Noël dans la montagne, avec tante Isabelle, et le télégramme annonçant la mort de leur mère... Un balcon descellé sur la façade de Mauglaives. « C'est de là que Mme la comtesse est tombée. Un malheur... »

« Il était ivre, il était jaloux... » Quelle raisons

pouvait avoir Gabriel de Voos d'être jaloux de leur
mère ? Les enfants ne se souvenaient d'aucune
figure masculine tournant autour d'elle. Elle avait
toujours été pour eux, forme fragile et lumineuse,
l'image de la droiture, de la piété souriante, et
l'objet de leur vénération. Etait-il imaginable qu'elle
se fût conduite comme tant d'autres femmes, comme
presque toutes les autres femmes... qu'on ne tue pas
pour autant ? Ou bien tout reposait-il sur leur beau-
père, cet homme qu'ils n'avaient jamais aimé, tantôt
hâbleur, tantôt morose, tantôt brutal et délirant
sous l'effet de l'alcool ? Pourquoi, s'il était coupable,
ne l'avait-on pas arrêté, condamné ? Et comment
cet assassin avait-il eu le front, pendant deux années
après son crime, de vivre avec eux en feignant de
s'occuper de leur éducation et de leurs intérêts ?

Et Jean-Noël se rappela soudain qu'il avait sur
lui l'habit de cet homme... Ah non ! pas ça ! Il se
dressa brusquement, rencontra les regards des vieillards, et se rassit.

Il allait partir le lendemain pour l'Afrique,
retrouver Gabriel de Voos, l'obliger à avouer, le
traduire en justice, ou le tuer de sa propre main...

Et Jean-Noël sut immédiatement qu'il n'en ferait
rien ; ce n'était là qu'une dernière bouffée d'enfance, un de ces rôles de mélodrame qu'on se fabri-
que à onze ans, en se disant : « Quand je serai
grand ! » Or, maintenant, il était grand, et il demeurait
là, les jambes croisées dans un fauteuil Louis XVI,
gardant cette apparence de calme, de réserve et de
détachement qu'on lui avait inculquée par la parole

et par l'exemple depuis sa naissance... Ne pas éta-
ler ses sentiments... conserver sa dignité, le contrôle
de soi... « Dans *nos* familles, on porte un masque,
dans *nos* familles, on crève sous son masque, on se
suicide, on s'assassine, mais on ne le dit à personne,
pas même aux enfants... dans *nos* familles, on a parfois l'impression de devenir fou... mais on reste
là, assis dans un salon triste, entre quelques vieillards, à attendre la mort de sa grand-mère, en
tenant *Le Figaro* à la main... »

Jean-Noël se demanda où il avait pris ce journal
qu'il ne lisait pas. Il le chiffonna brusquement et le
jeta sur le tapis. Les vieillards s'interrogèrent du
regard, mais ne dirent rien.

« Non, vraiment, tout cela est trop absurde »,
pensa Jean-Noël. Il se sentait envahi d'une grande
rage contre le destin. Ils étaient nés, sa sœur et lui,
dans le milieu et les traditions de la richesse; ils
avaient été les enfants les plus fortunés de Paris,
élevés pour recueillir les plus gros héritages et prendre leur place dans le monde du luxe et de la puissance; et ils se retrouvaient, au moment de commencer à vivre réellement, sans parents, sans famille,
sans soutien, sans argent, avec pour tout avoir un
château historique inhabitable, qui prenait l'eau
par les toitures, et l'hôtel de la rue de Lübeck, hypothéqué, qu'ils se hâteraient de « bazarder », aussitôt que la vieille dame serait portée en terre.

« Si Dieu voulait que nous fussions pauvres, il
n'avait qu'à nous faire naître pauvres. Ç'aurait été
plus facile. »

Jean-Noël, qui ne pensait plus à Dieu depuis des
années, se prit soudain à le haïr, faute de trouver
d'autre responsable. Il haïssait aussi tout ce qui l'entourait, ce salon, ces vieilles gens... Et l'approche
de la mort au premier étage, la présence de la mort
lui devenait de minute en minute moins tolérable.

« Est-ce que l'un de vous deux ne saurait pas où
se trouvent les derniers faire-part, ceux de l'oncle
Urbain et de la tante Valleroy ? »

C'était Isabelle qui venait de parler, et s'adressait aux jeunes gens. Jean-Noël la regarda sans
répondre, se leva brusquement et sortit de la pièce.
Marie-Ange le rejoignit dans le vestibule.

« Jean-Noël ! Qu'est-ce qu'il y a ? demanda-
t-elle.

— Je n'en peux plus, je n'en peux plus. Il faut
que je m'en aille un moment.

— Je viens avec toi.

— Non, j'aime mieux être seul », dit-il.

Marie-Ange mit les deux bras autour du cou de
son frère, laissa tomber sa tête sur le plastron glacé.

« Moi aussi, j'ai mal, tu sais », dit-elle.

Puis, relevant le front :

« Tu vas chez Inès, n'est-ce pas ? » demanda-t-elle.

Il rougit, fit un mouvement pour se dégager.

« Je ne ferai qu'entrer et sortir, je t'assure, dit-il
en s'efforçant de ne pas laisser trembler sa voix. Il
y a quelque chose que je devais lui dire, tout à
l'heure.

— Tu ne peux pas téléphoner ? »

Il rougit davantage et ne répondit pas. Il aurait voulu lui expliquer, et ne trouvait pas de mot.

Marie-Ange le regarda.

« Va, mon Jean, va, dit-elle, puisque c'est d'elle que tu as besoin. »

Elle baissa les yeux, et ses traits prirent une dureté qui n'était qu'un raidissement contre l'envie de pleurer.

« Ton foulard, dit-elle en lui tendant une écharpe blanche.

— Je reviens tout de suite », murmura-t-il.

Elle lui saisit le poignet :

« Jean-Noël, tout de même, ne va pas lui raconter.

— Tu es folle ! » s'écria-t-il.

« Comme s'il était capable de lui cacher quelque chose, et comme s'il n'y allait pas justement pour cela », pensa-t-elle en se détournant.

Elle rouvrit la porte du salon.

« Tante Isabelle, dit-elle, si vous avez besoin de moi, je suis dans ma chambre.

— Et ton frère ? »

A ce moment, on entendit claquer la porte de la rue.

Marie-Ange ne répondit pas et monta l'escalier, les yeux pleins de larmes, en pensant : « Lui n'est pas seul... lui n'est pas seul... lui n'est pas tout seul... »

Parmi leur forêt de fauteuils, les vieillards du « grand tournoi » se regardaient, réprobateurs.

« Nous savons tous ce que sont les garçons de vingt ans, finit par dire la vieille Mme de Laubrières,

mais tout de même, la nuit de la mort de sa grand-
mère, ce petit aurait bien pu rester. Ne serait-ce
que vis-à-vis de vous, ma petite Isabelle, vous ne
trouvez pas ? »

Isabelle haussa ses rondes épaules d'un geste
d'impuissance.

« Cette génération a décidément quelque chose
qui lui manque : le cœur », déclara l'autre vieille
dame en frappant du doigt son énorme poitrine.

Isabelle fut tentée d'approuver. Et puis elle se
souvint de la mort de son oncle Jean de La Monnerie, et de la manière dont Mme de La Monnerie,
ce soir-là, avait refusé d'aller voir son mari ago-
nisant qui la réclamait, et continué de fabriquer
ses poupées en mie de pain.

« Si vous êtes fatigués, je vous assure..., dit Isabelle, qui se demandait quand les trois vieillards
se décideraient à partir.

— Jamais de la vie, nous n'allons pas vous laisser
seule, ma chère petite, nous savons trop ce que c'est »,
répondit Mme de Laubrières.

Cette veille inusuelle, malgré son caractère dramatique, était comme une petite fête pour ces vieilles
gens.

Il y eut un silence.

« Est-ce que vous jouez au bridge, Isabelle ?
demanda l'ancien maître des requêtes en essuyant
la larme qui embuait son monocle.

— Un peu, de temps en temps, répondit Isabelle.

— Eh bien, si nous faisions un bridge, proposa
doucement Mme de Laubrières. Cela vous ferait

du bien, ma chère petite, et le temps vous paraîtrait moins long.

— Oui, cela vous empêcherait de penser », dit l'autre dame.

Isabelle hésita, ôta ses lunettes, les remit, remonta la mèche grisonnante qui glissait sur sa tempe. Son front était plissé; elle rédigeait mentalement les faire-part.

Les trois vieillards étaient immobiles, attentifs; un peu de passion avait reparu sur leurs visages, et ils épiaient leur cadette comme une proie.

« Oui, au fond, faisons un bridge, pourquoi pas... », dit machinalement Isabelle.

« Tante Isabelle » s'assit, se mit à battre les cartes. Elle venait, sans s'en rendre compte, d'entrer dans la vieillesse.

VIII

Chez Inès Sandoval, les plus solides insomniaques de Paris semblaient installés comme des militaires au bivouac. Ils étaient une quinzaine qui finissaient les petits fours, allaient se servir eux-mêmes de champagne, et s'efforçaient de repousser le plus possible l'instant de se retrouver face à face avec leur fatigue, leurs soucis, leur solitude. Gagner l'aube, s'endormir dans l'abrutissement du petit jour, à l'heure où l'immense majorité des humains se lève

et part pour le travail, constituait une de leurs aspi-
rations essentielles, et comme une nécessité de leur
nature.

Des masques traînaient un peu partout sur les
meubles. Le bal était mort.

On faisait, entre intimes, le point de cette soirée,
où tout le monde avait vu tout le monde, où personne n'avait écouté personne, où chacun avait prononcé « un mot » en espérant qu'il serait répété
pendant huit jours dans les salons. On commentait
les toilettes, les entrées, les sorties... « et qui était
parti avec qui... ».

Le compositeur Auguérenc, les replis de son
ventre épandus dans un sofa, venait de refuser de
se mettre au piano et se délectait de sucreries et
de méchancetés.

La duchesse de Salvimonte était soûle et disait
à Inès :

« Chère, chère, Pemrose a fait une cour horrible
à ton petit ami !

— Ah oui ? Et tu crois, Lydia, qu'il était le
seul ? » dit Inès.

Edouard Wilner avait attiré sur un sofa la longue,
la jolie, la candide et pâle Mme Boitel et lui pétrissait longuement la main.

« Ma chère amie, lui disait-il dans un murmure
rauque, vous devriez m'aider à mourir.

— Mais il y a cinq ans que vous me dites cela,
Edouard, répondit-elle.

— Oui, mais maintenant cela devient vrai. »

Depuis deux heures, Simon Lachaume avait envie

de partir, mais il restait; il restait à cause de Sylvaine qui elle-même, à seule fin de l'exaspérer, s'obstinait à rester en feignant d'être séduite par le diplomate péruvien, bellâtre aux cheveux collés, au sourire lumineux et aux joues molles.

« Et tout cela, pensait Simon, parce que cet imbécile a sans doute quelque chose à obtenir de moi, et qu'il s'imagine qu'en faisant la cour à Sylvaine... »

Il se méprisait de perdre ainsi son temps.

« Demain, j'ai une journée écrasante. Je vais être mort de fatigue, et j'ai mon discours pour le congrès du parti à préparer... Après tout, qu'elle se fasse raccompagner par cet idiot à dents blanches et qu'elle couche avec lui si elle veut, je m'en fous; il y a des choses plus importantes en ce monde... » Et pourtant il demeurait; et il savait que Sylvaine et lui, comme d'habitude, rentreraient ensemble, pour se faire une scène plus violente, plus atroce, plus sordide, plus absurde que les précédentes, et qui finirait par cette paire de gifles et cette crise de larmes sans lesquelles ils ne pouvaient pratiquement plus se mettre au lit.

« Je ne l'aime plus, et j'en suis encore jaloux... La séquelle de la passion est plus pernicieuse que la maladie elle-même. »

Et Simon écoutait Lartois développer ses paradoxes favoris.

« Notre siècle des Antonins, mon cher, s'est terminé en 1914, et notre Marc Aurèle se sera appelé Armand Fallières. Nous voici dans la décadence du Bas-Empire... »

Des invités, en s'en allant, avaient laissé la porte
palière entrouverte. Jean-Noël n'eut pas à sonner. Il
traversa l'antichambre aux perruches, entendit les
voix dans le salon, alla jusqu'à la tenture, aperçut,
par la fente passementée de la soierie, ces gens
assemblés et les nuages de fumée bleue accumulée
au-dessus d'eux. Il n'eut pas le courage d'entrer.
Que pourrait-il dire ? Quelle raison donner à son
retour ? « Je n'ai pas le droit de compromettre
Inès », se disait-il. Inès riait et versait du champagne dans les coupes.

Jean-Noël resta un moment ainsi, espérant qu'un
avertissement mystérieux la préviendrait. Elle allait
sentir qu'il était là. « Viens, viens, viens, Inès »,
suppliait-il intérieurement.

Mais elle n'entendit pas cet appel secret, et disparut vers le fond du salon.

Jean-Noël s'éloigna de la tenture, suivit le couloir et pénétra dans la chambre d'Inès.

« Je vais l'attendre là, se dit-il. Ils ne vont pas
rester indéfiniment... »

Une lampe à pied d'argent posée sur une table
ronde éclairait faiblement un désordre savant de
coupes de jade, d'icônes, de couteaux à papier en
ivoire et de riches reliures modernes. Ici, les sons
mourraient dans le velours couleur tête-de-nègre.
Le lit large et bas disparaissait sous une immense
couverture de chinchilla dont la nappe argentée
luisait, provocante, dans cette pénombre brune. Un
bouquet de tubéreuses exhalait son parfum épais
et entêtant. Dans un angle, se trouvait un petit

pupitre d'ébène et d'écaille, très bas, devant lequel Inès avait coutume d'écrire, couvrant d'une immense écriture des feuilles de papier vélin. Il lui arrivait parfois de s'y installer tandis que Jean-Noël était là et restait étendu, silencieux et dévêtu sur le lit.

« Jamais, se disait souvent Jean-Noël, jamais je n'oublierai cette chambre. Jamais aucun lieu du monde ne pourra contenir pour moi autant de bonheur. »

Il sentait davantage encore, cette nuit, combien cette chambre était son seul asile, son seul abri.

Il s'abattit sur la couverture de fourrure, s'enfouit le visage dans l'oreiller. La taie de soie orange était imprégnée de l'odeur d'Inès, une odeur de brune, musquée et pénétrante. Et Jean-Noël se mit à pleurer, dans ce parfum, contre cette soie, les nerfs à bout.

« Mais quand va-t-elle venir ? se disait-il. Mais quand donc tous ces gens vont-ils s'en aller ?... Je ne devrais pas pleurer, je ne devrais pas me montrer à elle ainsi... »

Il succombait à la pitié de soi-même et continuait de mouiller l'oreiller.

Il entendit soudain des pas, les pas légers et inégaux d'Inès, et il se redressa, les pleurs arrêtés, la poitrine déjà à demi délivrée.

Les pas entrèrent dans la salle de bain voisine, et d'autres pas à leur suite, des semelles d'homme qui claquaient sur la mosaïque du pavage.

Jean-Noël s'essuya les yeux, retint son souffle. A travers la porte de communication lui parvenaient des chuchotements, des rires étouffés; il y avait deux, trois personnes avec Inès. La première intention de Jean-Noël fut d'obéir à un réflexe de prudence et de bonne éducation : s'en aller, gagner le couloir sur la pointe des pieds...

Soudain, il entendit la voix d'Inès prononcer distinctement :

« Alors, je ne peux même pas me repoudrer en paix ?

— Ma très chère, nous voulions te féliciter, du fond de l'âme, et Dieu sait que notre âme est profonde... »

Cette parole, rauque, caverneuse, un peu essoufflée, Jean-Noël la reconnut pour celle d'Edouard Wilner. Puis la voix précise et sifflante du professeur Lartois dit :

« Oui, il est charmant, ce nouveau valet de cœur. Grêle, gracieux, gracile...

— C'est un trésor, répondit Inès.

— Nous n'en doutons pas, reprit Lartois... Nous en parlions tout à l'heure, et nous disions... « Cette « Inès décidément, elle a toujours bon goût », ce qui était une manière implicite de nous rendre hommage à nous-mêmes.

— Est-ce qu'il fait bien l'amour ? Est-ce que ça fait bien l'amour, un gamin de cet âge-là ? demanda Wilner.

— Il le fera merveilleusement, un jour; somptueusement, dit Inès.

— Ah, oui ! les balbutiements du génie, plus émouvants que le génie lui-même..., dit une troisième voix. Mais lorsqu'il sera passé par tes mains, Inès...

— Et surtout par ta bouche..., reprit Wilner. Ah ! cette bouche, ce qu'elle aura fait de bien autour d'elle ! Cela compte parmi les bons souvenirs de la vie. N'est-ce pas, mon cher Simon ? »

Et Jean-Noël comprit que le troisième personnage était le ministre Lachaume.

Il y eut de nouveaux rires, et puis des paroles plus basses, insaisissables, puis un bruit de tape sur une main, et Inès dit :

« Allons, ne sois pas ridicule, Edouard !

— Quoi, tu lui es fidèle, en plus ? dit la voix du vieil ogre.

— Je n'ai jamais été fidèle qu'à moi-même, mes trésors. »

Jean-Noël ne pleurait plus. Il était debout, effaré, les joues pourpres, le cœur à l'étroit.

Ainsi, Lartois, Wilner, Lachaume avaient été les amants d'Inès.

Jamais elle ne le lui avait raconté, jamais elle ne le lui avait laissé supposer. Elle parlait d'eux en disant : « Ce sont de très vieux amis. » Alors, c'était donc cela les « vieux amis » ?

Il faisait le calcul : les deux maris, le jeune poète suicidé, les trois personnages de la salle de bain... et quels autres encore ?... Nulle raison de s'arrêter. Quel était son numéro à lui, « le nouveau valet de cœur », au bout de la liste ?

Et Inès avait accordé à tous ces hommes les mêmes caresses, les mêmes plaisirs... à Lachaume, cet être si laid, avec sa tête de gros batracien et ses lunettes...

Et ils en parlaient tous ensemble, ouvertement, cyni-
quement, alors que lui, Jean-Noël, s'efforçait de cacher son amour, par respect pour Inès, et souffrait
presque de ce que Marie-Ange fût dans la confidence.

Il ne parvenait pas non plus à admettre qu'Inès
ait pu être la maîtresse d'hommes qui avaient maintenant dépassé soixante-dix ans. Cela lui paraissait
révoltant et contre nature ! Wilner... Lartois... ces
deux personnages illustres qu'il admirait depuis son
enfance, qu'il n'approchait qu'avec déférence et
qu'il identifiait à leur gloire, pouvaient donc être
aussi ces deux vieillards égrillards adossés à un
lavabo, et tendant leurs mains séniles vers la robe,
vers le corsage d'Inès...

Et elle, comment pouvait-elle accepter de parler
de lui devant eux, avec eux, d'évaluer sa présence,
ses reins, ses sentiments, comme s'il se fût agi des
aptitudes d'un cheval ou des qualités d'une voiture
neuve et de mêler tous les souvenirs dans cette
même salle de bain où ces hommes avant lui s'étaient
lavés, rhabillés.

L'étonnante impudeur des vieillards, voire des
êtres mûrs, qui déjà leur ressemblent, venait de
frapper l'adolescent et de le meurtrir d'une blessure imméritée. Il ne savait pas s'il allait fuir,
honteux à jamais, ou bien ouvrir brutalement la
porte de la salle de bain, crier, insulter... avoir le
courage de sa révolte.

En bougeant, il fit choir un cendrier, qui tomba
avec un bruit sourd sur le tapis...

Dans la salle de bain, les voix se turent. Puis Inès dit :

« Je ne sais pas. Ce doit être la femme de chambre qui prépare mon lit. Je la croyais couchée... Allez, allez-vous-en tous les trois... »

Les pas des hommes s'éloignèrent. Une porte qu'on ferme. Puis la porte de la chambre s'ouvrit et Inès parut.

« Comment, c'est toi ? s'écria-t-elle. Qu'est-ce que tu fais là ? Mais dans quel état es-tu ? »

Il se tenait devant elle, dépeigné, le visage encore verni de larmes, et son habit couvert de poils de chinchilla. Il la regardait de façon étrange.

« Je t'attendais, dit-il.

— Quoi ? Qu'est-ce qu'il y a ? Que s'est-il passé ? Eh bien, dis, mon chéri ?... »

Jean-Noël continuait de la dévisager. Il hésitait à parler. Puis soudain, non pas sur le ton de l'aveu, ou de la détresse, mais sur celui du reproche, et comme si elle devait être saisie de honte en l'entendant, il dit :

« Je viens d'apprendre que mon père s'était suicidé. »

Une surprise légère, ni douloureuse ni compatissante, une simple surprise se peignit sur les traits d'Inès.

« Comment, répondit-elle, tu ne savais pas ? Mais tout le monde l'a su. Je me rappelle fort bien quand cela est arrivé... Une histoire de Bourse, je crois, entre son père et lui... On ne t'avait jamais dit ? Je ne comprends pas pourquoi on cache ces choses aux enfants... Et c'est pour cela que tu te mets dans un état pareil ? Mais c'est absurde, mon petit cerf ! Cela ne change rien à la vie. »

Jean-Noël ressentit un nouveau choc, et une nouvelle stupéfaction. Cette femme qui s'était créé une réputation légendaire de sensibilité, qui pouvait gémir des heures pour une patte de serin cassée, qui avait écrit d'elle-même qu'elle était « une cithare vibrant à toutes les douleurs du monde » ne trouvait rien d'autre à dire.

La cithare ne résonnait pas. Le mot de suicide n'évoquait pour Inès que le souvenir, objet d'élégies mouillées, du jeune écrivain qui s'était tué pour elle. « Grâce à lui, j'ai peut-être fait mon meilleur volume », avouait-elle parfois.

« Et puis ma mère, et puis ma mère..., dit encore Jean-Noël tandis que les sanglots lui remontaient à la gorge.

— Quoi donc ta mère ?

— Rien... », fit Jean-Noël en secouant la tête.

Les liens impalpables, la confiance, le partage, la franchise absolue, qui font la richesse et la noblesse de l'amour, étaient entre eux brusquement anéantis. Inès redevenait pour Jean-Noël étrangère. Il imaginait trop aisément, s'il lui livrait ses secrets, qu'elle irait aussitôt les déballer, ainsi qu'une marchandise, devant ses amants de naguère, devant le conseil des anciens.

« Non, rien du tout, répéta-t-il.

— Tu devrais rentrer, mon ange, dit Inès. Tu es très nerveux, très fatigué. Tout cela ira mieux demain. Veux-tu que je te donne un somnifère que tu prendras en te couchant ?... Dis-toi que je ne cesse de penser à toi. Et téléphone-moi demain, enfin tout à l'heure, aussi tôt que tu voudras... onze heures, si tu veux... Maintenant, va, je t'en prie. Je ne peux pas laisser mes invités plus longtemps. »

Voilà donc tout ce dont elle était capable : un somnifère, un coup de téléphone... ses invités...

« C'est cela, dit Jean-Noël d'une voix méchante. Va retrouver Lartois, Wilner... »

Elle comprit alors qu'il avait entendu la conversation de la salle de bain.

« Oh ! Emile et Edouard, tu sais... »

Elle fit un geste pour signifier que cela n'avait aucune importance.

« ... ce sont des frères pour moi !

— Eh bien, reste en famille, dit Jean-Noël.

— Allons, allons ! Tu ne vas pas être jaloux du passé, surtout de ce passé-là. Ce que tu peux être jeune ! D'ailleurs, je ne t'ai rien caché. C'est toi qui ne m'as pas demandé. Je croyais que tu savais... »

Jean-Noël dit alors son premier mot grossier, son premier mot d'homme.

« Je ne pouvais pas penser que tu connaissais par cœur toutes les braguettes de ton salon ! »

Et le rouge aussitôt lui monta au front d'avoir osé dire cela, et il s'attendit à être giflé.

Une lueur violâtre passa dans les yeux d'Inès.

« Allons, petit, dit-elle, ne cherche pas à être bêtement insultant. »

Et son visage prit une expression singulière d'ironie trouble et presque de plaisir.

« C'est toi que j'aime, tu le sais bien, jeune et
merveilleux idiot », ajouta-t-elle.

Elle se rapprocha et lui tendit sa bouche.

Mais cette bouche pour Jean-Noël était devenue
objet de dégoût.

Il se détourna, ne dit plus un mot et sortit.

Le couloir silencieux, le vestibule et sa volière,
des voix et des rires, parmi lesquels la voix essoufflée du dramaturge, de l'autre côté de la tenture...
Jean-Noël tira sur lui la porte d'entrée en faisant
le moins de bruit possible.

Soudain, entre les deux étages, il s'accrocha à la
rampe. Il souffrait d'une douleur diffuse, incompréhensible et atroce. Il avait mal dans son amour, à
peu près comme l'amputé peut souffrir dans un
membre qu'on lui a scié.

IX

Les avenues étaient désertes. De rares taxis passaient, et dans chacun d'eux on apercevait, par la
vitre arrière, deux têtes rapprochées. Le jour n'allait
pas tarder à se lever. Des chiffonniers déjà cro-
chetaient les poubelles.

Jean-Noël marchait sans savoir où il allait. Il tra-
versait Paris comme une épave qu'eût charriée le

fleuve. Il avançait à la dérive, selon un itinéraire inconscient.

Derrière lui, la maison d'Inès; une maison morte. Devant lui, là-bas, vers le Trocadéro, la maison de la rue de Lübeck où Mme de La Monnerie ne devait plus être à présent qu'un cadavre. Et aucune maison où frapper, où entrer. Les réverbères éclairaient le silence.

Le pavé résonnait sous son seul pas. Jean-Noël avait le sentiment de parcourir un monde mort, irréel. Il était seul, et pour l'éternité. Toute perception lui paraissait incertaine.

Il palpa ses bras, son front; mais ses nerfs, rompus d'émotion, de chagrin et d'insomnie, ne répondaient plus. Sa chair se refusait à lui donner la sensation de vivre. Il n'avait plus de thorax, plus de squelette, il n'était plus qu'un grand vide froid qui épousait vaguement la forme intérieure de ses vêtements, et qu'animait seulement une colère générale contre un univers sans précision ni pesanteur.

Il courut vers un gros marronnier, cogna des deux poings contre l'écorce rugueuse, se meurtrit les mains, se meurtrit l'épaule, se sentit rassuré d'avoir mal, et frappa encore.

Il respira mieux. Cet arbre lui fournissait la preuve de la réalité des choses et de son propre corps. Mais si cet arbre existait, alors tout existait. Alors son père s'était suicidé, alors sa mère avait été assassinée, alors Inès avait couché avec la ville entière. Et il lui fallait admettre tout cela, accepter tout cela, ou bien suivre l'exemple de son père...

car le suicide est en fin de compte, avec la démence,
l'une des deux seules manières de se soustraire au
réel. Or, la démence n'est pas à la portée de tout
le monde... Epuisé, Jean-Noël se colla contre le tronc
épais et sombre.

De derrière l'arbre, de derrière l'ombre, deux
filles soudain surgirent et pendant quelques secondes observèrent le jeune homme. Elles avaient
des jupes trop courtes, tendues sur les hanches,
des bas trop clairs, des talons trop hauts et des sacs
à main vernis. Jean-Noël les aperçut, et brusquement éclata de rire.

Elles le prirent pour un jeune fêtard un peu ivre.

« Qu'est-ce qu'il y a ? Ça ne va pas, vous avez
trop bu ? » demanda l'une d'elles.

Il rit davantage.

« C'est nous qui vous faisons rire ? Qu'est-ce
qu'on a de si comique ? dit la seconde fille.

— Rien, rien, ce n'est pas à cause de vous... c'est
à cause... à cause de rien, dit Jean-Noël en se cal-
mant.

— Tu es soûl, mon coco, tu es gentiment bour-
ré », reprit la première fille.

Sa voix était rauque et provocante. Jean-Noël la
regarda mieux. Elle avait les cheveux décolorés,
d'une teinte pâle et fausse de laiton, un grand visage
creux, fendu d'une large bouche violemment fardée,
et elle portait un renard argenté sur les épaules.
L'autre fille, plus boulotte, montrait, sous ses cheveux frisés et pauvres, une figure de petite bourgeoise.

Jean-Noël chercha à reconnaître où il se trouvait. Il était sur les Champs-Elysées, dans la partie des jardins, et les réverbères éclairaient les feuillages.

« Alors, qu'est-ce que tu fais comme ça; tu rentres chez toi tout seul ? dit la fille au renard. Nous aussi, on rentrait... Tu n'as pas envie de venir faire l'amour ?... »

Faire l'amour. « Est-ce qu'il fait bien l'amour ?... Il le fera merveilleusement... quand il sera passé par tes mains... par ta bouche... » Faire l'amour... Les mêmes mots que ceux de Lachaume, de Lartois et d'Inès.

« Si tu veux, on va bien s'amuser tous les trois. Parce que nous deux, avec ma copine, on ne se quitte pas. On est deux salopes, tu sais... »

Elle approcha du visage de Jean-Noël son visage creux, écarta ses lèvres obscures sur des dents longues et espacées et claqua des mâchoires. Elle pouvait avoir vingt-cinq ans au plus, et elle avait l'air de la mort casquée pour une retraite aux flambeaux.

« On va bien s'amuser tous les trois... »

Tous les trois... tous les quatre... comme Inès, Wilner, Lartois et Lachaume dans la salle de bain...

La boulotte, au visage de petite bourgeoise, fit un signe de tête à l'autre fille, comme pour dire : « Allez, viens, ne perdons pas notre temps ! Il ne va pas se décider. »

Jean-Noël continuait de les regarder...

« Combien ? » demanda-t-il.

Et en disant cela, il entendit ses oreilles bourdonner. Il pensa alors à Marie-Ange à laquelle il

avait promis de revenir très vite, à Marie-Ange qui
devait l'imaginer apaisé, consolé entre les bras d'Inès,
Marie-Ange, le seul être qu'il pût vraiment trahir,
Marie-Ange, qui avait aussi une chair, des hanches,
et un cœur, pour souffrir des mêmes souffrances...
Il était encore temps de retourner vers cette seule
affection, pour à la fois lui porter et lui demander
secours.

Les deux filles se concertaient.

« Cent francs chacune, dit la fille aux cheveux
de laiton, parce que tu es un beau gosse et que tu
nous es sympathique. Pas, Minnie ? »

La boulotte approuva.

Jean-Noël ricana en songeant que c'était à peu
près le prix du bouquet de fleurs qu'il eût envoyé à
Inès le lendemain. Cette pensée acheva de le décider.

X

Il y avait un miroir au plafond... Jean-Noël n'eût
pas pu dire quel chemin, depuis le Rond-Point, lui
avaient fait prendre les deux prostituées, pour parvenir à cette chambre de passe qui sentait le renfer-
mé, la mauvaise crème de beauté, le parfum à bon
marché et le péché refroidi.

Un garçon de nuit somnolent, à la chemise sans
col, avait déposé des serviettes et une savonnette
minuscule.

« Tu n'as pas soif, mon chou ? Moi, j'ai soif »,
avait dit la fille blonde à visage de mort.

Et le garçon somnolent, traînant ses chaussures,
était remonté apportant un cognac imbuvable dans
de petits gobelets désargentés comme on en voit par
série de six sur les buffets des loges de concierge.

Et Jean-Noël avait payé le garçon, et il avait payé
les filles, qui voulaient leur « cadeau » avant...
« Comme ça, c'est plus gentil... on n'en parlera
plus... »

« Tout de même, un type en habit, ça ne nous
arrive pas souvent, avait dit la blonde. Tu es beau,
il n'y a pas à dire. »

Puis soudain, voyant les poils de fourrure qui par-
semaient les vêtements de Jean-Noël :

« Mince ! C'est pas mon renard qui se déplume
comme ça ? » s'était-elle écriée.

Elle avait détaché un des fils argentés, pour le
regarder dans la lumière; puis, rassurée :

« Non, ça va, ce n'est pas la même chose. T'as fait
l'amour sur de la fourrure, toi, ce soir ? Tu ne veux
pas répondre ? Oh ! je suis pas curieuse, tu sais... »

Et les deux filles avaient laissé choir leurs vêtements et livré leurs corps avec indifférence au regard
du consommateur inconnu, ne gardant que leurs
souliers, et leurs bas de soie roulés sur leurs chevilles.

L'habit de Jean-Noël, l'habit retaillé du meurtrier
de sa mère, gisait sur une chaise d'hôtel borgne, les
basques traînant sur le tapis râpé, avec le vague
mouvement d'un corps poignardé, disloqué.

Et Jean-Noël lui-même était étendu nu, au milieu
du lit, entre les deux prostituées, et ses yeux ne quittaient pas le plafond.

« On t'a amené ici, dit la fille qui s'appelait Minnie, parce que c'est le seul quartier où il y ait
des glaces comme ça. A trois, c'est plus sympathique. »

Elle était mal faite; ses cuisses courtes s'atta-
chaient à une croupe large et grumeleuse. L'autre,
la fausse blonde, portait la marque d'une césarienne, et Jean-Noël apercevait, reflétée dans le
plafond, la longue cicatrice qui partageait son
ventre maigre. Elle avait les hanches pointues, les
seins pauvres et vagabonds, une peau blafarde, mar-
quée de quelques ecchymoses verdissantes; elle ressemblait de plus en plus à un cadavre.

Et d'ailleurs, ils avaient l'air tous trois, vus ainsi
dans ces profondeurs inversées, de gisants au fond
d'une crypte, soudainement et monstrueusement ani-
més, ou de trois morts enfermés au même tombeau,
dont la dalle venait de se soulever, à l'instant de la
résurrection de la chair, pour sa condamnation
infernale et l'accomplissement de son éternelle malédiction.

Jean-Noël observait cet enchevêtrement de nuques,
de jambes, de cheveux et de toisons, dont son propre
corps, pâle et long, bien plus beau que celui des
deux femmes, était le centre et le prétexte. Deux
démones, attachées sur un ange pour l'entraîner
dans une chute qui ne finirait point. L'ange pâle
voyait ses propres mains parcourir et palper ces

corps loués pour toutes les dépravations, et qui lui fournissaient ce soir cette étrange vengeance dont il était à la fois l'exécuteur et la victime.

Jean-Noël ne répondait pas aux questions obscènes des deux filles. Il n'avait pas de désirs à formuler. Il se contentait de suivre là-haut le déroulement de cette messe noire de l'amour, et d'apprendre la lucidité. Il ne laissait pas les deux bouches approcher son visage; mais tout le reste de sa chair leur était livré avec un mélange de détachement, d'horreur et de joie; la satisfaction même de l'horrible. Il constatait qu'au contact de ces doigts, de ces lèvres, les mêmes désirs se levaient en lui, les mêmes soubresauts parcouraient ses nerfs, que sous les caresses d'Inès.

La profanation s'accomplissait.

« Pourquoi faites-vous ce métier ? » s'entendit-il dire aux deux créatures qui, là-haut, s'étaient collées comme deux sangsues au centre de son image.

Il se demanda aussitôt ce qui l'avait poussé à prononcer cette sottise. « Pour cent balles », allaient lui répondre les filles.

La tête de la petite bourgeoise sortit du plafond, parut pendre, nuque retournée, hors du miroir.

« Parce que j'aime ça, dit-elle avec l'accent de la conviction.

— Le plus marrant, c'est qu'elle dit vrai, prononça la tête de cadavre en se détachant à son tour et en agitant ses mèches de laiton. Et ce soir, elle s'en donne. Moi, c'est pas pareil... je suis foutue; c'est comme ça que ça ira le plus vite... Et toi, demanda-t-elle à Jean-Noël, fait comme tu es, et riche, ce ne sont pas les femmes qui doivent te manquer. Tu ne crois pas que c'est du vice de venir faire ça avec nous ?... »

Les voix résonnaient à côté du garçon, les souffles effleuraient ses oreilles, et les bouches s'ouvraient à trois mètres plus haut. Les dimensions du monde étaient changées, les proportions modifiées, les relations dissociées.

Et soudain, Jean-Noël se vit attirer sur lui le maigre corps fendu par la césarienne.

« Tu vois, je t'avais bien dit que c'était toi qu'il voulait », déclara Minnie avec une espèce de dépit professionnel.

La vue de Jean-Noël se brouillait. Dans la clarté mauvaise des glaces, les images tremblaient, se multipliaient; ce n'étaient plus seulement la croupe de la fille maigre ou les bras courts de l'autre prostituée qui tombaient vers lui; Inès venait d'apparaître là-haut, les bas roulés sur ses chaussures; Inès occupait le miroir avec Lartois, avec Wilner, Inès dédoublée, avide, hideuse, penchée sur des partenaires changeants. Et Jean-Noël voyait soudain surgir son grand-père, le terrifiant Noël Schoudler au menton barbu; et il voyait émerger sa mère, il la voyait dévêtue, il la voyait deux fois, comme placée à côté d'elle-même; et sous l'un des corps de sa mère il reconnaissait son père, et sous l'autre corps, le second mari, le meurtrier. Et là-haut également passait la vieille Mme de La Monnerie agonisante, qui avait enfanté elle aussi et qui, comme les autres, avait reçu la semence. Les vivants et les trépassés, la famille, les rêves, la poésie et la gloire se bousculaient et se confondaient pour être d'un même mouvement éclaboussés et salis. Chaque soubresaut de la fille maigre suscitait une présence nouvelle; chaque geste des deux servantes, chaque déplacement de leurs membres invitait de nouveaux complices. Marthe Bonnefoy et la Salvimonte, Lachaume et Auguérenc, tous les gens du bal d'Inès entraient dans les glaces, hochant leurs têtes de monstres sur leurs corps dénudés; et auprès d'eux, tous les gueux devant la porte de l'avenue de Messine, brusquement remontés du fond de la mémoire, avec l'aïeul Siegfried qui leur faisait l'aumône, tous les variqueux, les misérables, les affamés; et ils pouvaient, les uns et les autres, dans une ronde inlassable, échanger leurs masques comme leurs visages...

Le miroir était devenu le lieu d'un rêve maléfique, la fresque d'un atroce jugement dernier qui tournoyait et couvrait entièrement le plafond de l'univers...

Jean-Noël enfin ferma les yeux.

CHAPITRE II

RUPTURE

I

Simon vint coller son front chaud contre la vitre, contre la nuit.

Il dictait depuis plus d'une heure.

Comme d'habitude, il avait attendu le dernier moment pour préparer son discours.

L'appartement privé de Simon Lachaume était situé sur les hauteurs du Trocadéro, dans un immeuble de construction récente.

Directement sous les fenêtres se trouvaient les chantiers de l'Exposition où les équipes de nuit travaillaient, éclairées par des projecteurs. Le ministre, un moment, observa cette armée d'homoncules qui, à l'intérieur des palissades, s'agitaient dans une lumière d'aurore boréale, plantaient des mâts, déblayaient des gravats, poussaient des bennes, tiraient des cordes, hissaient sur les socles les statues de bronze. Vers la gauche, le nouveau palais du

Trocadéro — qu'on appellerait désormais palais de Chaillot pour satisfaire aux susceptibilités espagnoles — élevait ses belles masses blanches dont on grattait les derniers enduits, dont on fixait les derniers marbres. Dans les jardins, les plombiers posaient les lances des buffets d'eau et les électriciens réglaient les fontaines lumineuses.

Les deux pavillons de l'U.R.S.S. et de l'Allemagne hitlérienne, dressés face à face en avant du pont d'Iéna, se lançaient sur le fond noir du ciel un défi architectural qu'on ne pouvait s'empêcher d'interpréter comme un présage. Des couvreurs couraient sur les toits d'autres nations; par-delà le fleuve, on distinguait une activité fourmillante entre les pattes géantes de la tour Eiffel; plus loin, on procédait à des essais d'éclairage dans le faux village de France; et jusqu'au bout du Champ-de-Mars, on achevait à la hâte cette Babel horizontale et illusoire, bâtie en carreaux de plâtre et en contre-plaqué, dans laquelle cinq cent mille personnes, chaque jour, pourraient circuler, boire, manger, se bousculer, s'ébaubir, se perdre, s'affoler, acheter des poupées des Carpates, de l'encens d'Orient, du nougat de Montélimar, et rentrer en longues colonnes, d'un pas de forçat, en soulevant des nuées de poussière grise et de prospectus.

Simon Lachaume songea qu'il eût pu être l'un de ces ouvriers qu'il voyait, sous les lampes baladeuses, attelés à cette tâche énorme et friable. Il était né, comme eux, au niveau le plus humble de la société; ses parents se confondaient avec les parents de ces hommes, dans l'énorme masse populaire, et son destin, normalement, eût dû être celui d'un artisan rural ou d'un manœuvre spécialisé.

Or, il était devenu le personnage prééminent auquel on avait soumis les plans et le budget de cette foire gigantesque, celui qui avait eu voix décisive dans le choix des architectes et la commande des œuvres d'art, et qui aurait son nom gravé au mur de quelque péristyle, sur une plaque de marbre.

Simon Lachaume se retourna, aperçut dans la glace de la cheminée sa silhouette trapue, dont les journaux, presque chaque jour, reproduisaient la photographie ou la caricature.

Et comme la pendule marquait près de minuit, et qu'il travaillait encore, à cette heure, aux problèmes de gouvernement, comme travaillaient ces ouvriers sur les chantiers, il eut un sentiment de justice.

La secrétaire attendait, le crayon à la main et le bloc de sténographie sur les genoux. Mme Désesquelles assurait le secrétariat personnel de Simon depuis trois ans. C'était une femme d'une trentaine d'années, brune à chair fade, ni jolie, ni laide, effacée, ponctuelle, et d'une extraordinaire vélocité de doigts. Elle avait une mémoire jamais en défaut.

Elle comptait parmi ces collaboratrices amoureuses, abstraitement, de l'homme sous les ordres duquel elles travaillent. Simon pouvait lui demander de sauter les repas, de passer des nuits blanches, de remettre indéfiniment ses vacances. Simon, pour elle, était l'homme de génie, et presque le Dieu. Elle l'adorait en silence et se contentait, dans le

secret de son cœur, de haïr Sylvaine. Simon se rendait parfaitement compte de tout cela.

Il eût pu, dans un moment de faim, profiter de
cette femme si évidemment offerte et ni plus ni
moins comestible qu'une autre. Mais jamais il
n'avait cédé à cette tentation facile. Jamais il n'avait
seulement effleuré du doigt la joue de Mme Désesquelles. Il savait trop bien quel profit il tirait de la
passion inassouvie qu'elle lui vouait.

« Je vous fais coucher tard, ma pauvre Désesquelles, dit-il.

— Oh non ! monsieur le ministre, ça ne fait
rien; j'ai encore du temps avant le dernier métro. »

Elle habitait près du pont de Boulogne.

« Le dernier métro », pensa Simon. Et il songea
qu'il n'avait pas pris le métro depuis peut-être dix
ans. Il lui fallait faire un effort pour se remémorer
l'odeur fade et chaude du souterrain..., non, en
cette saison, la nuit, c'était plutôt une odeur fade et
fraîche... ou peut-être cela dépendait des lignes...
non, vraiment, il ne savait plus. Il ne savait plus
rien des foules cahotées dans les souterrains, à
plusieurs mètres sous les roues de sa voiture officielle.

Simon se dit qu'il faudrait qu'il prenne le métro
un de ces jours, pour se rendre compte.

Mme Désesquelles épiait avec une tendresse soucieuse les signes de lassitude sur le gros front dénudé
du ministre et dans ses yeux sans éclat derrière ses
lunettes.

« Si vous êtes fatigué, ce soir, monsieur le ministre, dit-elle, je peux revenir demain matin pour terminer, quand vous voudrez, à sept heures, six heures même.... »

Elle espérait vaguement qu'il lui répondrait :
« Eh bien oui, je vais prendre quelques heures de repos. Et plutôt que de faire tout ce chemin, étendez-vous ici sur un canapé... »

Simon pensait à la journée du lendemain. Il avait à recevoir le Syndicat des répétiteurs de collèges, puis le directeur du musée du Luxembourg pour de nouvelles acquisitions, et dix autres personnes inscrites; il avait l'enterrement de Mme de La Monnerie auquel il serait décent qu'il parût. Il avait à statuer sur le cas d'un inspecteur primaire accusé d'avoir violé une indigène en Indochine; il avait à déjeuner avec les représentants de la fédération du Cher; il avait le congrès du parti, l'après-midi, et son discours à prononcer, il avait la paperasse, toute la paperasse, une heure de signatures, trente dossiers à voir, trente réponses à donner, à propos de tout, de subventions, de décorations, de réparations de monuments, à propos des théâtres nationaux, de l'Ecole des beaux-arts, de la Villa Médicis, des missions d'archéologie dans le Proche-Orient et des écoles maternelles de Drancy.

« Notre drame, à nous ministres, dit-il, c'est que nous faisons vingt heures d'administration pour dix minutes de gouvernement. On n'a même plus le temps de penser. »

Il fallait absolument qu'il terminât son discours ce soir.

« Alors, où en étais-je ? demanda-t-il. Voulez-vous reprendre ? »

Mme Désesquelles se pencha sur ses feuilles et lut :

« Du moment que les idées générales et généreuses de 1919 ont manqué leur but...

— ... du moment, enchaîna Lachaume, que l'idée même de consentir des sacrifices à la paix semble avoir servi de linceul au président Aristide Briand, du moment qu'à peine leurs ruines relevées certains peuples réinvestissent une part de leurs énergies essentielles dans la fabrication de nouveaux moyens de destruction...

— ... destruction..., répéta à mi-voix la secrétaire sans lever la tête.

— ... et du moment, reprit Lachaume plus lentement, que le recours à la violence est de nouveau admis, sinon souhaité, par ces peuples... »

Il s'arrêta, se sentant engagé dans une impasse. Car sa conclusion venait au-devant de lui, et elle lui semblait imprononçable.

« Voilà pourquoi mon attention s'échappe, ce soir, pourquoi je n'arrive pas à me concentrer; parce que je ne suis pas sûr de ce que je veux dire, ou plutôt parce que ce dont je suis sûr, je ne peux pas le dire. »

Il s'assit derrière le grand bureau de palissandre, essuya ses lunettes avec ses pouces, tortilla entre ses doigts une cigarette, sans l'allumer. Son cerveau, un instant, tourna à vide, comme un moteur qui n'accroche pas l'embrayage des vitesses. Puis, il se demanda : « Est-ce que je crois vraiment que la guerre, à échéance plus ou moins brève, est inévitable ? »

De cette question, la plus grave qu'il pût, en tant qu'homme de gouvernement, se poser, dépendait toute son attitude à la fois devant sa conscience, devant ses électeurs et devant le parlement.

Simon Lachaume occupait la vice-présidence de son parti; il était en droit d'attendre et même d'exiger, à la première crise ministérielle, l'un des trois grands portefeuilles de la Guerre, de l'Intérieur ou des Affaires étrangères; déjà, on le considérait comme un des présidents du Conseil 'en puissance; et ce discours de politique générale constituait implicitement un acte de candidature aux derniers postes qui lui restaient à conquérir.

« Une question pareille, une question pareille..., se dit-il. Est-ce vraiment là ce que je pense ? Mais si je le pense, alors, je dois le dire ! »

Il se sentit saisi par le vertige des responsabilités, ce qui lui arrivait assez fréquemment ces temps-ci.

« Autrefois, pensa-t-il en se remettant à marcher à travers la pièce, je ne me posais pas tous ces problèmes. Pourquoi suis-je moins sûr de moi ? Est-ce que je vieillis ? »

Il repassa mentalement les principales étapes de sa carrière ministérielle.

« Oui, j'ai toujours eu de la chance, se dit-il. Le krach Steinberg, l'assassinat de Doumer, les émeutes du 6 février, l'attentat contre Barthou et le roi Alexandre, l'affaire Stavisky... j'ai toujours tiré, et sans hésiter, mon épingle du jeu. De chaque acci-

dent politique, depuis ma première élection, en 28,
je suis sorti chaque fois avec une position améliorée.
Seulement, voilà... Il arrive un moment, dans la réussite d'un homme public, où son destin se confond
avec celui de son pays. Et c'est à ce moment-là
que je suis arrivé... Demain ou dans deux mois ou
dans six, je peux prendre la rue Saint-Dominique
ou le Quai d'Orsay. Et alors... Si une guerre vient
à être déclenchée, je suis le meurtrier. Si elle est victorieuse, je suis le vainqueur. Si c'est une défaite,
je suis l'incapable, le honteux, le banni. Enfin...
pas moi tout seul; mais moi parmi les premiers.
Ma chance désormais, lorsque j'ai à prononcer un
discours de politique générale, s'efface derrière la
chance de toute la nation. Imaginais-je que j'aurais
à affronter de telles angoisses quand je rêvais de
devenir ministre ? »

Il ne s'agissait plus, dès lors, de mener seulement
son aventure personnelle, en s'aidant des chutes
de ministères, des attentats, des émeutes avortées
et des scandales financiers.

Il s'agissait de travailler tête à tête avec l'Histoire.
Et Simon voyait bien comment elle se déroulait,
l'Histoire, comment elle se formait autour de la
nation française et de son empire tandis que lui-
même bâtissait son destin d'ambitieux et quels len-
demains elle présageait.

L'histoire des temps présents, c'était, de l'autre
côté de la planète, les maréchaux chinois qui, depuis
la mort de Sun-Yat-Sen, se battaient entre eux
comme les successeurs d'Alexandre; c'était le Japon

piétinant la Mandchourie, les mitrailleuses claquant dans les rizières, et l'incendie dans les faubourgs de bambous. C'était la guerre d'Abyssinie, la guerre sans autre raison que la volonté de la faire, éclatant, tel un gros abcès noir au flanc de l'Afrique, sur des hommes demi-nus, armés de lances et qui, parmi l'éclatement des obus et des bombes, s'acharnaient à piéger les tanks comme s'il se fût agi de rhinocéros.

Simon pouvait-il ne pas se rappeler qu'il avait fait partie des ministères successifs dont l'un s'était prononcé contre et l'autre pour la prise de sanctions envers l'Italie, et le troisième enfin avait opté pour la non-application des sanctions votées ?

L'histoire des temps présents, c'était la faillite de la Société des Nations, le départ du délégué de l'Allemagne quittant la salle des séances dans un silence mortel, et le concile du Léman, de session en session déserté davantage, se contentant de proférer de timides et inopérantes excommunications.

C'était la tuerie d'Espagne et l'intervention de l'Allemagne et de l'Italie profitant de soutenir une sédition militaire pour transformer un pays entier en champ de manœuvres, avec objectifs réels.

C'était, aux portes de la France, des voix de fer qui, du haut d'un balcon de Milan, du haut d'une estrade de Nuremberg, du haut d'une tribune de stade, d'un wagon, d'une machine agricole, d'une automobile blindée, du haut de n'importe quel marchepied, conviaient à la violence et à l'orgueil grégaire des hordes costumées.

C'était, dans les deux Amériques, les locomotives

chauffées au blé, le blé de la surproduction, alors
que les famines d'Asie tuaient des millions d'êtres
humains chaque année.

C'était le chômage, et la fabrication d'armes, pour
résorber le chômage... la fabrication d'armes pour
défendre l'espace vital, pour soutenir les minorités,
pour protéger les zones d'influence commerciale...
et le trafic d'armes à travers les continents, par trai-
tés officiels ou par contrebande, comme si une
partie des hommes ne pouvait subsister sans trafi-
quer du massacre des autres.

Partout, la guerre faite ou promise, partout la
menace, l'explosif à l'étude, l'engin de destruction
perfectionné !

« Lorsque les peuples s'épuisent à fabriquer des
armes, dit Simon réfléchissant à haute voix, ils cares-
sent toujours l'illusion absurde qu'ils n'auront pas
à s'en servir, alors que c'est le poids même de ces
armes qui les entraîne vers la mort. »

La secrétaire avait pris la phrase en sténographie.

« C'est la suite de votre discours, monsieur le
ministre ? » demanda-t-elle.

Il releva la tête, surpris, et regarda Mme Désesquelles.

Il était en train de composer le discours de l'opposition et de se mettre en accusation devant lui-même.

Qu'avait-il fait, lui, Simon, lui, l'élu de la nation
victorieuse de 1918, pour s'opposer à la guerre
« ce fléau qu'on ne devait plus revoir » mais qui,
en réalité, continuait de ravager inlassablement un
point ou l'autre de la planète, et dont la menace,

l'étau se resserrait chaque jour davantage autour
du pays, autour de l'empire ? Avait-il jamais élevé
la voix, avait-il jamais disposé de son audience, de son
prestige, avait-il jamais eu le courage de démission-
ner d'un poste pour refuser la complicité avec le
malheur ?

Un instant, il fut tenté de dire tout cela le lendemain, de lancer cette bombe en plein congrès
national. Mais allait-il renier, pour soulager sa
conscience, pour soulager un moment de sa
conscience, dix années de vie publique ? Et pour
arriver à quoi, à quelle conclusion ? Pour proposer
quelle solution ?

Dans le débat qui l'agitait, à qui pouvait-il demander conseil ? Il n'avait plus d'aînés; il n'avait
que des rivaux.

« Madame Désesquelles, dit-il, si la guerre éclatait, qu'est-ce que vous penseriez de moi ?

— Je penserais, monsieur le ministre, que vous
avez tout fait pour l'éviter », répondit-elle.

Puis elle pâlit.

« Est-ce que vous croyez vraiment... ? demanda-
t-elle.

— Non, non, sûrement pas. Je réfléchissais, simplement », dit très vite Simon.

« Quel grand homme, pensa Mme Désesquelles,
qui s'interroge sur des choses aussi graves avant de
parler. Les gens qui l'écoutent ne se doutent pas... »

Et dans le même temps, Simon se disait : « Voilà !
ou les désespérer, ou leur mentir pour les rassurer... »

A ce moment, le téléphone sonna. Mme Désesquelles décrocha.

« C'est Mlle Dual », dit-elle en couvrant de la
main l'appareil.

Simon, avec un geste d'impatience, prit le récepteur où la voix de Sylvaine faisait crépiter la mem-
brane métallique.

« Allô, Simon, c'est toi, mon chéri ? Il arrive
quelque chose d'épouvantable... c'est une cabale
montée contre moi, contre toi, pour me faire manquer mes débuts à la Comédie-Française, et nous
couvrir de ridicule.

— Mais enfin, que se passe-t-il ? demanda Simon.

— Ma robe du deux est immettable ! »

Simon haussa les épaules, tandis que Sylvaine
continuait de plus belle, livrant des explications
confuses et indignées sur les répétitions, les fournisseurs du théâtre, la mentalité des sociétaires et la
haine dont elle se croyait l'objet.

« On ne m'ôtera pas de l'idée qu'il y a là-dessous
une histoire politique, cria-t-elle.

— Mais tout cela peut très bien s'arranger; il y
a encore six jours avant la générale », dit-il.

Sylvaine ne l'entendait pas de la sorte. Elle voulait que Simon vînt le lendemain choisir avec elle
une autre robe, chez un couturier.

« Mais, mon petit, tu n'y songes pas ! s'écria
Simon. C'est moi, cette fois, que tu veux vraiment rendre ridicule ! Je te jure, j'ai à m'occuper de questions plus importantes... »

Simon eut alors droit au couplet sur l'amour.

Rien au monde n'était plus important que l'amour.
Les grands hommes à travers l'Histoire l'avaient
prouvé. Et s'il n'avait pas le courage de défendre
la femme qu'il aimait...

« Si tu veux bien, nous verrons cela plus tard.
Je suis avec ma secrétaire, je travaille, dit Simon.

— Mais pour moi aussi, il s'agit d'une question
de travail ! répondit Sylvaine. Et je t'affirme que
c'est toi qu'on vise à travers moi. »

C'était tout juste si elle ne lui reprochait pas,
du fait qu'il était ministre, de nuire à sa carrière
d'actrice.

Simon sentit qu'il n'en viendrait pas à bout. La
présence de Mme Désesquelles l'empêchait de se
laisser aller aux grossièretés qu'il avait envie de
répondre; et raccrocher brutalement eût eu de pires
conséquences. Les mâchoires serrées, le pied battant
lentement le tapis, il laissa encore le téléphone lui
transmettre, pendant plusieurs minutes, des accusa-
tions, des sanglots, et la prédiction des pires catastrophes. Sylvaine attachait une signification supers-
titieuse au choix de cette robe...

« Bon, eh bien, entendu, dit-il lassé. Demain, à
onze heures et demie. Oui, sois exacte; c'est ma
seule demi-heure libre. Oui... promis... Oui, nous
dînerons ensemble aussi... Mais oui, je t'aime... Oui,
dors bien. »

Il put enfin reposer le récepteur.

Mme Désesquelles, le visage fermé, souffrait en
silence pour la dignité de Simon, et Simon souffrait
de se sentir jugé.

« Bon, finissons-en, dit-il en reportant sur son discours l'irritation que lui avait causée l'incident. Vous allez barrer toute la dernière période, depuis « du moment que », et reprendre... »

Il alluma une cigarette.

« Après tout, après tout, songeait-il en marchant à grands pas, ce n'est qu'un discours comme les autres, destiné à prouver que mon parti a parfaitement agi, et à rejeter sur les autres la responsabilité des erreurs commises. Je fais ce que je peux. Je ne vais pas à moi tout seul empêcher le monde de tourner de travers. Et pour sauver qui, pour sauver quoi ? Les petites intrigues du Théâtre-Français, les bals d'Inès Sandoval, les musiquettes d'Auguérenc... »

Il se campa au milieu du tapis, aspira l'air largement en rejetant les épaules en arrière, et dicta :

« Certes, l'horizon international peut paraître sombre. Mais perdre l'espérance, grossir à plaisir les événements pour engager le pays, comme d'aucuns le désireraient, dans la voie d'aventures qui ne pourraient être profitables qu'aux ennemis de la démocratie, serait un crime contre la république, contre la patrie, contre la civilisation elle-même. Citoyens, l'histoire des catastrophes évitées ne sera jamais écrite. Si elle pouvait l'être, je suis sûr qu'elle témoignerait pour nous. Plus que jamais, nous devons rester fidèles aux principes généraux et généreux... »

Pour exprimer, avec les mêmes mots, le contraire de sa pensée véritable, il avait pris une diction scandée, forte, énergique, son ton de tribune.

« Oh oui ! comme c'est mieux ainsi ! ne put s'empêcher de murmurer Mme Désesquelles.

— ... Mais cette attitude nous impose aussi plus que jamais de demeurer vigilants... »

Simon frappa de son poing gauche sa paume droite. Cette fois, il tenait sa péroraison. Dans le même mouvement, il termina par une belle exhortation à la vigilance : vigilance républicaine à l'intérieur, et rapprochement de tous les partis démocratiques pour le renforcement des institutions; vigilance sur l'organisation de la défense nationale pour .la protection des frontières et la sécurité des colonies; vigilance dans la diplomatie pour sauvegarder la paix du monde !

Ce qui signifiait en clair, pour qui savait lire, qu'il demandait, afin d'exercer cette vigilance, l'un des trois grands portefeuilles...

Sous les fenêtres, les ouvriers de l'Exposition continuaient de souder le plomb et de racler le ciment.

II

Jean-Noël remit son habit, longuement brossé, pour conduire le deuil de Mme de La Monnerie. L'enterrement eut lieu à Saint-Honoré d'Eylau, là même où avaient été célébrées autrefois les obsèques du poète.

« Te rappelles-tu ? dit Marie-Ange à son frère. Ce matin-là, tu avais fait une scène parce que j'allais à l'enterrement et toi pas... Tu étais trop petit... »

En comparant ces funérailles somptueuses, dont les cierges brillaient encore dans le fond de ses souvenirs d'enfant, à la cérémonie d'aujourd'hui, Marie-Ange pouvait mesurer l'amenuisement, la décadence de la famille.

Trente personnes, au plus, avaient pris la peine de se déranger pour venir s'incliner sur la dépouille de la veuve d'un homme illustre. La messe fut expédiée comme si tout le monde, prêtre, diacre, assistance et croque-morts, était pressé d'en finir avec ces formalités de douane. Le cercueil ne transportait rien d'important.

Appuyé à sa hallebarde, le suisse s'ennuyait.

Le jeune duc de Valleroy, personnage d'une quarantaine d'années, replet et chauve, avec un air autoritaire d'homme d'affaires pressé, était venu non par affection particulière pour sa vieille tante La Monnerie, mais simplement pour accomplir ce qu'il considérait comme une obligation de sa charge. Il se conduisait en chef de tribu de l'ancienne France. De la même manière, il assistait chaque année à la messe anniversaire de la mort de Louis XVI.

Alors que les d'Huisnes, les La Monnerie s'éteignaient, que leurs fortunes étaient tombées en poudre, et que même leur alliance avec les Schoudler n'avait fait que précipiter leur débâcle, les Valleroy, au contraire, s'étaient perpétués et maintenus;

les héritages avaient accru leur richesse. Charles
de Valleroy (on continuait de l'appeler « le jeune
duc » par habitude, parce qu'il portait son titre
depuis l'âge de vingt ans) possédait une douzaine
de châteaux éparpillés à travers quatre provinces,
des milliers d'hectares exploités, des intérêts miniers
hors de France, et siégeait aux conseils d'administration de plusieurs industries importantes, dont la
manufacture de glaces de Saint-Gobain.

« Moi, je suis vitrier », se plaisait-il à déclarer,
rappelant ainsi qu'il exerçait l'un des deux seuls métiers dont le roi autorisait l'exercice à la noblesse
de Lorraine, le charbonnage et la verrerie. Il gérait
toutes ses propriétés et ses affaires avec une activité précise et impatiente, des dons de décision lu-
cide, et un sentiment de la supériorité de sa propre
personne assez mal supportable pour autrui.

Ce fut à lui qu'un jeune homme à cheveux plats
s'adressa pour dire d'une voix de circonstance :

« Le ministre, retenu par les devoirs de sa fonction, m'a chargé de le représenter et de vous apporter ses condoléances émues.

— Quel ministre ? demanda le duc.

— Le ministre de l'Education nationale.

— Veuillez le remercier très vivement, monsieur. »

Et Valleroy serra la main de l'attaché de cabinet
avec une courtoisie hautaine et appuyée où se mar-
quaient les rapports distants mais bons qu'il entretenait, comme de pouvoir à pouvoir, avec les autorités de la République.

Puis il dit à l'oreille de Jean-Noël mais d'une voix tranchante :

« Lachaume s'est fait représenter. C'est correct. »

Les vieillards du « grand tournoi » défilèrent, et derrière eux d'autres vieilles gens qui pleuraient sur eux-mêmes et crurent nécessaire d'effleurer de leurs visages larmoyants, de leurs lèvres mouillées, les joues de Jean-Noël.

Marie-Ange était mieux protégée, sous le voile de crêpe que lui avait prêté sa tante Isabelle.

« J'en ai tellement, de chapeaux de deuil... », avait dit Isabelle.

Elle se tenait à côté de Marie-Ange et semblait seule vraiment atteinte par le décès de Mme de La Monnerie.

Inès Sandoval apparut, coiffée d'un turban marron, et progressant par quarts de cercle entre les prie-Dieu. Elle saisit les deux mains de Jean-Noël et murmura :

« Tu ne sais pas l'effort que j'ai fait pour toi. L'appareil de la mort me bouleverse toujours. Pourquoi habille-t-on les morts de ces hideuses tentures noires... »

Jean-Noël la dévisagea d'un regard froid, et la vit telle qu'elle était, avec ses quarante-cinq ans, ses fines rides au front, sa peau brune un peu sèche, sa boiterie, son émotivité factice et travaillée.

« Je te vois, ce soir ? chuchota-t-elle plus bas encore.

— Je te téléphonerai », répondit-il en sachant qu'il ne le ferait pas.

Et il sentit combien la situation était retournée,

et quel avantage soudain on pouvait prendre sur une femme quand on avait cessé de l'aimer et qu'elle ne le savait pas encore.

Inès s'éloigna et sortit en compagnie du professeur Lartois.

Parmi les personnes qui fermaient le maigre défilé, Jean-Noël distingua une physionomie dont il se dit qu'il la connaissait parfaitement, sans pouvoir lui attacher un nom. Ce visage d'homme déjà âgé, mais si soigné, si jeune d'expression, cette mèche ondulée qui retombait un peu sur le front, cette démarche flexible et légèrement hésitante, cette élégance à la fois recherchée et discrète dans le vêtement, où les avait-il déjà rencontrés ? Et quand ? Etait-ce récent, était-ce lointain ?

L'homme âgé, à la mèche ondulée, ne s'arrêta devant aucun autre membre de la famille, vint directement à Jean-Noël et dit :

« *I saw in the papers, this morning*[1]... »

Seulement alors, Jean-Noël reconnut Lord Pemrose. Sa présence était tellement inattendue, tellement imprévisible, que Jean-Noël en demeura bête et entendit mal les mots que l'autre lui disait. Lord Pemrose parlait, la tête inclinée vers l'épaule, avec, dans l'attitude, une retenue singulière, une gêne inexplicable. Mais son visage exprimait la sympathie, l'intérêt réel, la compassion. A deux reprises, il leva les yeux vers ceux de Jean-Noël, et ce dernier y lut une telle amitié qu'il en fut ému.

---

1. J'ai lu dans les journaux, ce matin...

« Comment ? Il m'a vu juste pendant quelques minutes, l'autre soir, et il est là pour moi... ou peut-être croit-il faire plaisir à Inès ?... Mais non, c'est pour moi. Quelle gentillesse ! » se disait Jean-Noël.

Et il eut presque honte de ne pas éprouver une vraie douleur afin de justifier le dérangement de Lord Pemrose, et mériter tant de sollicitude.

C'était bien la seule personne qu'il eût eu envie d'embrasser. Un élan d'affection et de gratitude le poussait vers cet homme, et en même temps, paralysé par la surprise, il demeurait incapable d'un geste ou d'une parole.

« *If ever you feel lonely, and have ten minutes to spare, do telephone me*[1]... »

Et Lord Pemrose, détournant la tête, s'en alla brusquement, comme si la phrase qu'il venait de prononcer avait représenté un acte d'audace dont il dût s'effrayer. Jean-Noël le regarda s'éloigner, en pensant qu'il ne lui avait même pas adressé un mot de remerciement.

Lorsque Pemrose, après avoir longuement plongé les doigts dans un bénitier, eut disparu, Jean-Noël se sentit en effet saisi de solitude, et ce visage sensible et fatigué lui sembla un recours. « *If ever you feel lonely...* »

La cérémonie au cimetière dura peu. Dès la sortie, Marie-Ange ôta son chapeau, le roula dans le voile de crêpe et le remit à sa tante, en s'excusant. Puis

---

1. Si jamais vous vous sentez solitaire, et avez dix minutes à perdre, téléphonez-moi.

elle sauta dans le premier taxi, en disant au chauffeur :

« Vite, 7 rue Clément-Marot. »

III

Rue Clément-Marot, cent cinquante personnes,
installées autour de la piste, emplissaient les salons
gris et or de la maison Marcel Germain. La présentation à la presse de la collection de demi-saison
venait de commencer, en retard comme à l'accou-
tumée. Aristocratie de la profession, les rédactrices
en chef des grandes revues féminines occupaient
de droit le premier rang. Derrière elles, selon une
hiérarchie subtile et soigneuse, étaient placées les
chroniqueuses de mode des journaux de Paris et
de province; toutes ces dames prenaient des notes
sur des calepins de moleskine noire.

Se trouvaient également là les acheteuses des maisons américaines, et aussi un petit nombre d'hommes,
illustrateurs, peintres, décorateurs de théâtres et
fabricants de tissus, qui ne semblaient nullement
gênés dans cette volière.

Anet Brayat, la barbe rouge étalée sur la poitrine,
et tournant ses pouces sales au-dessus de ses genoux
gras, faisait partie des idoles du premier rang.

Les mannequins s'avançaient, le cœur serré de
trac, le regard faussement détaché, avec une dé-

marche artificielle, un nonchaloir surveillé, des dé-
hanchements bizarres, et ce sourire forcé qu'ont les
trapézistes en fin de numéro.

Une crieuse annonçait le nom des modèles. La
saison précédente, Marcel Germain s'était servi,
pour baptiser ses robes, des volcans et des mon-
tagnes. Cette fois, il avait travaillé dans les petits
gâteaux. Les tailleurs s'appelaient *Friand*, *Sablé*,
Macaron, et la robe de mariée, en broderie anglaise,
se nommait *Puits d'Amour*.

Germain avait inventé aussi la teinte de la saison : le bleu « éternité ».

Marcel Germain lui-même, dans un veston per-
venche, au col une cravate papillon de couleur
flamme, les yeux légèrement à fleur de tête et les
cheveux blonds coiffés en toupet ondulé, se promenait dans les couloirs, nerveux, agité, anxieux, et il
épiait les applaudissements comme un auteur dramatique pendant une générale.

« Ah !... mes enfants, *Brioche* ne plaît pas... Mais
si, je sais ce que je dis, entendez donc, ce manteau
est un four, disait-il à son entourage de maquettistes
et de premières vendeuses. Je le savais, on n'aurait
pas dû le passer... Et maman ? Est-ce que vous aper-
cevez maman ? Est-ce que maman n'est pas désespérée ? Pauvre maman... »

Mme Germain, la mère du créateur, sage et rose
sous ses cheveux blancs, se tenait parmi les hautes
autorités américaines et distribuait de doux sourires
et de bons propos.

Le personnel supérieur s'employait à rassurer le

couturier, et la directrice commerciale, Mme Merlier, personne au beau profil et aux cheveux sévèrement tirés en arrière, s'efforçait de lui apporter un peu de réconfort viril.

Mais Germain continuait de se tordre les mains. On vivait en plein drame. Le couturier et son état-major avaient travaillé jusqu'à trois heures du matin, au studio, pour rectifier, modifier, ajouter un détail, et, depuis l'aurore, les ateliers exécutaient les ultimes inspirations.

« Et *Mille-Feuilles*, est-ce que *Mille-Feuilles* est descendue ? demandait Marcel Germain. Mais, voyons, c'est effroyable ! Qu'est-ce que fait l'atelier de Marguerite ? *Mille-Feuilles* est le clou de la collection. Tout tient là-dessus. Merlier, mon petit, je vous en prie, allez voir vous-même ce qui se passe. »

C'était la troisième personne qu'il envoyait ainsi, depuis dix minutes, à la recherche de *Mille-Feuilles*.

« Si nous ne pouvons pas montrer cette robe, moi, mes enfants, je vous annonce que je ferme la maison ce soir, déclara Germain, et je mets tout le monde sur le pavé... Une cigarette, je voudrais une cigarette. Non, une des miennes. Où sont-elles ?... Et celle-là, et celle-là, Chantal, oui, regardez-la, gémit-il en désignant son mannequin qui s'avançait dans le grand salon; elle a oublié ses boucles d'oreilles ! Je vous assure, moi, je vais mourir. »

En cet instant tragique, on vint lui annoncer que Mlle Dual était là pour choisir d'urgence une robe de scène.

« Ah non ! Ah non !... répondit-il, qu'elle re-

vienne plus tard, demain. Je me fous de ces de-
moiselles de la Comédie-Française. Je ne peux m'occuper de personne, sous aucun prétexte. »

Mais on lui chuchota quelques mots.

« Oh !... il ne manquait plus que cela ! » s'écria
Germain en se tordant les phalanges.

Et il se précipita, un sourire héroïque plaqué sur
le visage, pour accueillir Simon Lachaume.

« Mon cher ministre, quel honneur, quel plaisir...
Madame Merlier, madame Merlier, qu'on fasse tout
de suite de la place pour le ministre, au premier
rang, à côté de maman...

— Non, non, surtout pas ! dit Lachaume refusant
de pénétrer dans le grand salon. Je n'ai qu'une minute, et je ne veux déranger personne. »

Simon éprouvait autant de gêne et d'irritation à
se trouver là que Germain à le voir apparaître dans
un tel moment.

« Comme si ce n'était pas suffisamment absurde
d'accompagner ma maîtresse chez un couturier...,
pensait Simon. Il a fallu qu'elle choisisse un jour de
collection, avec toutes ces journalistes. Ça va faire
de jolis échos dans les journaux, demain... »

Pour tenter de donner un sens à sa présence, il
dit, tandis que Sylvaine passait dans un des petits
salons d'essayage :

« Il y a longtemps que je désirais visiter une
grande maison de couture. Alors j'ai profité d'un
instant de liberté et de ce que Mlle Dual venait
chez vous... Allez, mon cher, faites-moi faire le tour
de votre établissement, et expliquez-moi tout cela. »

Marcel Germain se sentit défaillir. Ou plutôt, il eût bien voulu défaillir vraiment; c'eût été un prétexte. Il dut s'exécuter.

« Où sont vos bureaux ?... Où travaillent vos dessinateurs ? Combien d'employés occupez-vous ? » demandait Lachaume.

Par réflexe professionnel, il avait pris son pas de visite officielle et son ton d'inauguration de bâtiment public.

Germain, l'oreille vainement tendue pour capter quelque écho des applaudissements du grand salon, ouvrait des portes, donnait de brèves explications.

« Et vos ateliers ? Combien chaque atelier groupe-t-il d'ouvrières ? Et cela, qu'est-ce que c'est ? dit-il en désignant une cinquantaine de mannequins de grosse toile entassés dans le fond d'un couloir.

— Ce sont les mannequins aux mesures particulières de mes principales clientes, répondit Germain. Ce qui permet de leur faire leurs robes même si elles n'ont pas le temps d'essayer, ou si elles sont à l'étranger...

— Ah ! c'est curieux », dit Simon en s'approchant.

Sur le ventre de chaque mannequin, une étiquette était cousue, avec le nom de la cliente marqué au crayon-encre. Simon Lachaume lut : Duchesse de Valleroy, Lady Coxram, Mme Boitel, Mme Bonnefoy... Il y avait là la maigreur de la vieille duchesse de Salvimonte, les énormes bourrelets de Mrs. Worms-Parnell. Etrange cimetière, fosse commune du luxe...

Les formes des femmes les plus riches, les plus célèbres, étaient rangées les unes contre les autres, statues sans bras ni têtes, moulées dans le coutil et la bourre de crin, avec leurs épaules resserrées ou trop fortes, leurs poitrines mal placées, leurs tailles épaisses ou leurs côtes décharnées, pareilles au rebut de mauvaises fouilles.

Simon savait comment certaines de ces femmes se présentaient dévêtues, et s'amusait à contrôler sur les mannequins quelques-uns de ses souvenirs.

« Tiens, se disait-il, voilà la dilatation d'estomac de Marthe... la hanche déformée d'Inès... »

« Oui, voilà comment elles sont, dit Marcel Germain, et vous voyez chaque jour ce que j'arrive à en faire. J'ai huit cents personnes employées à cela. »

Le long du couloir, on apercevait les ateliers, passés au badigeon terne ainsi que des salles de collège. Et dans chaque atelier, quarante femmes en blouse grouillaient comme des crevettes grises au fond d'un filet, des femmes qui fabriquaient les robes les plus chères du monde et qui, ce soir, pour regagner leur banlieue, enfileraient, par-dessus leur combinaison de soie artificielle, leur vieux chandail et leur jupe usée.

Mais Germain, pour le moment, se souciait peu de ses ateliers. Il n'avait qu'une idée en tête : se rapprocher de la présentation.

« Tenez, mon cher ministre, je vais vous montrer la cabine, ce que je ne fais pour personne », dit-il.

Ils rentrèrent dans les appartements de la vente. Germain poussa une porte et Simon Lachaume

crut pénétrer dans une loge de music-hall, pendant
un changement de tableau. Une dizaine de filles,
brunes, blondes, rousses, les dix mannequins de
Germain, mais des mannequins de chair, ceux-là,
s'agitaient entre les murs d'une cellule sans fenêtre,
violemment éclairée à l'électricité. Tout ce monde
s'habillait et se déshabillait dans un enchevêtrement inimaginable de bras, de jambes, de cheveux
et d'étoffe; tout ce monde parlait à la fois. Dès
qu'une fille rentrait du salon, et alors que les derniers applaudissements crépitaient encore derrière
elle, elle commençait à se dévêtir, tandis que le mannequin suivant sortait, ayant pris son pas et son
maintien de scène. Des nombrils apparaissaient, disparaissaient, des épines dorsales saillaient sur des
corps souples et pâles qui se courbaient pour nouer
un ruban de soulier. Les « premières » d'atelier,
agenouillées comme des habilleuses de théâtre au
pied de ces belles créatures, enlevaient un fil de
bâti oublié, s'assuraient du tombé d'un drapé ou
recousaient un bouton à sa bonne place. Les mannequins prêts à passer se donnaient un dernier coup
de peigne devant la longue coiffeuse où s'ouvrait
une série de tiroirs pourvus de cadenas.

Car ces dix filles, qui vivaient constamment nues
les unes devant les autres, gardaient le besoin de
tenir sous clef, dans des casiers personnels, leur
rouge à lèvres, leur monnaie et leurs petits secrets.

L'air, saturé de parfums rares, s'alourdissait aussi
d'odeurs humaines qui n'étaient tolérables que
parce qu'elles émanaient d'épidermes jeunes. Tous

ces corps en mouvement, tous ces tissus remués produisaient une singulière électricité, et la température dans la cabine était de plusieurs degrés supérieure à celle des pièces voisines.

Simon essayait, sans y parvenir, d'isoler du regard ces filles sélectionnées pour leur beauté; toutes avaient en commun la longueur des jambes, la maigreur des hanches, la platitude du ventre.

Le ministre fut bousculé par quelqu'un qui disait :
« Voilà *Mille-Feuilles!* »

Une masse d'étoffe crissante lui passa devant le nez, comme une chenille de montagne russe dans une foire. Puis il y eut un bruit de déchirure et Marcel Germain poussa un hurlement en portant les mains à son toupet. On venait d'accrocher *Mille-Feuilles* à la poignée d'un placard.

« Ce n'est rien, ce n'est rien, cria-t-on. On fera un point sur elle. Marie-Ange, Marie-Ange, allez, tout de suite ! »

Elle était dans le fond de la cabine. Simon, dans ce tourbillon, ne l'avait pas remarquée, et si l'on n'avait pas lancé son nom, il ne l'eût sûrement pas reconnue. Il hésita un instant à croire que ce fût elle. Il pouvait y avoir d'autres Marie-Ange. Pourtant ces bras, ces épaules, et surtout cette manière de tenir la tête... Et il se rappela brusquement : « Je travaille dans la couture. » Leurs regards se croisèrent. Elle aussi paraissait le reconnaître. Ils échangèrent un sourire gêné, pour ce que leur rencontre en ce lieu avait d'insolite et comportait d'absurde pour chacun d'eux.

Simon ne l'avait vue que masquée; elle lui apparaissait soudain non seulement le visage découvert, mais vêtue uniquement d'un soutien-gorge léger et d'un cache-sexe. Elle lui sembla, alors qu'il ne l'avait pas distinguée jusque-là, plus belle, plus vivante que les autres mannequins. Déjà trois personnes s'empressaient autour d'elle pour lui passer sa robe, et Simon sortit afin de ne pas prolonger davantage ce qui lui paraissait une effraction.

IV

Lorsque Simon pénétra dans le salon d'essayage, Sylvaine lui dit d'un ton vexé :

« Si c'était pour vous désintéresser complètement de moi, cela ne valait vraiment pas la peine de venir. »

Simon, en retrouvant Sylvaine, retrouva du même coup sa mauvaise humeur et le sentiment du temps perdu.

« Alors, avez-vous la robe que vous cherchiez ? demanda-t-il.

— Mais non, c'est épouvantable, rien ne va, rien ne convient. Je ne sais pas ce que je vais faire.

— Eh bien, alors, résignez-vous peut-être à celle du théâtre », dit Simon en regardant sa montre.

Il avait dépensé un quart d'heure à visiter la mai-

son. Il lui faudrait cinq minutes pour se faire reconduire au ministère...

Mme Merlier, qui venait de montrer six robes à
Sylvaine et qui voyait se former les prémices d'un
drame, dit rapidement :

« Attendez, on va vous présenter *Mille-Feuilles*.
Je suis sûre que c'est ce qu'il vous faut, certaine.
Germain est fou de cette robe; c'est son chef-
d'œuvre. »

Mme Merlier avait un sourire plaqué sur des
dents blanches et bien rangées. Un sourire instantané
qui s'ouvrait, se fermait à volonté, pouvait rester
en place pendant dix minutes, disparaître en une
seconde, et sans que rien d'autre, ni le regard ni
l'expression, ne bougeât sur son visage.

On entendit dans le salon de présentation des
applaudissements prolongés.

« Tenez, la voilà qui passe... », dit Mme Merlier.
Puis son sourire s'effaça comme d'un coup de
gomme, et elle cria par la porte entrouverte :

« Que Marie-Ange ne se déshabille pas, qu'elle
vienne tout de suite ici ! »

Un moment après, Marie-Ange entra, revêtue de
volants d'organdi superposés qui reproduisaient, en
des tons pastels, toutes les teintes du prisme.

« Germain, n'est-ce pas, a voulu créer une robe
de garden-party qui soit la toilette typique des fêtes
de l'Exposition, expliquait Mme Merlier, de nouveau souriante. C'est la robe qui marquera l'année.
Et c'est vraiment une très, très jolie chose, riche et
légère à la fois, dans laquelle une grande actrice

comme vous, à la scène, peut faire une entrée. C'est digne de vous. »

Sylvaine apprécia, réfléchit, s'imagina dans son rôle.

« Comment la trouvez-vous, Simon ? demanda-t-elle.

— Très jolie sincèrement », répondit Simon en regardant Marie-Ange dans les yeux, ce qui fit imperceptiblement rougir celle-ci.

Malheureusement, il était impossible de reproduire cette robe dans les quarante-huit heures. A moins que Germain ne consentît à prêter le modèle...

« Je vais l'essayer tout de suite, dit Sylvaine. Vous avez encore un instant, chéri ?

— Oui, un très petit instant », dit Simon sans cesser de regarder Marie-Ange, comme s'il voulait lui faire comprendre : « C'est pour vous que je reste. »

Il passa, par décence, de l'autre côté des rideaux de velours, tandis que Sylvaine et Marie-Ange se déshabillaient et que Mme Merlier appelait une première.

Et soudain, dans la glace, Sylvaine aperçut le regard de Simon qui, par l'entrebâillement des rideaux qu'on avait négligé de refermer, allait de son dos à celui du mannequin, semblait juger, comparer les deux corps, les deux femmes, et s'attachait avec complaisance à la plus jeune.

Un mouvement de jalousie souleva Sylvaine, lui fit agiter sa chevelure flamboyante, et elle ne put s'empêcher de songer à ses propres imperfections,

au camail de taches de rousseur qui lui couvrait les
épaules, aux petits coussins de graisse qui s'étaient
installés récemment sur ses reins et qu'aucun mas-
sage ne parvenait à faire disparaître, à sa poitrine
qui commençait à faiblir, à ses hanches qui s'élar-
gissaient...

Les dents serrées, elle entra dans *Mille-Feuilles*.
Il s'en fallait de dix centimètres qu'on pût agrafer
la robe. Sylvaine, crispée, luttait, rentrait le ventre,
mais en vain. « J'y arriverai tout de même, j'y arriverai... »

« C'est deux fois rien, deux fois rien, disait
Mme Merlier qui avait tout observé. Vous voyez,
Marguerite, continua-t-elle en s'adressant à la première; la longueur est parfaite. Il faudrait donner
un peu à la taille, reprendre très légèrement l'épaule...

— Enfin, comment ces filles sont-elles faites pour
pouvoir entrer là-dedans ? s'écria Sylvaine. C'est
presque une infirmité d'être maigre à ce point-là ! »

Elle regardait haineusement Marie-Ange. Et la
prenant directement à partie, elle ajouta :

« D'ailleurs, quand j'y songe, à votre âge, ma
petite, j'étais aussi mince que vous. Seulement, à
cette époque-là, je crevais de faim. »

Marie-Ange feignit de ne pas percevoir la per-
fidie des derniers mots, non plus que le mépris du
« ma petite », et, après avoir enfilé un peignoir
qu'on lui avait apporté, sortit en disant : « Au
revoir, madame. »

Cette dignité calme, opposée à la grossièreté de

Sylvaine, augmenta encore la sympathie de Simon pour la jeune fille.

Elle allait passer devant lui, faisant une simple inclination de tête; il l'arrêta en lui tendant la main et dit avec un bon sourire :

« Alors, je vous ai enfin démasquée ?

— Autant qu'il est possible, répondit Marie-Ange en souriant aussi.

— Il y a longtemps que vous êtes ici ?

— Trois mois. Ce n'est pas tous les jours amusant, mais enfin... quand il le faut...

— Je m'en aperçois », dit Simon, voulant bien signifier par là qu'il réprouvait l'attitude de sa maîtresse et s'en désolidarisait.

« La petite-fille des Schoudler, faire ce métier », pensa-t-il. Et, sans prendre garde aux circonstances, ou plutôt en y prenant garde trop tard, il dit :

« Je suis navré, je n'ai vraiment pas pu aller à l'enterrement de votre grand-mère. Je vous renouvelle toutes mes condoléances.

— Je comprends très bien, dit Marie-Ange. D'ailleurs, vous avez envoyé quelqu'un, nous avons été très touchés... »

Et ils se trouvèrent aussi gênés l'un que l'autre de la fausseté de leur situation.

« Vous avez beaucoup de courage et je vous approuve », prononça Simon pour dire quelque chose.

Quand Sylvaine vit Simon en train de parler amicalement avec le mannequin, la fureur qu'elle en resssentit lui donna presque un vertige. Elle n'entendait plus ce qu'on lui disait, répondait sans penser.

Oui, elle prenait la robe. Celle-là, une autre, peu importait. Elle n'avait plus qu'une envie, se retrouver avec Simon dans la voiture, et lui dire son fait. Il n'était pas permis de se comporter aussi bêtement, aussi grossièrement, et de la rendre ridicule à ce point.

« Pour les conditions de prix, disait Mme Merlier à travers son perpétuel sourire, je ne sais absolument pas ce que Marcel Germain va décider. L'ennui, n'est-ce pas, c'est que les programmes doivent déjà être imprimés avec le nom d'une maison concurrente indiquée comme votre fournisseur... »

Dans l'autre partie du salon d'essayage, Simon avait sorti son carnet et notait le numéro de téléphone de Marie-Ange.

« Trocadéro 67. 48. Comment ? Toujours le numéro de votre grand-père La Monnerie ?

— Toujours, dit Marie-Ange. Mais plus pour longtemps. Nous sommes forcés de vendre. »

« Ah ! c'est trop fort... maintenant, c'est de la provocation », pensa Sylvaine. Elle était au bord de causer un scandale. « Gifler cette sale gamine... » Mme Merlier faisait du regard signe à Marie-Ange de partir, et se promettait de lui adresser une bonne semonce : « Pas dans le travail, mon petit, et pas avec les amants des clientes. » Mais Marie-Ange ne la voyait pas.

« Je vous appelle prochainement, j'ai très envie de vous revoir », dit Simon.

Et Marie-Ange fut persuadée qu'il n'en ferait rien, et d'ailleurs cela lui était un peu égal.

Puis, de la cabine, on cria : « Marie-Ange ! » et elle s'en alla en courant.

La présentation venait de s'achever et les gens commençaient à sortir. Simon, qui ne voulait pas être pris dans la foule, dit à Sylvaine :

« Alors tout est arrangé ? Vous allez être parfaite, j'en suis sûr. Je me sauve, à ce soir. »

Et Sylvaine resta là, blanche, haineuse, ulcérée, et réduite à garder sa colère sur le cœur jusqu'au dîner.

V

Les échelles des peintres encombraient l'office. Une odeur de céruse et de térébenthine s'insinuait sous les portes, envahissait les pièces.

Sylvaine s'était enfin décidée à abandonner l'entresol de la rue de Naples, où elle avait vécu pendant quinze ans, et venait de louer un appartement, avenue Kléber, dans le quartier de Simon. Cela coïncidait avec son entrée à la Comédie-Française. « Une nouvelle étape de ma vie. Je fais peau neuve », disait Sylvaine.

L'appartement se révélait beaucoup trop grand pour une personne seule. Mais Sylvaine espérait secrètement épouser Simon Lachaume, un jour ou l'autre. Quoi qu'elle prétendît, en proclamant la nécessité de l'indépendance pour une actrice, tous ses efforts tendaient vers ce but, vers cette dernière marche à conquérir dans les degrés de la considération publique.

Certes, Simon était encore marié, à cette femme insignifiante, ignorée de tous, qu'il avait épousée par mégarde, au début de sa vie, et qu'il ne voyait plus depuis bien longtemps. Il avait souvent déclaré qu'il divorcerait quand cela lui plairait, et Sylvaine attendait qu'il prît cette décision. Elle avait choisi cet appartement, doté d'une vaste réception, en pensant que Simon viendrait bientôt l'habiter avec elle.

Elle avait imaginé que tout serait prêt en quinze jours, et donné trop tôt congé de la rue de Naples. Les travaux entrepris depuis six semaines traînaient en longueur, et Sylvaine avait dû s'installer dans un chantier.

Trois meubles, inutilement somptueux, flottaient dans un désert blanc, sous un éclairage mural provisoire qui crevait les yeux. En outre, Sylvaine était à bout de ressources, ne savait plus comment payer ses factures, ni terminer la décoration. Sa peau neuve lui coûtait cher. Et cette odeur de peinture, entêtante, piquait les yeux, donnait mal au cœur...

Si, avant d'aller chez Germain, Sylvaine avait tant insisté pour que Simon, ce soir, vînt dîner avec elle... « une dînette d'amoureux, tous les deux tout seuls »... c'était afin qu'il vît combien l'appartement serait beau une fois achevé, combien digne de lui,

digne d'eux. Elle comptait bien demander à Simon
de l'aider à résoudre ses difficultés financières. Après
tout, n'était-ce pas pour lui qu'elle se donnait tant
de mal ?

Simon avait promis d'être là vers huit heures; il
n'arriva qu'à dix heures passées. Il avait prononcé
son discours de politique générale très tard, à la
fin d'une séance houleuse, mais dont il sortait accla-
mé, renforcé.

Sylvaine, en l'attendant, avait vidé le tiers d'une
bouteille de whisky, nourrissant de la sorte ses griefs,
ses jalousies, sa colère.

Encore empli du succès qu'il venait de rempor-
ter, Simon n'écoutait rien, ne voyait rien, et, le menton haut, la voix timbrée, répétait son discours,
apparemment pour Sylvaine et en réalité pour lui-
même.

« Quand j'ai lancé : « L'histoire des catastrophes
« évitées ne sera jamais écrite », je croyais que cette
phrase allait passer par-dessus la tête de l'auditoire;
eh bien, ç'a été un tonnerre d'applaudissements ! »

« Quel égoïste, quel monstrueux égoïste », pensait Sylvaine.

Ils dînèrent dans la chambre à coucher, sur une
table de bridge, sans nappe, parce que les nappes
se trouvaient dans le fond d'une malle dont on avait
égaré la clef. La femme de chambre était au cinéma;
et Sylvaine, rapportant de la cuisine les plats séchés
dans le four, se disait : « Quand je pense que je
pourrais être en train de dîner chez Maxim's, avec
un homme qui me ferait la cour, avec ce diplomate

péruvien, qui est pendu à mon téléphone depuis
trois jours... »

Les assiettes sales restaient sur le parquet. Simon
aurait souhaité ce soir manger du caviar, car, à
mesure qu'il avançait en âge, les nourritures les plus
rares devenaient son ordinaire. Or, il n'y avait pas
de caviar. Et Sylvaine lui servait un champagne
tiède, parce que le réfrigérateur n'était pas encore
livré.

Et soudain, à cause de cette tiédeur du vin, Simon
s'aperçut de tout ce qui lui avait échappé depuis
qu'il était entré, la nudité des murs, les assiettes par
terre, les plats trop cuits, les dimensions excessives
de l'appartement, l'entêtante odeur de peinture.

« Alors que je pourrais dîner confortablement
chez Maxim's avec une fille que je ne connaîtrais
pas, et qui m'amuserait... Marie-Ange Schoudler,
par exemple..., pensa-t-il. Je n'ai pas tellement de
soirées de détente pour les gâcher de la sorte. »

Irritée de le sentir absent et vaguement répro-
bateur, Sylvaine alors laissa s'épancher les ressenti-
ments qu'elle remâchait depuis le matin.

Simon, avec le faux calme d'un homme qui veut
le repos, expliqua le plus doucement possible qui
était la jeune fille à laquelle il avait parlé chez le
couturier, et pourquoi, ayant connu toute sa famille,
il lui portait intérêt.

« Qu'est-ce que ça signifie, cette crise de générosité ? s'écria Sylvaine. Tout le monde sait que tu
as fait ta carrière en trahissant les Schoudler. Tu
me prends pour une imbécile.

— J'ai fait ma carrière par mon talent, répliqua sèchement Simon.

— Si cette gamine avait le nez en pied de marmite, je voudrais bien voir si tu te sentirais la même bonté à son égard. Tu es faux, tu es ignoble et tu es ridicule. Tu as couché toute ta vie avec de vieilles femmes...

— Des femmes qui te paraissent peut-être vieilles, mais dont la plupart, quand je couchais avec elles, avaient l'âge que tu as aujourd'hui », répondit Simon gardant un calme qui exaspérait Sylvaine.

Or, il pensait en même temps : « Elle va finir par avoir ce qu'elle veut. Elle l'aura, sa scène. Comme tout cela est bas, et inutile... »

« Et maintenant, cria-t-elle, tu prends les adresses des mannequins dans les maisons de couture. Ah ! il est beau, le ministre, il a de la dignité ! Tu es répugnant !

— Parce que voir un mannequin est dégradant, n'est-ce pas ?

— Parfaitement... c'est bas, c'est vulgaire !

— Tandis qu'être ton amant, à toi qui as débuté comme entraîneuse dans une boîte de nuit... »

La colère, quoi qu'il fît, commençait à gagner Simon et à lui durcir les traits.

« C'est lâche, c'est lâche ce que tu viens de dire, répondit Sylvaine. Je n'avais pas de quoi bouffer, j'étais sur le pavé.

— Il y a d'autres manières de sortir du pavé qu'en faisant le trottoir. »

Simon arrêta la gifle au vol, et, tordant le poignet de Sylvaine, il rejeta celle-ci vers le lit.

Les larmes coulaient des yeux de Sylvaine, mais
sans atténuer sa fureur. Sa belle tignasse rousse était
décoiffée, éparse autour de son visage, et l'espèce
de fièvre qui l'agitait dégageait d'elle un parfum
fort qui se mêlait à l'odeur de la peinture.

« Alors, si je suis une putain, cria-t-elle, pourquoi vis-tu avec moi ? Si je suis une putain, pourquoi m'as-tu fait entrer au Français ?

— C'est exactement ce que je suis en train de me
demander », répondit lentement Simon.

Et la querelle se poursuivit, identique à cinquante autres, tandis que Sylvaine, comme d'habitude, se déshabillait.

Les souvenirs se mêlaient au présent pour ali-
menter ce combat sordide où Simon avait l'avantage d'une fausse tranquillité et d'un maniement
plus perfide du langage.

Sylvaine, alors, prenant de la hauteur, se mit à
jouer son rôle de prédilection, son personnage de
grande amoureuse martyre.

« Tu ne m'as jamais comprise; et tu ne me
comprendras jamais. Et, d'ailleurs, aucun homme
ne peut comprendre. Je suis un être qui donne.

— Qui donne quoi ? s'écria Simon. Donner, donner, la femme donne, nous donnons : on n'entend
que cela à longueur de temps, à longueur de nuit !
Vous êtes un certain nombre de femmes qui, parce
que vous avez la chance de prendre un peu plus de
plaisir que les autres en faisant l'amour, prétendez

que vous donnez. Mais qu'est-ce que vous donnez
à la fin ? Des emmerdements, voilà tout ! Depuis
bientôt cinquante ans que je vis et plus de trente
ans que je couche, je n'ai pas encore pu découvrir
de quoi était fait ce fameux don. Cela doit se passer si profondément en vous que cela n'arrive jamais
à sortir. Et au nom de ce don mystérieux, vous exigez
tout, notre temps, notre argent et nos nerfs. »

Il s'aperçut que lui aussi, machinalement, s'était
déshabillé.

Alors, pour ne pas paraître ridicule, il se coucha.

VI

A côté de lui, Sylvaine continuait de parler. La
tempête par degrés s'apaisait, mais Simon ne répondait pas et n'écoutait même plus les derniers défer-
lements.

Etendu sur le dos, ses lunettes posées sur la table
de chevet et les yeux ouverts sur le plafond neuf,
Simon songeait à ce que cette liaison avait intérieurement de dégradant et de nocif, et combien elle
mordait sur ses forces d'homme public.

« Ou bien personne, ou bien une compagne, se
disait-il. Mais pas cela; pas ce genre de femme. Et
elle s'imagine encore que je l'épouserai un jour !
... Nous ne nous aimons même plus. En tout cas,
moi, je ne l'aime plus, si je l'ai jamais aimée, et je

ne la désire même plus. Nous sommes enfermés dans un amour mort comme deux complices dans leur crime. Il faut bien que l'un des deux se décide à dénoncer l'autre au destin. »

L'instinct de conservation agissait en lui. Depuis que, usant de son influence, il avait fait entrer Sylvaine dans le premier théâtre subventionné, celle-ci semblait saisie de la folie des grandeurs. Derrière cet appartement démesuré, Simon devinait des engagements pécuniaires dont il finirait par être responsable, comme il l'était régulièrement des dettes qu'accumulait Sylvaine.

« Il y a un moment où il faut savoir s'arrêter de perdre, parce que, quoi qu'on fasse, on ne pourra plus rattraper. J'ai assez joué sur Sylvaine et j'ai assez perdu. »

Il pensa qu'il ne lui restait plus tellement d'années pour profiter pleinement de l'existence, et qu'il devait mieux gérer ses capacités de bonheur. Il imagina auprès de lui un être jeune, un être en train de découvrir la vie, et qu'il pourrait façonner, un être qui aurait un corps frais, un corps neuf... et cet être prit les traits de Marie-Ange.

Sylvaine s'était enfin calmée. Elle étendit la main pour éteindre la lampe. Simon, immédiatement, ralluma, et mit ses lunettes.

« Alors, c'est fini, ça va mieux ? demanda-t-il.

— Oh ! je t'en prie; ne profite pas de ce que je suis incapable de t'en vouloir longtemps...

— Bon..., reprit Simon; parce que moi, je m'en vais. »

Et il sortit du lit.

« Comment, tu t'en vas ? Tu aurais pu le dire plus tôt. Qu'est-ce qui te prend ?

— Je m'en vais. Tu entends la langue française ? Je m'en vais, répéta Simon. C'est fini. Tu peux me prêter une valise, je pense, pour emporter les quelques bricoles que j'ai ici ? Le chauffeur te la déposera demain. »

Sylvaine s'était dressée dans le lit.

Sa chemise de nuit glissait de ses épaules.

« Simon, ne fais pas l'imbécile, et ne joue pas ce petit jeu avec moi; ça ne m'intimide nullement. Si tu crois que je vais te supplier de rester...

— Oh ! surtout pas ! répondit-il.

— Bien, mon cher, comme tu voudras; tu prends tes responsabilités, n'est-ce pas », dit-elle en affectant l'indifférence et la dignité.

Il se rhabillait calmement, méthodiquement, accrochait ses fixe-chaussettes, nouait ses lacets de souliers. La pensée qu'il allait dans quelques minutes, lui, le ministre de l'Education nationale, partir dans la nuit à travers les rues, une valise à la main, comme un étudiant, l'emplissait de joie, d'une bonne joie intime et réchauffante.

« Au fond, les meilleurs plaisirs de la vie sont à la portée de tout le monde. Plaquer une femme, par exemple; n'importe qui peut s'offrir cette satisfaction-là. »

Sa joie, sans qu'il fît rien pour la montrer, était visible; elle émanait de lui par tous les pores de la peau. Quand Sylvaine en eut conscience, quand elle se rendit compte que l'idée de la blesser n'entrait pour rien dans cette allégresse sournoise, quand elle entendit Simon se diriger vers un placard et en sortir une valise, quand elle comprit qu'il ne s'agissait ni d'une plaisanterie méchante, ni d'une colère passagère, mais d'une décision bien déterminée, elle se sentit pâlir et son cœur s'affola.

La première pensée qui lui vint fut : « Si vraiment il me laisse, qu'est-ce que je vais faire avec cet appartement et toutes mes factures impayées ? Mais c'est affreux... »

Puis elle se dit : « Et le Français... A quatre jours de ma générale... Si on apprend que Simon m'a plaquée, si tous ces gens qui me jalousent, qui me détestent, n'ont plus de raison de me craindre... »

Puis enfin elle pensa que Simon était ce qu'elle possédait de plus précieux, de plus important au monde, que sa forme trapue, sa calvitie, son ruban rouge, sa voiture à cocarde, son ton tranchant au téléphone, constituaient sa seule protection, à elle, dans l'univers... et que ce corps lourd, disgracieux, était le plus proche du sien.

Oui, ces poignets, ce buste carré parsemé de poils châtains, ce ventre qui formait de gros plis quand Simon se baissait, elle les aimait.

Simon allait, actif, de la salle de bain à la chambre, emballait son rasoir de secours, ses pyjamas, sa robe de chambre, les livres, dont certains dédicacés, qu'il avait apportés chez Sylvaine, un petit appareil de radio américain... A cette femme qui lui avait coûté fort cher, brusquement il ne laissait rien.

Et, à chacun de ses gestes, elle sentait davantage tout ce dont elle était dépossédée.

Entre les livres se trouvait un petit magot de bronze à usage de brûle-parfum, une de ces fausses chinoiseries comme on en gagne dans les foires, qui ne valait pas vingt francs, mais qui représentait pour eux un objet fétiche car il datait des tout premiers temps de leur liaison. Comment était-il parvenu dans les mains de Simon ? Celui-ci ne s'en souvenait plus. Sans doute le résultat d'une tombola de bienfaisance placée sous son patronage et dont il avait dû acheter cinquante billets. « Oh ! tu me le donnes ! » avait dit Sylvaine. — « Non, je te le prête. » — « Oh ! si, il est à moi ; il te ressemble. » — « Bon, alors, il est *à nous.* » — « Devant lui, je ne pourrai jamais rien faire de mal... »

Le magot avait été l'occasion de cent autres niaiseries de cette sorte. Le magot n'était pas content ; on retournait le magot. Puis on le remettait de face, ou seulement de profil. On se réconciliait autour du magot.

En cinq ans de vie partagée, ce bibelot affreux était la seule chose qu'ils eussent en commun.

Sylvaine épiait Simon, attendait ce qu'il allait faire du magot. Elle savait qu'elle tenait là sa meilleure chance, l'occasion de l'attendrissement, de la crise de larmes... et du rire, le lendemain matin, devant la valise à demi pleine, bêtement béante sur le parquet.

Simon prit les livres et ne toucha même pas au brûle-parfum. Sylvaine s'apprêtait à feindre un hur-

lement s'il l'avait emporté. Elle faillit hurler parce
qu'il le laissait.

« Ce que je peux être bête, ce que je peux être
bête... », se disait-elle.

Et elle lança comme une insulte :

« Tu peux le prendre, tu sais, cela ne me fera plus
aucun plaisir de le voir ! »

Il ne répondit pas, ne haussa même pas les
épaules, ferma la valise, la porta dans l'antichambre.

Sylvaine jaillit de ses draps et courut pieds nus
à travers l'appartement, en criant :

« Simon, Simon ! non, pas comme cela. Tu ne
peux pas partir comme ça ! »

Elle le rattrapa, se pendit à lui.

« ... pas comme ça, répétait-elle.

— Et comment veux-tu que je parte ? Par la
fenêtre, avec une corde lisse ?

— Non, Simon, non, ce n'est pas possible. Pense
à tout ce que nous avons eu !

— Ce que nous avons eu ne change rien à ce que
nous ne pouvons plus avoir », répondit-il.

Sylvaine pleurait, gémissait, s'accrochait, simu-
lait la crise de nerfs avec une telle conviction que la
crise devenait réelle.

« Allons, allons, un peu de dignité... pour une
fois », dit Simon.

Il la reconduisit à la chambre.

« Tu n'as pas le droit... c'est mal... c'est lâche...
Au moment où je me donne toute cette peine pour
toi..., disait Sylvaine entre ses sanglots, en montrant

d'un geste vague l'appartement nu. Je ne pourrai plus vivre ici.

— Je ne t'ai jamais demandé de louer un hall de gare, dit Simon; allez, va te recoucher.

— Et tout ça à cause d'un mannequin. Car c'est à cause d'un mannequin que cette dispute a commencé !

— Non, pas à cause d'un mannequin, dit-il. Ne t'accroche pas à de mauvais prétextes. »

Elle était assise sur le bord du lit, la chemise tordue autour des genoux, les mains enfoncées dans ses cheveux fauves.

« C'est parce que nous avons commis la bêtise de ne pas nous marier que nous nous faisons tant de mal, continua-t-elle toujours en pleurs. Si nous étions mariés, je me moquerais que tu couches avec tous les mannequins de la terre; je serais sûre d'être la première, de toujours compter pour toi.

— Je suis marié; et tu vois comme ma femme compte, répondit Simon en ricanant.

— Pour toi, j'étais prête à renoncer à tout !

— Vraiment trop bonne », dit-il.

Quoi qu'elle fît, de quelque manière qu'elle cherchât à retrouver prise, elle glissait sur un mur lisse.

« Non, tu ne peux pas partir, pas comme ça, recommença-t-elle. Tu me tues. Laisse-moi au moins le temps de m'habituer. Tu ne peux pas me le refuser. Une semaine, donne-moi une semaine.

— C'est cela, fit ironiquement Simon. Pour que ta générale soit passée, pour que tu m'aies fait subir ton trac, comme avant chaque pièce...

— Mais il n'y a plus de pièce; mais je ne pourrai jamais jouer dans quatre jours; mais regarde-moi,
regarde la tête que j'ai ! Mais comment veux-tu que
j'aie la force, que je me rappelle une seule ligne ?
Ma carrière est foutue, ma vie est foutue. Tu me
casses, tu me détruis. C'est un meurtre, c'est un
crime. Il devrait y avoir des lois pour punir ces
crimes-là. »

A présent, elle était parfaitement sincère; parfaitement certaine de ne pas pouvoir jouer, d'aller
au-devant d'un désastre.

« Un petit conseil, dit Simon. Donne plus de
voix à la scène, et moins dans la vie. Et tout ira bien
pour toi.

— Je n'ai pas besoin de tes conseils », cria-t-elle
en se dressant.

Elle chercha un objet pour le lui lancer à la tête;
elle allait se jeter sur lui les griffes en avant. Elle
le vit tellement prêt à la riposte, et distingua tant
de haine dans ses yeux, qu'elle eut peur.

Il était le plus fort; elle n'avait aucun recours et
se sentit réellement abandonnée de tout.

« Je t'ai rendu tellement malheureux que tu
m'en veuilles autant ? » demanda-t-elle avec une
sorte d'effroi.

Pour la première fois de la soirée, elle l'avait ému.
Il eut un instant de fléchissement intérieur, mais
l'instinct de conservation lui commanda de ne point
répondre.

« Simon, tu vas regretter ce que tu fais, prononça-t-elle d'une voix tragique.

— Cela m'étonnerait.

— Tu ne sais pas de quoi je suis capable. »

Il savait qu'elle n'avait pas d'arme chez elle...
Imaginait-elle d'aller l'attendre le lendemain à la
sortie du ministère, un revolver à la main ? Le lendemain, elle serait calmée. Trop soucieuse d'elle-
même, elle n'appartenait pas à l'espèce qui produit
les meurtriers.

« Simon, si tu me quittes ce soir, je me suicide.

— Ce serait bien le seul service que tu pourrais
me rendre, répliqua-t-il.

— Tu ne me crois pas ? Tu ne m'en crois pas
capable ?

— Absolument pas », dit Simon.

De se sentir haïe était déjà trop. Mais qu'en plus
il la méprisât à ce point...

« Bon, tu verras », dit-elle.

Elle alla dans la salle de bain, sortit un tube de
véronal de l'armoire à pharmacie, vint le montrer
à Simon.

« Eh bien, oui, je vois, dit-il. Tu ne m'auras pas
au chantage.

— Ce n'est pas du chantage.

— Vraiment ? »

Il la défiait du regard, cruel, cynique, et elle sou-
tenait ce regard. Il prit le tube, à son tour se dirigea
vers la salle de bain, emplit d'eau le verre à dents,
y versa le contenu du tube qui était plein, attendit
que les comprimés fussent fondus. Puis il revint
vers la chambre, tenant le verre empli de la solution blanchâtre.

« Salaud... abominable salaud », murmura Sylvaine.

Elle pensa qu'elle avait prononcé le même mot
pour de Voos, pour Wilner... des salauds, tous. Tous
les hommes avaient une manière infâme de la quitter. Il semblait qu'ils inventassent pour elle des perfidies spéciales, une ignominie particulière. Mais
celui-ci les battait tous, et de loin.

Il posait le verre sur la table de nuit.

« Voilà », dit-il.

Elle ne bougea pas. Elle songeait, les yeux fixes,
à son destin, à cet affreux destin d'attirer toujours
la haine et la vengeance, de n'inspirer aux hommes
que les sentiments les plus horribles et de n'avoir de
pires ennemis que ses amants. Que pouvait-elle attendre ou espérer encore ?... D'autres seraient pareils.

« Tu vois bien, dit Simon.

— Je vois quoi ?

— Que tu es lâche.

— Pourquoi je suis lâche ? Parce que je ne me
suicide pas ?

— Non, parce que tu annonces toujours des
choses dont tu n'es pas capable... Tiens, j'avais oublié
ce cendrier », dit-il en apercevant sur la cheminée
une petite coupe d'argent qui lui appartenait.

Il traversa la pièce, mit le cendrier dans sa poche.

« Simon !... » entendit-il hurler derrière lui.

Il se retourna. Elle se tenait debout, les yeux
élargis; le verre, dans sa main, était vide.

Simon se demanda où elle en avait jeté le contenu,
sous le lit ou dans le vase à fleurs.

Elle laissa tomber le verre sur le tapis, saisit Simon par le bras, le secoua.

« Je suis folle..., cria-t-elle. Je l'ai bu. Je suis folle. Je l'ai bu, je te dis ! Combien en avais-tu mis ?

— Le tube entier », dit Simon.

Elle courut à la salle de bain, revint aussitôt.

« Simon, vite, vite, un médecin. Je suis folle, mais qu'est-ce que j'ai fait ! Il faut appeler Lartois, ou Morand, tout de suite. Morand, son numéro, c'est Carnot... »

Simon abattit sa main sur le téléphone et le maintint bloqué. Il se sentait habité d'une lucidité singulière, d'une détermination froide. Puisqu'il tenait sa chance de délivrance, puisque Sylvaine était tombée dans le piège, il fallait aller jusqu'au bout.

« Simon, Simon ! hurla-t-elle, tu ne vas pas me laisser mourir. C'était pour te prouver...

— Eh bien, continue à prouver...

— Mais si, mais tu as vu... tu vois bien que je peux... Simon, je veux vivre, je veux vivre, oui, je suis lâche... oui, tu me quitteras, oui, tu feras tout ce que tu veux. Mais pas ça, pas ça ! Je suis en train de mourir, tu ne vois donc pas ? »

Elle prenait déjà pour effet de la drogue l'angoisse atroce qui lui rendait les veines froides. Elle haletait.

« Le téléphone... le téléphone... le téléphone, se mit-elle à dire sans arrêt. Au secours ! »

Simon, de la main, lui couvrait la bouche. Elle voulut courir vers la porte; mais, les jambes fau-

chées par la peur, elle revint vers l'appareil, se traînant sur les genoux, et se reprit à gémir :

« Le téléphone... le téléphone... le téléphone... »

Puis le poison commença vraiment à faire son
effet, à lui détendre les nerfs.

Soudain, vacillante, et comme si elle avait reçu
un choc à la nuque, elle regagna son lit. Elle regardait Simon de façon étrange.

« C'est toi... c'est toi... », murmura-t-elle.

Et elle se mit à prononcer des paroles pâteuses,
sans suite, où la frayeur reparaissait, puis les
malheurs de sa vie, puis le souci de la répétition
générale, puis la frayeur de nouveau.

Elle devenait grise de teint.

« J'ai froid », dit-elle.

Et un instant après :

« J'ai sommeil... »

Puis elle ne parla plus.

Elle avait une respiration faible et très lente. Elle
avait l'air d'une noyée.

Simon demeura quelques minutes à la contempler, sans éprouver ni émotion ni pitié.

Il imagina comment les choses allaient se dérou-
ler. Sylvaine serait froide sans doute quand la femme
de chambre entrerait le lendemain. Sylvaine ne se
faisait jamais réveiller avant dix heures. On igno-
rerait à quel moment exact il était parti et à quel
moment exact elle s'était empoisonnée.

Les journaux du soir publieraient en gros titre,
à mi-hauteur de page : « *A la veille de ses débuts à
la Comédie-Française, Sylvaine Dual se suicide au*

véronal. » On parlerait de surmenage, de dépression nerveuse; on parlerait aussi de talent. Et l'on chuchoterait dans Paris qu'elle s'était tuée pour lui, parce qu'il l'avait quittée.

Il lui faudrait subir les condoléances gênées de ses amis et feindre le regret, l'accablement d'avoir provoqué par une rupture nécessaire, décidée, cet acte inimaginable, imprévisible.

« N'aurai-je vraiment aucun regret ? » se demanda Simon. Et il se répondit : non, avec la plus profonde sincérité.

Sylvaine s'enfonçait graduellement dans le néant; sa tête s'inclinait vers le bas de l'oreiller, et la partie inférieure de son visage offrait la même expression défaite que lorsqu'elle avait dit tout à l'heure : « Est-ce que je t'ai vraiment rendu si malheureux... »

Devant ce visage, Simon pensa : « Après tout, je suis aussi responsable qu'elle. Si je l'ai laissée me faire une existence exécrable, c'est que je l'ai bien voulu. La preuve, c'est que le jour où je ne veux plus... Je lui fais peut-être payer un peu cher et un peu seule... »

Certes, l'une des lois du code personnel de Simon était de ne jamais céder à la tentation de se mettre dans la peau de l'adversaire. Et même il ajoutait : « Il vaut mieux laisser derrière soi un ennemi mort qu'un ennemi gracié. »

Mais en l'occurrence, l'ennemi, était-ce vraiment Sylvaine, ou bien le mauvais amour qu'il avait eu pour elle ?

L'amour était bien mort, et ce n'était pas un médecin qui le ferait ressusciter.

Simon décrocha le téléphone et appela le docteur Morand-Laumier.

« Est-ce que je suis lâche, moi aussi ? se demanda encore Simon. Non, je suis guéri. »

Il resta là, attendant le médecin, comme il se fût arrêté sur une route auprès d'un blessé inconnu.

Les débuts de Mlle Dual à la Comédie-Française furent reculés d'une dizaine de jours, en raison d'une indisposition de l'artiste. Ce soir-là, la loge du ministre de l'Education nationale demeura vide, ce qui n'échappa à personne. Sylvaine s'imposa par son seul talent, sa seule volonté, et la presse fut bonne pour elle.

Sylvaine ne chercha pas à revoir Simon. Tout au contraire, quand elle l'apercevait dans un lieu public, elle fuyait. Elle avait peur de lui, une peur panique. Et lorsqu'elle apprit qu'on avait rencontré Simon Lachaume dans un restaurant, dînant avec Marie-Ange Schoudler, elle se sentit presque soulagée.

CHAPITRE III

L'AGE DE SOUFFRIR

I

MARIE-ANGE et Jean-Noël, lorsqu'ils eurent à liquider la succession de Mme de La Monnerie, n'attendaient pas de voir surgir autant de gens dévoués, autant de parents éloignés et de vieux conseillers de la famille prêts à les secourir de leur aide et de leurs compétences !

Deux jeunes chevreuils se promenant en forêt et brusquement rembuchés, lancés, poursuivis, étouffés, déchirés, par une meute, telle fut à peu près l'image que donna cette succession.

Les biens que les jeunes gens avaient à recueillir étaient, en vérité, bien peu de chose en comparaison de ce que possédaient ceux qui les dépouillèrent. Mais ce peu de chose suffit à éveiller les convoitises et les vanités.

Il n'y eut pas, à proprement parler, une opération organisée. Les chiens ne s'organisent pas pour

une curée; ils obéissent à leurs instincts et à leur
dressage.

Ce fut Charles de Valleroy qui donna le signal.
En sortant de chez le notaire, où il s'était invité de
lui-même, toujours comme chef de tribu, pour l'ouverture du testament, le duc dit à Jean-Noël :

« Ta grand-mère m'avait toujours promis de
me léguer le petit Lancret qui est dans le salon, et
qui d'ailleurs vient d'un héritage Valleroy. Je suis
un peu surpris qu'elle ne l'ait pas mentionné. Enfin,
ça ne fait rien !

— Mais si, mais si, mon cousin. Si grand-mère
vous l'avait promis, il est à vous », répondit Jean-
Noël avec une naïveté généreuse.

Valleroy ne soutint pas un long assaut de délicatesse. Il était d'ailleurs de parfaite bonne foi.
Mme de La Monnerie ne lui avait jamais opposé
de refus lorsqu'il avait dit à maintes reprises, sur le
ton du badinage : « Tenez, tante Juliette, si vous ne
savez pas, le jour où vous rédigerez vos volontés, à
qui laisser le petit Lancret, vous pourrez toujours
penser à moi. »

« J'enverrai mon chauffeur le prendre demain
matin, dit-il. Il est inutile qu'il figure sur l'inven-
taire et que nous ayons des droits à payer dessus. »

Ainsi les choses commencèrent. La place vide du
Lancret, sur la tenture passée du salon, fut comme
l'endroit marqué par le premier coup de pioche
d'une démolition.

Mme de La Monnerie avait légué ses bijoux à sa
nièce Isabelle. Celle-ci ne parut point remarquer

que, lorsque la vieille dame avait rédigé son testament, quinze ans plus tôt, ces bijoux ne représentaient qu'une faible part de sa fortune, alors que maintenant ils valaient autant, sinon plus, que le maigre portefeuille dévalué qu'elle laissait. Isabelle réclama tranquillement le legs en disant à Marie-Ange :

« A ton âge, on n'a pas besoin de bijoux. Et puis, de toute manière, ils te reviendront un jour. Et d'ailleurs, dans ton métier, on n'en porte que des faux... Et puis, nous devons respecter la volonté des morts. »

Puis on mit en train la vente de l'hôtel, du mobilier et de la bibliothèque du poète. Ce furent alors les agents d'affaires, les marchands de biens, les vieilles dames trafiquant de vieux meubles, les négociants en œuvres d'art, les spécialistes en livres rares, tous de connivence, qui s'attaquèrent à l'héritage comme s'ils passaient et repassaient une varlope sur une latte de peuplier. De l'estimation de l'immeuble à celle du moindre bibelot, on grugea les jeunes gens d'un bout à l'autre, tandis qu'ils prenaient des airs réfléchis et se croyaient habiles en faisant mine de se consulter.

Une fois acquittés les frais d'obsèques et les droits de succession, une fois levée l'hypothèque qui grevait aux trois quarts l'hôtel de la rue de Lübeck, une fois payées les expertises et les commissions des intermédiaires, à peine resta-t-il à Jean-Noël et à Marie-Ange une quinzaine de milliers de francs de revenus pour chacun. Evidemment, il leur était loisible de manger leur petit capital. Et ils possé-

daient toujours, dans l'indivision, l'énorme château
de Mauglaives qui payait des impôts et ne rapportait rien, Mauglaives dont il aurait fallu refaire
les toitures, Mauglaives qui n'avait pas l'électricité, Mauglaives dont les cent quinze pièces étaient
fermées depuis près de quatre ans, où ils n'allaient
jamais et qu'ils se fussent volontiers résignés à
vendre également, mais qui n'intéressait personne.

II

Jean-Noël avait revu plusieurs fois Lord Pemrose. Il était allé prendre le thé dans les salons lam-
brissés d'or et tendus de damas groseille de l'hôtel
Saint-James et d'Albany. Le vieil Anglais aimait
à descendre dans cette ancienne demeure de la
famille de Noailles, et qui gardait bonne façon,
avec ses trois cours intérieures entre la rue de Rivoli
et la rue Saint-Honoré, ses escaliers complexes, ses
ascenseurs lents, ses volutes de stuc, ses grands miroirs
fanés qui semblaient réfléchir le temps. Le 1900
s'y mariait parfaitement au Louis XV. Pemrose
occupait au cœur de cet énorme nid de pierre un
ancien salon transformé en chambre et où l'on
remarquait surtout la hauteur des plafonds, les
rideaux de velours groseille, serrés par des embras-
ses, une table florentine à dessus de mosaïque et un
téléphone à cornet. Basil Pemrose se moquait dou-

cement de ce décor désuet; mais c'était un trait de
son caractère que d'ironiser sur les choses qu'il
aimait, ou de n'aimer que des choses qui se prêtaient
à l'ironie.

Il arrivait aussi que Jean-Noël accompagnât son
nouvel ami dans de longues promenades à travers
Paris; car Basil Pemrose ne se lassait jamais de
parcourir et d'admirer la ville, et il en avait une
connaissance intime, minutieuse, dont Jean-Noël
s'émerveillait. C'était Basil qui découvrait au jeune
homme la capitale où ce dernier était né.

Il en était de même pour la littérature française.
Jean-Noël, qui sortait des manuels de Lanson, était
étonné d'entendre Lord Pemrose parler, avec une
familiarité naturelle, aussi bien de Montaigne, de
Pascal, voire de Jodelle ou de Guez de Balzac, que
d'Apollinaire, de Cocteau et d'André Breton.

« Vous avez lu, certainement, les *Contes cruels*...
vous avez lu le *Manifeste du surréalisme*... vous
avez été, bien sûr, rue Vieille-du-Temple... »

Non, Jean-Noël ne connaissait rien de tout cela,
et pas même la place des Vosges, et très peu l'œuvre
de Valéry, et il n'avait pas encore eu le temps de
lire Proust.

« Voyez-vous, disait Pemrose, il y a dans Antoine
de Baïf des essais de métrique que l'on retrouve
dans la prosodie de Valéry... »

Ils parcouraient le quartier du Marais; Lord
Pemrose s'attendrissait sur le nom des rues Sainte-
Croix-de-la-Bretonnerie, Geoffroy-l'Asnier, et s'exta-
siait devant de vieilles maisons, devant des mar-

teaux de portes, devant une fenêtre, morceau de
Renaissance qui demeurait accroché à une façade
comme un linge oublié.

Ils allaient, le vieil homme aux cheveux gris et
ondulés, aux mains déliées, et le blondin aux traits
purs, aux yeux bleus, aux hanches étroites, tous
deux à peu près de la même taille et de la même
minceur, l'un dans son adolescence, l'autre dans
son déclin. Ils allaient le long des murs lépreux et
des trottoirs jonchés d'ordures; ils aventuraient
leurs semelles fines, leurs flanelles grises et les œillets
rouges de leurs boutonnières dans des cours où
les appentis avaient poussé comme des verrues, et
qui empestaient le moisi, même au cœur de l'été.
Autour d'eux, des savetiers tapaient sur les semelles des pauvres; des tapissiers, la bouche pleine de
clous, réparaient de vieux meubles qui repartiraient
vers les appartements des quartiers résidentiels;
des mercières vendaient le gros-grain au centimètre;
des enfants jouaient à cloche-pied sur les pavés
disjoints ou bien se racontaient à eux-mêmes, accrou-
pis près d'une borne, des histoires merveilleuses
d'enfants heureux; la servante de la boulangère
rêvait devant une affiche de film; de vieux Juifs
passaient, en chuchotant sous leurs chapeaux noirs;
des ménagères traînaient des cabas de ficelle; les
prostituées avachies, dans les encoignures de la rue
Quincampoix, s'injuriaient mollement pour meubler leur ennui; un bossu de quatre-vingts ans
suçait une pipe en terre; des familles vivaient entas-
sées par douzaines entre des escaliers à vis, les séchoirs

à guenilles qui pleuraient leur rinçage et les éviers
de pierre qui rotaient leur fadeur; la lie de vin
croupissait dans le fond des tonneaux; la rouille
rongeait le fer, le salpêtre rongeait la pierre, la
misère rongeait l'homme; dans les impasses où, cinq
siècles plus tôt, les Bourguignons, à la nuit, assassinaient les ducs d'Orléans, les petits métiers, aujour-
d'hui, assassinaient lentement le petit peuple, dessinaient des scolioses sur le dos des apprentis,
ouvraient des cavités dans les poumons des ouvrières de vingt ans, distribuaient la cirrhose au
mastroquet, la phlébite à la femme de ménage;
un horloger, le front contre sa vitre, la loupe noire
dans l'œil, s'efforçait de remettre ensemble les roua-
ges du temps; et Lord Pemrose et Jean-Noël, à travers ce quartier, cherchaient les anciennes demeures
nobles : l'hôtel de Sens, l'hôtel des Ambassadeurs
de Hollande, l'hôtel de Lamoignon... suivaient des
fantômes de carrosses.

Un après-midi, dans la cour de l'hôtel de Lamoignon, Basil Pemrose s'arrêta, regardant le sol. D'une
porte du rez-de-chaussée quelqu'un venait de jeter
à la volée le contenu d'une bassine à vaisselle, et
l'eau grise et grasse courait sur le sol en minces
filets.

« Voilà, dit Basil Pemrose, l'image de notre destinée. Nous sommes, vous et moi, pareils à ces petits
ruisseaux, et non pas de petits ruisseaux d'eau claire,
mais les ruisseaux d'une vieille eau qui charrie les
détritus des siècles et du monde, et qui serpentent
dans la poussière sans même se mélanger à elle, et

qui dessinent leur petite géographie stérile, et qui vont finir on ne sait pas où, sans utilité pour personne. Encore moi, cela n'a pas d'importance, je suis un vieil homme; mais vous... »

Il leva ses yeux chargés d'une interrogation triste sur Jean-Noël, et celui-ci se sentit ému.

« Est-ce que... comment puis-je dire ?... vous *ressentez* tous ces gens autour de nous, reprit Lord Pemrose, toutes ces petites gens qui travaillent, et qui souffrent, et qui n'ont jamais rien connu d'autre que cette misère ?... La déchéance de cette vieille demeure nous émeut plus que la déchéance humaine. Je vois bien la misère des hommes, mais je vois bien aussi que je ne peux rien faire pour elle, sinon compatir un peu et me détourner très vite. Et encore, la compassion n'est peut-être qu'une excuse à nous amuser du pittoresque. Un monde heureux ne serait pas pittoresque. Le pittoresque est presque toujours fait de saleté, de haillons et de pauvreté.

— Pourquoi se chercher des excuses pour des choses dont on n'est pas responsable ? dit Jean-Noël.

— Vous parlez ainsi parce que vous avez vingt ans, cher Jean-Noël. Après, vous verrez, on a besoin d'excuse. Mais nous resterons tout de même des ruisseaux isolés qui charrient leur usure sans se mêler au reste de la poussière de l'univers. Et puis... et puis... tout cela est sans importance, ajouta Pemrose comme s'il avait soudain honte de son accès de sensibilité. Rien de ce qui nous arrive n'est assez important pour le confier à autrui. *Let's go !* »

Il mit son bras sous celui de Jean-Noël, et puis le retira aussitôt, d'un mouvement gêné, comme un homme qui vient d'oser avec une femme qu'il connaît peu un mouvement trop familier.

« J'aimerais que vous veniez passer un week-end à l'Abbaye, dit Pemrose. C'est un endroit assez charmant que nous avons en commun, deux de mes amis et moi. Et j'aimerais aussi que mes amis vous connaissent... »

III

« *Normandie herbagère, éclatante et mouillée* », dit le valet de chambre en se retournant sur le siège avant et en présentant le paysage à Jean-Noël.

Et il ajouta :

« C'est un vers de Mme Delarue-Mardrus que ces messieurs citent souvent. »

Il avait un léger accent étranger.

« Comment vous appelez-vous ? demanda Jean-Noël.

— Gugliemo... Gugliemo Bisanti, pour servir monsieur le baron. Ces messieurs m'appellent aussi quelquefois William. Mais je ne suis pas Italien, je suis Suisse italien, de Lugano. »

Jean-Noël était descendu du train à Bernay, un peu surpris de trouver deux domestiques envoyés avec la voiture pour l'attendre, un chauffeur en

livrée et un valet de chambre en veston noir, chapeau melon et faux col à coins cassés. Cela lui rappelait le temps de sa petite enfance et les habitudes
de ses grands-parents.

Le chauffeur, très jeune, vingt-cinq ans au plus,
était beau, muet, mystérieux; il portait une gourmette d'or au poignet. Gugliemo, sans qu'on pût
bien fixer son âge, devait approcher la cinquantaine;
il parlait les paupières baissées, les mains croisées
dans ses manchettes, comme un curé; et quand il
ôtait son chapeau melon, il découvrait un crâne
important, excessif, une sorte de coupole byzantine,
que rayaient, soigneusement collés de gauche à
droite, quelques cheveux gris.

La campagne, coupée de haies, plantée de saules
et de pommiers croulants de petites pommes rouges,
était parsemée de maisonnettes à toits de chaume.
La voiture avait abandonné le goudron et roulait
sur d'étroits chemins de gravier blond. Puis on fran-
chit une vieille grille, aux gonds enserrés dans la
verdure.

Le château, grande et bonne maison abbatiale,
avait été construit sous Louis XIII, dans le meilleur style de France, entre la mégalomanie de
François Ier et celle de Louis XIV. Dans le parc
se promenaient en liberté des poneys du Shetland
et une harde de trois biches et d'un daguet.

A cinquante mètres de la maison, on apercevait
les ruines de l'ancienne basilique, un grand pan de
mur alourdi de lierre, des départs d'arcs de voûte et
une immense ogive ouverte sur le ciel, à dix mètres

de hauteur. Ces ruines enfermaient un étonnant jardin. Des bordures de buis, de rosiers polianthas et d'œillets mignardises, dessinaient le tracé du transept, de la nef et de l'abside. A la place de l'autel éclatait un feu d'artifice de marguerites d'or. Un arbuste semé par le vent poussait de biais, là-haut, entre deux pierres de l'ogive. D'énormes liserons bleus s'entortillaient aux fûts de quelques colonnes brisées. Et l'on prenait le thé, étendu dans des chaises longues de toile, au-dessus des pierres tombales des vieux abbés cisterciens.

Lord Pemrose, Maxime de Bayos et Benvenuto Galbani, les hôtes de Jean-Noël, portaient des pantalons de velours groseille, vert d'eau ou havane, des sandales au laçage compliqué, dont le bout découvrait des doigts de pied blancs et soignés; ils avaient de petites médailles d'or au cou, et des foulards lâchement noués dans l'échancrure de leurs chemises.

Lord Pemrose tournait de fauteuil en fauteuil, pour fuir le soleil.

« *Christian, my dear, will you pour out the tea*[1] », dit le prince Galbani, en s'adressant à un adolescent malingre, au visage creusé et sombre, avec des pommettes saillantes et une frange noire qui lui cachait le front.

Ce jeune homme était en short; un duvet épais, foisonnant et obscur couvrait ses jambes maigres; il observait Jean-Noël d'un regard méchant, pareil à

1. Christian, mon cher, voulez-vous servir le thé ?

deux éclats de charbon de terre. Tant de noirceur, répandue sur un corps aussi chétif, était impressionnante.

Scones, buns et muffins, grosse bouilloire de vieil argent, cuillers minuscules au manche terminé par une petite boule, marmelade d'oranges douces, marmelade d'oranges amères, gâteaux crémeux, gâteaux légers, gâteaux onctueux farcis de fruits confits où la dent s'enfonçait doucement, soucoupes de verre dans des soucoupes d'argent, serviettes de voile de lin où l'on avait juste la place de s'essuyer le bout des doigts... Seul mangeait l'adolescent sombre; les toasts chauds et roux, les tartes, les confitures semblaient avoir été uniquement fabriqués pour lui. Les autres se contentaient de leur tasse de thé, et Maxime de Bayos buvait de l'orangeade.

Il approcha le verre plein de sa chemise vert fougère pâle et fit admirer l'harmonieux contraste des couleurs.

« *Too lovely for words*[1] », répondit Lord Pemrose en se déplaçant encore.

Jean-Noël, avec le bon appétit de la jeunesse, accepta les gâteaux, les scones et les muffins.

Le prince Galbani abritait sa calvitie sous une ombrelle de soie.

Deux pigeons-paons, qui roucoulaient sur le gazon, se turent, puis s'envolèrent dans un grand claquement d'ailes.

La maison abbatiale, du côté opposé aux ruines,

---

1. Ravissant, au-delà de toute expression.

ne se trouvait séparée de l'église du village que par
un rideau d'arbres au-dessus duquel se dressait le
clocher d'ardoises effilé. Des voix d'enfants, ânon-
nant en chœur les réponses du catéchisme de persévérance, soulignaient légèrement la paix absolue de
la campagne. Il régnait ici une nonchalance heureuse
et chaude, une harmonie inattendue et pourtant
totale entre les êtres et le lieu, entre les gestes et
les couleurs, un accord secret de quarante compo-
santes qui finissaient par produire le calme parfait,
comme la fusion des teintes du prisme produit la
lumière, qui n'a point de teinte.

Le temps, l'écoulement du temps, l'enchaîne-
ment de la seconde à la seconde suivante, avait une
qualité sensible et bienfaisante dont Jean-Noël
était surpris. Non, jamais il n'avait perçu le *présent,*
en soi, comme une réalité aussi précise, vivace et
délectable.

Et pourtant Jean-Noël ne se sentait point parfaitement paisible. Non seulement à cause des
regards que lui lançait l'adolescent sombre, mais
à cause des autres, de Maxime de Bayos, du prince
Galbani sous son ombrelle, qui l'observaient également, avec infiniment plus de gentillesse, et même
le sourire de la prévention favorable, mais qui,
malgré tout, l'épiaient sans relâche. Ils étudiaient
ses traits à la dérobée; ils surveillaient sa manière
de croiser les jambes, de poser sa tasse, de répondre
à une question; quand Jean-Noël était de dos, il
devinait ces regards attachés à sa nuque; quand
il se retournait, il trouvait ces regards en train de

noter la forme de son pantalon ou la couleur de
ses chaussettes.

Et Lord Pemrose non plus n'avait pas l'air parfaitement tranquille. Il surveillait les réactions de
ses amis.

« Basil, mon cher, tu fais visiter la maison à ton
ami, si cela lui fait plaisir, et tu lui montres sa
chambre », dit Maxime de Bayos.

Puis Bayos s'éloigna pour accomplir quelque
tâche urgente et l'on entendit sa voix prononcer :

« Césaire ! Voulez-vous transporter l'arroseur
rotatif sur le terrain de croquet. Nous ne jouerons
plus aujourd'hui. »

Lord Pemrose avait déjà un peu expliqué à Jean-
Noël quelle était l'organisation de l'Abbaye; le jeune
homme la comprit mieux au cours de sa visite.

Les trois amis, Benvenuto Galbani, Basil Pemrose
et Maxime de Bayos, qu'on appelait et qui s'appelaient eux-mêmes « les trois B », Ben, Basil et Baba
— ce qui faisait par jeu de mots les « *three Bees* »,
les « trois Abeilles » — avaient acheté ensemble
cette demeure pour y réunir les objets qu'ils pré-
féraient et y mener la vie de leur goût.

« Les moines d'autrefois ne se trompaient point
sur le choix des lieux. Nous avons fait ici une sorte
de monastère de l'amitié, dit en souriant Lord Pemrose. C'est notre refuge, où nous essayons de nous
faire la meilleure existence. J'ai d'abord été très
ami de Baba. Il est un peu plus jeune que moi. Il
y a... il y a maintenant près de trente ans que nous
nous connaissons. Et puis il a connu Ben... »

Et une ombre passa sur le visage de Lord Pemrose comme au souvenir d'anciens drames, de souffrances qu'on a juré, depuis bien longtemps, de
taire à jamais.

« ... et puis nous sommes devenus très amis tous
les trois... voilà. »

Lord Pemrose avait donné au National Trust
son château de Gowen qu'il n'habitait plus, une
énorme forteresse Tudor dont on voyait la repro-
duction sur une gravure dans un couloir de l'Abbaye.
Dans le même couloir, qui conduisait à sa chambre,
Pemrose s'était amusé à pendre les photographies,
en format carte postale, de ses tableaux de famille,
une cinquantaine de personnages, parmi lesquels
on distinguait des têtes de Barbe-Bleue montées
sur fraise et pourpoint, des seigneurs à grands feutres
et bottes molles dominant des chevaux cabrés, et
des visages de bœuf sous des perruques à marteaux,
et des dames blondes et roses peintes dans leur
parc par Gainsborough, et des adolescents en gilet
brodé, nonchalamment appuyés sur un fusil à aiguille,
un lévrier couché devant leurs pieds.

A travers ces portraits, on pouvait suivre toute
l'évolution de la société anglaise, et le triomphe
de la civilisation sur les instincts primaires, simplement en partant des faces sanguines, grasses, violentes
du début du XVIIIe siècle, de ces trognes de cochers
ivres, de ces poings d'assommeurs, de ces ventres
pleins de bière, de ces grosses cuisses de trousseurs
maladroits, mal contenues dans des culottes blanches, pour finir à Basil Pemrose remontant sa mèche

d'un geste délicat devant sa galerie de cartes postales.

« J'ai réduit mes ancêtres à la taille de notre siècle », dit-il en souriant.

Jean-Noël songeait à Mauglaives, avec ses maréchaux à cordon bleu dressés contre les murs...

Chaque pas dans cette maison était pour lui l'occasion d'une admiration ou d'un étonnement. Tous les objets semblaient exemplaires du siècle ou de l'artiste qui les avait produits; une sélection dans la perfection. Mais ces meubles rares, ces toiles de maîtres, ces cristaux, ces écailles, ces dorures, ces marbres, ces flambeaux, avaient été disposés comme par une femme de goût. Tout eût pu être pompeux et insupportable; tout, au contraire, était à la fois parfait, précieux, mesuré et vivable.

Et ce devait être une occupation que de savoir si le soir on dînerait dans la vaisselle plate ou dans la compagnie des Indes ou dans le service qui avait appartenu à la cour de Munich.

Pemrose avait recommandé à Jean-Noël de ne jamais parler devant Maxime de Bayos de la folie héréditaire qui sévissait dans la famille de Bavière. Maxime était le produit de croisements de sang les plus étranges. Son ascendance était une succession de mystères. Il possédait des cousins dans tous les coins du monde, du Brésil au Danemark et d'Irlande en Herzégovine. Sa mère, dont il vénérait les portraits comme de saintes icônes, était morte folle.

Bien que de santé fragile, il assumait l'essentiel

des charges de maîtresse de maison; il était méticuleux, passait des heures à ranger les unes auprès des autres de petites boîtes de vermeil décorées d'aigles. Il savait par cœur le cérémonial des cours et pouvait réciter le Gotha. Ses connaissances en architecture, en styles d'ameublement et en porcelaines valaient celles de Lord Pemrose en littérature.

Quant à l'homme à l'ombrelle...

« Pour Ben, au fond, expliqua Pemrose, nous sommes tous des gens d'origine récente. »

Qu'on eût, comme Basil, trois siècles d'aïeux couchés à Gowen, ou qu'on ne fût, comme les Schoudler, barons du Saint-Empire que depuis quatre-vingts ans, ou bien que, sans porter aucun titre, on possédât, comme Maxime de Bayos, des alliances mystérieuses, ne faisait pas grande différence aux yeux du prince Galbani.

Car le prince appartenait à la plus vieille noblesse du monde. Il poussait ses racines dans l'antiquité romaine et jusque dans la mythologie. Les Galbani descendaient, ou assuraient descendre, de l'empereur Galba, lequel descendait lui-même, si l'on en croit Suétone, à la fois de Jupiter et de Pasiphaé. Et ils l'affirmaient depuis si longtemps qu'il eût fallu remonter à la chute de Ravenne pour trouver quelqu'un capable de les contredire. Benvenuto comptait parmi ses aïeux l'un des assassins de César. Il portait sur ses armes les quatre noix : « *galba*... noix à coque lisse »; et il ne plaisantait pas complètement lorsqu'il disait : « Oncle Tibère... oncle Vitellius... »

Les Galbani avaient lutté pendant tout le Moyen
Age avec les Orsini et les Colonna pour la maîtrise
de Rome et la possession de la tiare. Actuellement,
Benvenuto tirait le principal de ses revenus de
mines siciliennes, et il conservait en Italie quelques
palais où l'on eût pu loger un gouvernement.

Il était le dernier rejeton de cette race illustre;
après lui, le nom s'éteindrait. Benvenuto Galbani
se résignait à être un point final. « Nous avons duré
assez longtemps », disait-il.

Jean-Noël, au cours de la visite de la maison, le
rencontra, immense, interminable (il mesurait plus
d'un mètre quatre-vingt-dix), les bras chargés de
fleurs. A l'Abbaye, l'héritier des Césars s'occupait
des bouquets.

« Et ce jeune homme ?... demanda Jean-Noël
à Lord Pemrose, faisant allusion à l'adolescent.

— C'est Christian... Christian Leluc, un jeune
pianiste de très, très grand talent. Nous lui deman-
derons de jouer ce soir. C'est Ben qui l'a découvert.
Il a vingt-quatre ans. »

Devant le mouvement de surprise de Jean-Noël,
Pemrose ajouta :

« Oui, je sais, il a l'air d'en avoir dix-sept. Il est
charmant, vous verrez. Il étonne un peu d'abord... »

Jean-Noël pensa que c'était vraiment une vertu
particulière à l'Abbaye que de faire paraître les
êtres plus jeunes que leur âge. Les « three Bees »
n'avaient-ils pas sur le visage, en dépit des années,
en dépit des siècles, un air d'éternelle adolescence ?

IV

Sur le guéridon était posé un bouquet champêtre, cueilli sans doute par le descendant de Jupiter.

« La campagne, la simplicité même », avait dit Pemrose à Jean-Noël en l'invitant.

Gugliemo, défaisant la valise de Jean-Noël, s'était aperçu qu'elle ne contenait pas de smoking. Il apparut portant un vêtement du soir, fraîchement repassé, une chemise de piqué, une cravate noire, des escarpins.

« Je pense que ceci ira très bien à monsieur le baron. »

Gugliemo faisait couler le bain.

Depuis son enfance, depuis le temps où Miss Mabel le lavait, Jean-Noël n'avait jamais eu un serviteur pour l'assister dans sa baignoire. Il fut fort gêné de se déshabiller devant le valet de chambre; mais comme l'autre semblait trouver cela normal, et attendait, l'éponge à la main, il n'osa pas lui dire de sortir.

Gugliemo contempla avec une aisance déférente la nudité de Jean-Noël.

Gugliemo était un valet de chambre qui parlait; il semblait que ce fût son privilège dans la maison; il était, à sa manière, un objet curieux, unique, et qu'on prêtait aux invités pour qu'ils eussent le loisir de l'apprécier.

« C'est la première fois que monsieur le baron

vient à l'Abbaye ? Quelle paix, n'est-ce pas ? Quel recueillement ! dit-il en savonnant le dos de Jean-Noël. Les ruines de la basilique surtout. Comme c'est émouvant ! D'être ici, au service de ces messieurs, apaise un peu mes regrets. Monsieur me comprendra si je lui dis que j'ai eu une vocation contrariée. »

Le valet de chambre hésita un peu, pressa l'éponge à deux mains.

« Je voulais être chartreux. Hélas ! les entraînements de la vie !... » ajouta-t-il.

Jean-Noël, la tête hors de l'eau, le regarda avec surprise.

« Oui, la poigne d'un bon père supérieur, c'est cela qu'il m'aurait fallu, reprit Gugliemo. Seulement, voilà... un pied à Montmartre, l'autre dans les monastères... Si monsieur veut se laver lui-même maintenant... Je vais toujours passer mes vacances dans des chartreuses; je vais jusqu'à Burgos, où les bibliothèques sont des paradis. J'aime lire, monsieur le baron me comprendra, lui qui est d'une famille où l'on écrit. J'ai lu tous les poèmes de M. de La Monnerie... Mais j'aime aussi les mauvaises lectures. »

Il avait décroché le peignoir de bain, et le tenait serré contre lui, les mains jointes sous le menton, le front incliné, les paupières basses dans l'attitude des personnages de fresques.

« En vérité, monsieur, je suis un mélange de saint Augustin et d'Oscar Wilde..., déclara-t-il d'un ton pénétré. Mais je parle, je parle, j'assomme monsieur avec toutes mes bêtises. »

Il avait revêtu Jean-Noël du peignoir; il le frottait, le tapotait, se courbait pour lui sécher les genoux.

« Que monsieur me pardonne, je suis vieux, cinquante-deux ans », fit-il d'une voix plaintive.

Il se redressa, contempla Jean-Noël enveloppé dans le tissu éponge.

« Monsieur a tout à fait l'air d'un petit moine », dit-il en souriant et en rougissant.

Les escarpins étaient un peu grands; mais le smoking, taillé dans une matière précieuse, une sorte de soie vert-noir, allait parfaitement.

En sortant de sa chambre et en suivant le couloir, Jean-Noël aperçut, par une porte entrebâillée, l'adolescent sombre, le faux adolescent, qui lui fit signe d'entrer.

Avait-il laissé la porte ouverte à dessein ?

Il portait une veste blanche, ce qui accusait davantage les creux de ses orbites et de ses joues, et cette singulière frange noire qui lui tombait presque au ras des sourcils.

Christian Leluc avait enfilé des gants, de longs gants montants mauves, féminins, faits pour accompagner une robe de dîner, et dont le crispin se plissait contre les manchettes de sa chemise. Il en caressait doucement, lentement, l'étoffe suédée, et observait Jean-Noël.

« Ils sont jolis, n'est-ce pas ? » dit-il.

Pour la première fois, Jean-Noël le vit sourire, découvrant de petites dents écartées aux incisives pointues comme des canines.

Le regard de Jean-Noël s'arrêta sur un tiroir de la commode, à demi ouvert, où s'entassaient des douzaines de paires de gants de femme, en soie, en cuir, en tricot, des gants du soir ornés de broderies et de paillettes, des mitaines de vieille dame, des gants de coton rose, festonnés, comme en portent les bonnes dans les bals de campagne. Tous neufs.

« Oui, je crois que j'ai la plus belle collection », dit Christian Leluc.

Il continuait de sourire, rêveur, puis, soudain, redevint grave, arracha les gants mauves, les jeta dans le tiroir, et dit :

« Allons, descendons. Les bonzes doivent être en bas, et ils n'aiment pas attendre. On fait sa carrière comme on peut, n'est-ce pas, mon vieux ? »

Il donna une tape dans le dos de Jean-Noël, à qui ce geste fut fort désagréable.

V

On dîna dans la bibliothèque, qui était le centre véritable de la vie de l'Abbaye. Elle occupait la hauteur de deux étages dont on avait supprimé le plafond intermédiaire. Elle s'éclairait donc par deux séries de fenêtres, l'une à niveau habituel, l'autre à six mètres du sol. La moitié de cette pièce immense était tapissée de livres, sur des rayons de bois précieux auxquels on accédait par des escaliers à vis.

Dans l'autre partie de la pièce, les murs disparaissaient sous les tableaux; les écoles italienne, française, anglaise, allemande, flamande se trouvaient juxtaposées depuis la cimaise jusqu'aux solives. La profusion de reliures, de bustes, d'objets, de meubles coupait le souffle à l'entrée. Mais un ordre parfait régnait dans cette profusion. Mais les cent ou cent cinquante tableaux étaient disposés selon de sûres symétries et de sûres correspondances de couleurs. Mais des médailles anciennes scintillaient sur les portes transformées en hautes vitrines mouvantes. Mais une section entière de la bibliothèque était consacrée aux dictionnaires des principales langues mortes et vivantes, à ceux d'histoire et d'archéologie, aux répertoires techniques, tandis qu'un rayon égal contenait les partitions de musique. Mais il y avait, classés dans le meuble où Frédéric II rangeait ses cartes d'état-major, les plus rares documents ornementaux. Mais il y avait une collection de plus d'un millier de disques, avec les plus grandes œuvres du monde, interprétées par les orchestres et les exécutants les meilleurs. Mais il y avait le piano de concert de Liszt, refait, révisé par la maison Pleyel, et l'appareil de radio du modèle le plus récent, le plus perfectionné. Mais il y avait, posée sur le bureau du cardinal Dubois, la maquette de l'escalier de la Trinité-des-Monts. Mais il y avait de profonds fauteuils de cuir roux, où le corps se reposait si bien qu'il laissait à l'esprit toute sa liberté; et quand, de là, on levait les yeux, on apercevait, sur l'appui des fenêtres supérieures, les bustes des douze

Césars, les portraits de famille de Ben, qui couron-
naient ce sanctuaire de la richesse, de l'art et de la
rareté.

Plus familiers, Platon et Aristote, posés sur deux
colonnes, encadraient la cheminée de marbre.

Il n'existait sans doute pas deux salles semblables
au monde, et il eût fallu se reporter à la Renaissance, au temps des Médicis et de Marsile Ficin,
pour retrouver un état d'esprit comparable à celui
qui avait inspiré la création de ce Panthéon de la
culture.

Alentour dormait la campagne normande.

De médiocre taille, les cheveux noirs soigneusement séparés par une raie médiane, Maxime de
Bayos offrait encore des traits de jeune homme. Mais
le grain de son visage était légèrement grumeleux
et strié de toutes petites lignes comme faites d'une
main tremblante, par une plume de fer. Il souriait,
les lèvres serrées sur les dents.

« Il doit se teindre les cheveux », pensa Jean-
Noël.

Le prince Galbani, au haut de son corps interminable, portait un visage clair, à l'œil bleu et rond,
sans sourcils. L'âge ne l'avait point ridé mais lui
avait légèrement bouffi les chairs. Sa bouche était
étroite et rose. Ses cheveux blancs sur les tempes
encadraient sa calvitie d'ailes de colombe. Lorsqu'il
se tenait assis, ses jambes constituaient une sorte
de barrage au milieu des pièces.

Jean-Noël n'avait jamais vu réunis quatre hommes
qui tous, pour dîner, portaient aux doigts des bagues

rares, des camées antiques, des miniatures serties de perles, des anneaux d'or à torsades étranges.

Lui-même se sentait bien fruste avec la simple chevalière qu'on avait ôtée, quelques années plus tôt, de la main refroidie de son oncle, le diplomate.

« Il doit y avoir quelque part le gros cachet en cornaline de l'oncle Urbain. Si je reviens ici, je le mettrai », pensa-t-il.

Il n'avait jamais vu non plus quatre personnages qui tous prenaient à table, avec le plus grand naturel, des produits pharmaceutiques, et sortaient de drageoirs anciens, de boîtes d'or ciselées, qui une pilule verte, qui un cachet de charbon, qui un granule homéopathique.

« Christian, *caro*, tu n'as pas oublié ton calcium ? » demanda le prince Galbani.

Christian bénéficiait d'un menu spécial; on lui servit une tranche de foie de veau très peu cuite, sans doute pour le fortifier.

Maxime de Bayos ne mangeait pas de gratin de choux-fleurs. Ses choux-fleurs étaient préparés à part à l'étuvée, et le maître d'hôtel les arrosa du jus d'un citron.

La conversation était vivace, légère; Jean-Noël sentait que les « trois Abeilles » fabriquaient leur miel devant lui et pour lui. En même temps, des allusions à des événements ou des personnes inconnues sautaient sans cesse au-dessus de sa tête, et il avait une envie irritante de pénétrer davantage dans cet univers clos afin d'en pouvoir partager les amusements.

A un moment, on cita Inès Sandoval et les amis de Pemrose se regardèrent et eurent entre eux un petit sourire supérieur qui prouvait qu'*ils savaient* et qu'ils désapprouvaient, avec indulgence.

Puis on passa le porto, et Pem s'allongea dans un des grands fauteuils de cuir, balançant lentement son monogramme brodé au fil d'or sur le velours de ses escarpins d'intérieur.

Et puis Maxime de Bayos offrit de longs cigares filiformes et doux.

Et puis le prince Galbani alla s'installer dans un coin, ses grandes jambes sortant de derrière un écran rond sur lequel était tendu un canevas et d'où pendaient toutes sortes de laines. Car l'arrière-neveu des Césars faisait de la tapisserie au petit point. Il fabriquait en ce moment un dossier de siège où trois abeilles d'or voletaient au-dessus de ruines et de liserons bleus.

Et puis l'adolescent sombre s'assit au piano de Liszt.

La densité de l'air, la profondeur des espaces, la qualité du temps se modifièrent alors, parce que le talent venait de surgir dans la pièce. Le talent habitait dans les mains de Christian, et toutes les préventions que Jean-Noël avait contre ce garçon tombèrent.

Au repos ou dans les gestes usuels, les mains de Christian n'offraient rien de remarquable. Des mains maigres, aux doigts grêles et aux ongles un peu courts. Mais dès qu'elles se posèrent sur le piano, elles prirent une grâce, une vie, une pureté surpre-

nantes. Elles étaient isolées du reste du monde; elles
semblaient même ne plus appartenir au corps qui
les portait; elles se poursuivaient libres, dans un
extraordinaire ballet, sur l'escalier d'ivoire et d'é-
bène; elles dessinaient, effaçaient, redessinaient, des
formes pures, des oves étirés, des volutes abstraites,
dont la nouveauté confondait; elles tissaient des
nappes sonores, des étoffes à semis où chaque note
était une fleur; elles tressaient des corbeilles de
musique; elles moulaient, sur des tours invisibles,
d'étranges poteries de résonances; elles éclataient,
elle souffraient, elles pleuraient; elles dansaient en
bas blancs sur les rythmes de Mozart, elles épou-
saient le contour des oreilles sourdes de Beetho-
ven, elles retraçaient les entrelacs symétriques de
Vivaldi et de Bach; elles faisaient tomber dans la
pièce la pluie qui coule derrière certaines phrases
de Berlioz.

Elles se servaient d'un instrument, d'un outil
inventé par l'homme pour en tirer des joies qui
approchent de l'imagination de Dieu. Elles étaient
les mains du civilisé dans le décor extrême de la
civilisation.

Et cela, Jean-Noël le perçut, dans un de ces
moments où la musique, comme l'alcool, comme
l'amour, élargit les ondes de la méditation ou sou-
lève les couches profondes de la conscience. Sans
qu'il songeât à le formuler précisément, Jean-Noël
sentit en quoi ses hôtes étaient des êtres rares,
exceptionnels. Cela tenait moins à leur fortune, car
il existait des gens aussi riches qu'eux, qu'à leur

manière de l'utiliser, comme s'ils s'efforçaient de réunir les brins les plus soyeux sortis de la création humaine pour en former le tissu de leurs jours. Disposant de moindres moyens, ils eussent sans doute tenté de vivre de la même façon, plus petitement.

Ces trois hommes vieillissants étaient l'aboutissement de dix civilisations qu'ils résumaient en eux; ils ne créaient rien; ils représentaient une sorte d'apothéose statique de tout ce qui allait disparaître avec eux. Dans un moment défini et particulier du monde, ils se situaient à la limite d'une perfection stérile prête à verser dans le néant.

Au milieu des prairies normandes, un Anglais, un Italien et un Français de sang mêlé avaient réussi pour eux-mêmes une synthèse des jardins d'Academos, des vergers de Tusculum, du Cluny des cathédrales, de l'Arno du Quattrocento, de la Loire des Valois, de Versailles, de Ferney, de Montparnasse et de Bloomsburry...

Etait-ce une illusion ? Au milieu de ces hommes, Jean-Noël, tout en découvrant à chaque instant la minceur de son savoir, se sentait plus intelligent.

Cette assemblée de seigneurs philosophes lui fit soudain comprendre qu'il y avait autant de degrés divers de qualité dans les amours homosexuelles que dans les autres, et que la différence est moins dans le genre d'amour que l'on choisit que dans la manière dont on s'y conduit.

Mais Jean-Noël pensa aussitôt à Gugliemo, au jeune chauffeur à gourmette d'or...

« Eh bien, se dit-il, est-ce que d'honorables bourgeois ne couchent pas avec leurs femmes de chambre ?
Est-ce que des ambassadeurs, des présidents de tribunal ne suivent pas des arpètes dans les rues ?
Est-ce que je n'ai pas ramassé deux putains sur un
trottoir ? »

En ces domaines, il était bien malaisé de juger et
de départager; et la frontière entre l'admirable et
l'odieux, le tolérable et l'intolérable, l'honorable
et le honteux, semblait mince et dangereuse comme
une lame de couteau.

Au moins chez les « trois Abeilles » y avait-il un
effort naturel et constant vers la perfection des apparences et les satisfactions supérieures de l'esprit.

Ce piano, la pluie de Berlioz coulant le long des
livres, des tableaux et des marbres...

Et, soudain, sans que rien eût permis à Jean-Noël
de prévoir une pareille rupture, Christian se mit à
chanter d'une voix aiguë et fausse :

> *Les gants de femme*
> *Sont des fleurs parfumé-é-e-s...*

Il riait, de ses dents méchantes et pointues, et ses
mains, ces mêmes mains qui l'instant d'avant avaient
du génie, tiraient du clavier une rengaine 1900,
idiote et de mauvais goût.

Jean-Noël se redressa sur son fauteuil comme au
sortir d'un rêve. Le miracle venait de se briser; la
lame de couteau était franchie et tout glissait du
mauvais côté. Jean-Noël regarda autour de lui. Le

descendant de Jupiter et de Pasiphaé continuait de tirer silencieusement ses laines multicolores. Lord Pemrose posait sur Jean-Noël des yeux attendris et éloquents, qu'il détourna aussitôt. Maxime de Bayos faisait de l'ordre. Christian reprenait au refrain :

> *Les gants de femme...*

et Jean-Noël reconnut sur son visage la même expression insolite, inquiétante, qu'il y avait vue avant le dîner, devant le tiroir ouvert.

Brusquement le prince Galbani repoussa son ouvrage ; ses yeux bleus avaient un éclat dur. Il frappa des doigts une petite table à côté de lui, et dit d'une voix haute, qui masquait mal sa colère :

« Christian ! tu pourrais avoir un peu plus de tact ! *It's going a little bit too far*[1] !

— *Yes, my dear,* dit Pemrose d'un ton de reproche, en tournant la tête vers le piano. *I think Ben is perfectly right. You ought to be ashamed of yourself*[2]. »

Christian s'était arrêté, et avait un regard à la fois sournois et satisfait d'enfant pris en faute, et content de sa sottise. Et les trois vieux hommes le contemplaient ainsi que des parents tristes, qui ont de lourds reproches sur le cœur.

Jean-Noël ne comprenait point le motif de cette

---

1. C'est aller un peu trop loin.
2. Oui, mon cher... Je pense que Ben a parfaitement raison. Tu devrais avoir honte de toi.

querelle de ménage et se demandait jusqu'à quel point sa présence n'en était pas la cause.

« Excusez-nous, dit Pemrose s'apercevant de la gêne de Jean-Noël. Mais nous pensons que Christian ne doit pas gâter son talent à de pareilles stupidités; ne trouvez-vous pas ? »

Jean-Noël ne fut pas dupe de cette raison inventée pour donner le change; il saisit les regards qui allaient de Basil à Ben, de Ben à Baba, de Baba à Christian et qui signifiaient : « Nous nous expliquerons de tout cela quand nous serons entre nous. »

Peu après, Ben se retira, immense, sans dire bonsoir; puis le faux adolescent disparut.

« Nous nous couchons toujours assez tôt », dit Maxime de Bayos.

Il était à peine plus de onze heures; la maison était parfaitement silencieuse.

Lord Pemrose accompagna Jean-Noël jusqu'à sa chambre.

« Avez-vous tout ce qu'il vous faut ? Oui ? On vous a bien mis une carafe d'eau fraîche ? »

Lord Pemrose tournait dans la pièce, feignant de s'assurer que rien ne manquait au confort de son hôte.

« Une dernière cigarette, ou bien avez-vous envie de dormir tout de suite ? » demanda-t-il.

Une appréhension vague fit hésiter Jean-Noël. Et tout de même, il accepta la petite cigarette d'Orient que Pemrose lui tendait dans un étui ciselé.

Quand la flamme monta devant les yeux de Jean-

Noël, Basil Pemrose encore une fois détourna le
regard.

Puis il s'assit de travers sur le bord d'un siège,
les jambes entortillées.

« Vous devez nous trouver d'assez étranges personnages, n'est-ce pas ? dit-il.

— Non, nullement, répondit Jean-Noël. Je crois
que vous êtes des gens très heureux.

— Vraiment ? » dit Basil en mettant dans sa question une insistance qui en modifiait le sens.

Il y eut un temps de silence. Puis il reprit :

« Oui, en effet. Nous avons a *reasonably happy
way of life*[1], je crois. Ce qui ne veut pas dire que
chacun de nous, intérieurement, soit toujours heureux... Enfin, vous savez que cette maison vous est ouverte quand vous voulez, et que je ne saurais avoir
de plus grande joie que de vous y voir souvent. »

Il avait relevé les yeux; ses deux doigts qui
tenaient la cigarette étaient appuyés délicatement
contre sa tempe. Et Jean-Noël reconnut cette expression d'amitié, de tendresse, de bonté, qui l'avait tant
ému à l'église, à l'enterrement de Mme de La Monnerie, et qui reparaissait de temps à autre.

Mais cette fois, Jean-Noël ressentit un trouble
anxieux.

A présent, Jean-Noël ne pouvait plus ignorer où
il se trouvait, ni se leurrer sur les intentions de Pemrose. A moins que... « A moins qu'il n'ait pas d'intentions précises sur moi... simplement une habi-

---

1. Une manière de vivre assez heureuse.

tude de gentillesse, et de faire du charme avec les hommes... »

Un nouveau silence s'installait, plus difficile, plus pesant.

Pourquoi Jean-Noël éprouvait-il une sorte de plaisir engourdissant et morbide à jouer avec le feu ?

Un insecte se cogna contre un abat-jour. Non, le silence ne pouvait pas durer davantage.

Jean-Noël se força à bâiller et feignit de réprimer ce bâillement.

Pemrose se leva.

« Passez une bonne nuit, cher Jean-Noël », dit-il en lui prenant les deux mains.

Jean-Noël laissa ses mains dans celles de Pem.

« Bonne nuit, cher Basil, répondit-il en abolissant par ce prénom, pour la première fois employé, les quarante ans passés qui le séparaient de Pemrose. *And sweet dreams*[1] », ajouta-t-il.

Soudain, très sûr de lui, il assistait avec amusement au spectacle qu'il se donnait à lui-même.

Etait-ce à dessein que Basil laissait son étui à cigarettes sur la table ? Allait-il venir le rechercher dans quelques minutes ?

« Vos cigarettes..., dit Jean-Noël en désignant l'étui en souriant.

— *Keep it*[2], répondit Basil. Si vous avez envie de fumer, cette nuit... »

Puis il prit la boîte d'or, la mit dans la main de Jean-Noël, et dit plus bas :

1. Et faites de bons rêves.
2. Gardez-le.

« *Keep it, dearest, it's yours*[1].

— Mais jamais, voyons ! » s'écria Jean-Noël en reculant et en rougissant.

Le jeu soudain cessait, et il se sentait atrocement gêné.

« Si, si, en souvenir de votre première visite à l'Abbaye. C'est à moi que cela fait plaisir », dit Basil.

Il se détourna brusquement et sortit, les yeux embués.

De cette démarche flexible et oscillante qui était la sienne, les coudes pointus et les genoux joints, Lord Pemrose s'éloigna à travers les longs couloirs, se demandant s'il ne venait pas de laisser passer une irremplaçable occasion.

Il maudit sa timidité, l'affreuse et insurmontable timidité qui l'avait affligé toute sa vie, changeant en souffrance chacun de ses espoirs.

VI

Simon Lachaume avait choisi le restaurant du pavillon de l'Allemagne, à l'Exposition, pour y dîner avec Marie-Ange.

Tout autour et au-dessous d'eux, l'énorme foire brillait, repoussant la nuit loin de ses enceintes. La

---

1. Gardez-le, très cher, il est à vous.

tour Eiffel se dressait comme un mât de lumière, et, du haut de sa première plate-forme, des voix d'écrivains célèbres, monstrueusement amplifiées, déversaient sur la foule les importantes paroles dont le gouvernement, pour honorer les Lettres, leur avait fait commande.

« *Allô... Allô... Monsieur Edouard Wilner vous parle...* »

Quelques centaines de personnes, une infime poignée dans cette multitude, et dont la plupart ignoraient totalement qui était M. Edouard Wilner, levaient le nez. Des petites voitures électriques promenaient les visiteurs aisés à travers la cohue.

« *La France s'attache à demeurer ce qu'elle fut, ce creuset des arts, ce foyer d'invention, ce carrefour des amitiés...* », proférait l'immense voix de Wilner, dont les haut-parleurs transmettaient le grand souffle rauque. « *Visiteurs de tous pays, qui vous promenez ici, songez aux hommes de France qui, à travers les siècles, ont permis vos plaisirs d'aujourd'hui...* »

La foule reprenait son mouvement de fourmilière fatiguée. Du parc aux attractions, on entendait les cris aigus des femmes enfermées dans le water-chute et le scenic-railway. Des projecteurs éclairaient les marbres du palais de Chaillot. De tous les points de la foire parvenaient les sons affaiblis des orchestres de Cuba ou de Bucarest, des musiques arabes ou malgaches que les pavillons distribuaient comme des prospectus sonores. Et, sur la place du Trocadéro, les bannières de toutes les nations flottaient dans la brise du soir, pareilles aux lances que des cavaliers, venus des quatre horizons, eussent plantées là, en faisant halte.

Le restaurant du pavillon allemand était l'un des endroits élégants et coûteux de cette vaste fête. Autour de Simon, qui avait fait retenir sa table par sa secrétaire, les serveurs s'empressaient.

Simon se demandait si l'attitude de politesse prudente et presque distante qu'observait Marie-Ange à son égard ne cachait pas une sorte d'hostilité. Il y avait toutes chances pour qu'elle eût, au cours de son enfance, entendu parler de lui comme d'un homme méchant et redoutable, responsable en partie de la ruine des Schoudler.

Mais il savait que ce sont là des préventions que l'on peut faire tomber rapidement lorsque l'on a vingt-cinq ans de plus que son interlocuteur et que l'on est ministre.

Ce fut à quoi Simon s'employa pendant ce dîner. Il parla de François Schoudler et de Jacqueline en des termes qui touchèrent la jeune fille. Elle n'attendait pas de lui une pareille sensibilité. Puis il raconta l'histoire du krach à sa manière; et, comme tous les principaux acteurs de l'affaire étaient morts à présent, et que personne ne pouvait le contredire, il se découvrit, à retardement, les sentiments nobles qui lui avaient manqué à l'époque.

« C'est étrange; il y a des êtres, des familles avec lesquels il semble qu'on ait destin lié, des cercles auxquels l'existence toujours vous ramène... »

Il pensait, en disant cela, à son aventure avec Isabelle. « Est-ce qu'elle sait ?... Non, probablement pas. Cela remonte à plus de quinze ans. Et voilà, elle est sa nièce... avec qui je dîne. Et il a été question aussi, un moment, que j'épouse Jacqueline lorsqu'elle s'est trouvée veuve. Et voilà, c'est sa fille... Je ne suis pas tellement vieux, au fond, puisque ces choses-là m'étonnent, puisque c'est la première fois qu'elles m'arrivent ! »

« Vous savez que j'ai pratiquement commencé ma vie par un livre sur votre grand-père La Monnerie ; ma thèse de doctorat. L'avez-vous lu ?

— Non, je m'en excuse », dit Marie-Ange.

Simon, quels que fussent ses efforts pour s'en défendre, se sentait vraiment très âgé en face de la jeune fille.

« Vous semblez avoir gardé beaucoup d'affection pour les gens de ma famille, dit-elle. Je dois vous avouer, quand je vois où ils sont arrivés, et dans quelle situation ils nous ont laissés, mon frère et moi, que je n'ai pas beaucoup d'estime pour eux. »

Simon comprit alors que la réserve un peu froide qu'elle lui témoignait n'avait pas les raisons qu'il imaginait.

« C'est simplement que je ne lui plais pas, ou bien qu'un homme de mon âge ne présente aucun intérêt pour elle... »

Il lui faisait servir des mets rares et goûter des meilleurs vins du Rhin. Elle mangeait et buvait bien, mais gardait tout son calme.

« Etes-vous amoureuse, Marie-Ange, ou l'avez-vous déjà été ? lui demanda-t-il.

— Oh ! c'est joli cela ! s'écria-t-elle en montrant le fleuve. On dirait des robes d'eau qui dansent ! »

Les orgues lumineuses venaient d'être mises en marche sur la Seine. A vingt mètres de hauteur, les buffets d'eau lançaient leurs poudroiements multicolores et changeants, tandis qu'une musique émise par des appareils électriques en accompagnait le jeu.

« Amoureuse ? dit Marie-Ange un moment après. Non, je ne crois pas l'avoir été vraiment.

— Les garçons ne doivent pas manquer qui vous font la cour... surtout dans votre métier. »

Elle haussa les épaules avec indifférence.

Simon en conclut qu'elle n'avait pas encore eu d'amant.

« Est-ce que vous vous amusez dans la vie ? demanda-t-il.

— Non, en tout cas pas en ce moment, je veux dire dans la période présente », répondit-elle.

Son frère venait de partir pour l'Italie et elle se sentait très seule.

« Vous n'avez pas envie de vous marier ? »

« Comme mes questions sont bêtes, sont plates. C'est difficile de parler à une jeune fille », pensait-il.

Elle désigna à l'attention de Simon un groupe d'Ecossais en kilt, qui passaient sur le pont d'Iéna. Puis elle dit :

« Je ne sais pas. Peut-être que toutes les femmes ont envie de se marier, même quand elles croient le contraire, mais une fille de mon milieu, avec les exigences qu'on lui a données, et sans argent pour les justifier, est à peu près sûre de ne jamais rencontrer l'homme qui lui conviendrait.

— Sottise, s'écria Lachaume. On obtient presque toujours ce que l'on désire avec assez de force.

— Alors je crois que je n'aurai jamais rien, parce que je ne désire rien passionnément. »

Ils avaient fini de dîner. Ils descendirent. Simon fit faire à Marie-Ange un tour rapide dans la foire gigantesque, lui expliquant comment tout cela avait été construit, et les difficultés, et les rivalités, et les histoires plaisantes, et les conflits de vanité, et les implications politiques. L'Exposition prenait pour Marie-Ange un tout autre aspect. Simon évitait d'être docte; il déployait ses meilleures qualités d'esprit pour amuser Marie-Ange et éprouvait une vraie joie quand il la voyait rire ou sourire.

Il la raccompagna jusqu'à la porte de l'hôtel de second ordre. proche des Champs-Elysées, où elle vivait depuis la vente de la rue de Lübeck. Il ne vint pas à l'idée de Simon, pendant le trajet, de caresser la nuque de la jeune fille, de lui effleurer le genou ou même de lui prendre la main. Marie-Ange, qui se tenait sur ses gardes, fut presque surprise de cette réserve.

« Il a bien plus de délicatesse que je ne croyais », pensa-t-elle.

« Je vous remercie vraiment de cette soirée. Je me suis beaucoup amusée », dit-elle.

Simon fut touché de son ton de sincérité presque enfantin, d'autant plus qu'elle n'avait pas montré

tellement de gaieté durant le dîner. Et parce qu'elle
lui exprimait de la reconnaissance, il se sentit plein
de générosité.

« Marie-Ange Schoudler, dit-il en lui donnant son
patronyme pour mêler un peu d'ironie à la gravité
de ses paroles, je voudrais que vous sachiez que vous
avez en moi un ami. Je pense avoir autrefois rendu
autant de services que je le pouvais à votre famille.
Mais les gens de votre famille m'ont également beaucoup servi et, sans eux, je ne serais pas ce que je
suis. Mon amitié est presque une dette que je re-
porte sur vous. Usez-en largement. Vous avez un
grand crédit. »

Un réverbère éclairait l'intérieur de la voiture
arrêtée. Les yeux de Simon rencontrèrent ceux de
Marie-Ange et y lurent pour la première fois une
véritable expression de confiance.

« Je ne vous demande qu'une chose, alors, vous
revoir bientôt », dit-elle.

Il n'y avait aucune coquetterie dans sa voix, et ils
se dirent simplement bonsoir.

Le lendemain matin, Simon chercha dans sa bibliothèque un exemplaire de sa thèse, et envoya ce
livre, déjà jauni, à Marie-Ange, avec une affectueuse
dédicace. Et il dîna cinq fois avec elle, dans la même
quinzaine. C'était la période des vacances. Simon,
outre la charge de son propre ministère, assurait l'in-
térim de deux autres départements, avant de pouvoir, à son tour, profiter de quelques jours de repos.
Mais il avait des soirées assez libres.

Il vint même, à deux reprises, prendre Marie-

Ange à la sortie de la maison de couture, attendant dans la voiture qu'il faisait arrêter à cinquante mètres de chez Germain. « Et voilà, se disait-il; je me moquais autrefois des vieux ministres venant attendre les petits mannequins. Et c'est ce que je fais maintenant... Seulement, Marie-Ange, ce n'est pas pareil. Ce n'est pas un mannequin ordinaire... Mais chacun de nous n'a-t-il pas toujours une raison de croire que son cas n'est pas semblable à celui des autres ? »

Il ne faisait guère de progrès amoureux auprès de Marie-Ange, au contraire. Il avait pris avec elle un faux départ et laissé s'installer entre eux un ordre de sentiments qui ne correspondait nullement à ses intentions premières, et qui le paralysait.

Parce qu'elle était la fille d'amis de sa jeunesse, il ne pouvait se défendre de la considérer comme une enfant. Pour un peu, il lui aurait déconseillé la lecture de certains livres, et il évitait, devant elle, les histoires scabreuses. Parce qu'elle lui avait déclaré n'avoir jamais été amoureuse, il voulait l'imaginer vierge. Parce qu'elle semblait ne lui demander que de l'amitié, il se sentait tenu de justifier cette confiance.

« Je m'y prends très mal, se disait-il. Jamais un homme comme Wilner n'agirait, ou n'aurait agi à mon âge, de la sorte. Une fille est une fille... Voyons, à vingt-trois ans, je faisais la guerre, je n'étais plus un gamin. Eh bien, à vingt-trois ans, Marie-Ange est une femme, et non une collégienne. Et dans le milieu où elle vit, faisant le métier qu'elle fait... Eh bien, ce n'en est que plus étonnant, que plus admirable qu'elle soit demeurée aussi pure. C'est le résultat de l'éducation, c'est l'hérédité des grandes familles... »

Quant à Marie-Ange, elle prenait de plus en plus de plaisir à se trouver auprès de Simon. Grâce à lui, son sentiment de solitude, dans cette fin d'été parisien, se trouvait atténué. Elle était surprise et flattée qu'un homme aussi important lui consacrât tellement de temps et parût se satisfaire autant de sa présence. Elle parlait peu, savait écouter intelligemment, ce qui pour Simon était inappréciable, car les hommes dont la fonction sociale est de parler beaucoup sont incapables de se taire, même dans la vie privée.

VII

Chalon-sur-Saône, Aix-en-Provence, San Remo... Les péniches mugissant au matin pour obtenir l'ouverture des écluses, l'église rose de Tournus, les quais de Lyon, les restaurants réputés de la vallée du Rhône, la Provence poudreuse, crissante de cigales, les platanes du cours Mirabeau, les pinèdes du Var, cuisant doucement dans leur parfum de résine, les rochers rouges de la côte et la mer bleue dormant sur des franges de sable, les palmiers de la promenade des Anglais, les façades Napoléon III de Monte-Carlo, virent, en ce début d'automne, un

étrange équipage descendre la route classique des
illusions.

C'était l'époque où les couples, les couples déçus,
les couples saturés d'eux-mêmes, les couples émer-
veillés de s'être découverts, les couples désespérés
d'avoir à se dissoudre, remontaient vers l'hiver, les
soucis et les dîners en ville.

La voiture de Lord Pemrose glissait en sens
inverse vers l'Italie, une vieille Rolls-Royce, noire et
silencieuse, haute de plafond, au moteur monté par
des horlogers. Elle était conduite par Robert, le
jeune chauffeur à gourmette d'or, vêtu d'une livrée
claire si bien coupée que, lorsqu'il avait retiré sa
casquette plate, il paraissait en vêtement de voyage.

A côté de lui, sur le siège avant, les mains dans ses
manchettes, Gugliemo, avec son chapeau melon, son
faux col et son veston noir, avait l'air d'un ecclé-
siastique hors de son diocèse. Il ne cessait de
commenter le paysage.

Et puis, derrière la vitre médiane, dans la large
cabine capitonnée de drap beige, entre les porte-
brosses, les étuis, les flacons, les rideaux de soie et
les accoudoirs mobiles, se tenaient Lord Pemrose et
Jean-Noël.

Dès la première demi-journée de voyage, Pem avait
créé au fond de la voiture un fouillis intime. C'était
un amas de cartes routières, où l'on ne retrouvait
jamais la bonne, d'ouvrages d'érudition, de blocs de
papier à lettres, de petits coussins, de guides.

« On se moque des guides; c'est un snobisme
absurde, déclarait-il. Sous prétexte que les vieilles

Anglaises d'il y a cinquante ans étaient ridicules
avec leurs Baedeker à la main, maintenant, les
gens se promènent parmi les plus beaux monuments
sans même savoir où ils sont. Les Guides Bleus, par
exemple, sont une merveille. Simplement, il faut les
lire avant. »

Pem avait emporté un plaid et une couverture de
fourrure, parfaitement inutiles pour la saison, et
qu'il fallait secouer à chaque étape, tant ils se
chargeaient de poussière sur le tapis. Que l'on eût
fait tenir tous les bagages dans la malle arrière
et sur la galerie semblait un tour de force.

Si Pem apercevait sur le talus quelques fleurs
sauvages de jolie couleur, il faisait arrêter la voiture, entraînait Jean-Noël, courait, les genoux joints,
à cinquante mètres en arrière, s'écriait : « Oh !
lovely ! Too lovely for words ! » , hélait Gugliemo
pour qu'il lui trouvât son canif à manche de nacre,
et rapportait dans le capharnaüm de la Rolls une
brassée de marguerites, un rameau d'églantines,
dont le pollen jaunissait le capitonnage ou dont les
baies s'écrasaient sur le plancher. Une fois, ils trouvèrent un trèfle à quatre feuilles, et Pemrose le
donna à Jean-Noël, doucement, la main un peu
tremblante, sans pouvoir dire un mot. Puis pendant
deux heures, le visage légèrement rosé, il vécut
dans un état d'exaltation enfantine.

Pour les gens des villages, il était difficile de ne
pas se retourner sur ce curieux carrosse, qui tenait
à la fois de l'ambulance et de la berline romantique
pour voyage de noces, et où l'on voyait, conduits

par deux domestiques vissés sur leur banquette, un vieux seigneur enlevant un jeune prince.

A chaque fin d'étape se déroulait le même cérémonial. Gugliemo allait s'assurer que les chambres retenues étaient bien prêtes et revenait avec une cohorte de concierges et de chasseurs, tandis que Robert commençait à descendre les bagages. Par trois fois, Pemrose s'arrêtait à mi-perron, redescendait, demandait telle carte, tel guide nécessaire à l'étape du lendemain et que précisément on ne retrouvait plus parce qu'il avait glissé derrière le siège.

« Et les fleurs, my lord ? » demandait Gugliemo.

Gugliemo adorait dire « my lord » devant le personnel des hôtels. Cela posait d'un coup l'importance de toute cette petite compagnie.

Pemrose, sur les marches, faisait un geste vague et désespéré.

« Tant pis, disait-il, elles seront fanées demain. »

Pemrose pénétrait dans le hall, la nuque oscillante, le nez au vent, flairait les gravures accrochées au mur, gravissait les escaliers ou se laissait enlever par l'ascenseur.

Les chambres de Basil et de Jean-Noël étaient toujours voisines, sinon communicantes, et il leur arriva de partager la même salle de bain, mais en s'avertissant quand ils avaient à en user, et sans jamais s'y rencontrer. « *There you are, my dear; the bath-room's yours*[1]. » Et une porte se refermait.

Après le dîner, ils montaient tôt. Il y avait un

---

1. Voilà, mon cher; la salle de bain est à votre disposition.

instant d'incertitude dans le couloir, sur le seuil des chambres. Basil semblait avoir toujours quelque chose à dire, et qui ne pouvait pas s'exprimer. Parfois, Jean-Noël entrait dans la chambre de Basil, consultait avec lui les livres de voyage, écoutait une histoire, un commentaire, un souvenir au sujet des paysages qu'ils allaient traverser. Et puis il se retirait, et la lumière restait longtemps allumée dans la chambre de Pemrose, tandis que Jean-Noël de son côté dormait du sommeil de la jeunesse.

Le premier matin, Jean-Noël, en descendant, avait demandé sa note au bureau.

« C'est déjà fait, monsieur, lui répondit le caissier.

— Cher Basil, cela n'est pas possible, s'écria Jean-Noël en montant en voiture. Je ne puis pas accepter...

— Mais si, mais si, vous pouvez très bien, répondit Pemrose. Vous me feriez de la peine en me parlant de cela. D'ailleurs, je ne m'occupe pas de ces choses. C'est Gugliemo qui arrange tout. C'est tellement plus simple ! Faites comme moi, n'y pensez pas... Oh ! regardez comme ce vieux mur est ravissant, là, avec sa glycine. *Too lovely !* »

VIII

San Remo semblait un autre Monte-Carlo, Porto-fino, une réplique de Saint-Tropez, et les petits vil-

lages égrenés le long de la route n'étaient guère
différents, à première vue, de Grimaud, de Saint-
Paul-de-Vence, ou du vieux Cagnes.

Jean-Noël dut attendre Lucques pour avoir la
révélation. Mais quand il avança sur cette route
bordée de sorbiers, lorsqu'il arriva devant ces hauts
remparts roses couronnés d'immenses platanes, lorsqu'il pénétra dans cette petite ville aux mille volets
verts sur un crépi jaune-gris, lorsqu'il vit surgir
devant ses pas tant d'églises, tant de porches, tant
de pierres dont chacune dispensait l'émotion, alors
il comprit pourquoi tant de générations successives
s'étaient obstinées à découvrir l'Italie, pourquoi
après Byron, après Stendhal, après Musset, après
cent autres, son grand-père Jean de La Monnerie y
avait conduit ses amours en cherchant l'inspiration
de ses œuvres, et pourquoi sa mère y avait fait ses
deux voyages de noces, et pourquoi Pemrose y revenait chaque année, et pourquoi lui-même, Jean-
Noël, s'y trouvait à son tour.

Son bonheur se lisait sur son visage; et Pemrose
était heureux lui aussi, et semblait avoir reçu une
transfusion de jeunesse.

Une mémoire sans défaut le dirigeait à travers les
petites rues. Pem ne découvrait pas; il se souvenait,
il retrouvait. Sa seule découverte était celle de l'émer-
veillement sur le visage de Jean-Noël, et ceci constituait pour lui un autre chef-d'œuvre qu'il avait la
joie de construire.

Lucques, ville de silence et de paix. Pemrose et
Jean-Noël montèrent aux remparts, si larges dans

leur couronne de platanes que l'on avait pu gou-
dronner une route qui ceinturait la ville tout
entière, à hauteur de ses toits. Basil et Jean-Noël
marchaient sur cette avenue ronde qui domine la
plaine. La Rolls suivait, silencieusement, à la vitesse de leurs pas. Des enfants jouaient, parmi les
feuilles roussies, sur les tertres où jadis on halait
les bombardes. Sur un banc, un jeune mâle de
seize ans, aux cheveux noirs et bouclés, tenait contre
lui une fille à demi renversée. Pem et Jean-Noël
feignirent de n'avoir pas vu le baiser profond dans
lequel était absorbé ce couple simple, insouciant
d'exposer son amour au ciel, aux arbres et aux promeneurs.

C'était le début du crépuscule. Le soleil, plon-
geant dans des splendeurs de corail, répandait sur la
campagne ses profusions roses, de la même couleur
que les briques des remparts. Des fenêtres du vieil
Istituto San Ponciano s'élevait un chœur de voix
adolescentes; les étudiants en musique liturgique
accomplissaient leurs travaux du soir; et de leurs
gorges invisibles montaient, sur cette partie de la
ville, des chants qui n'appartenaient pas tout à
fait à la terre.

« Cher, cher Jean-Noël, dit Pemrose d'un ton
très bas, très contenu, je n'ai jamais vu Lucques si
belle. Souviens-toi bien de cet instant. Quand tu
auras beaucoup voyagé, tu te rappelleras ce moment
comme un moment parfait. Peut-être est-ce parce
que tu es là que tout devient si merveilleux et que
les pierres, les siècles, la lumière et les voix de

ces petits prêtres semblent organiser le miracle. »

Il prit la main de Jean-Noël, et, tout en marchant, les yeux détournés, lui serra très doucement le bout des doigts. Jean-Noël sentit la bague de Pem contre ses phalanges; c'était la première fois que Pemrose le tutoyait...

Et la Toscane vint à eux, dans la splendeur de son automne, la Toscane où les ombres n'ont point la même teinte qu'ailleurs, la Toscane où pas un arbre n'est à déplacer, où le moindre habitat paraît le temple d'un dieu mineur, la Toscane qui, pour l'Occident, représente le plus évidemment le paradis.

Mais à la surprise de Jean-Noël, Basil résolut d'éviter Florence. Jean-Noël ne cacha pas sa déception.

« C'est trop bête, se disait-il; faire tout ce voyage et manquer Florence... »

Comme il insistait, Basil, d'ordinaire si empressé à lui complaire, se buta incompréhensiblement, devint presque cassant.

« Florence est fatigante, dit-il. C'est le garde-meuble du génie. La beauté ne gagne rien à être pareillement entassée; on se cogne contre la merveille. Et puis, tous ces chefs-d'œuvre sont usés par trop d'yeux qui se sont posés dessus. Et il y a sûrement, dans tout cela, des choses qui ne sont pas belles, et l'on n'ose pas le dire. A Florence, on perd son indépendance de jugement. On devient client des Médicis, et l'on a peur de voir son crédit intellectuel coupé si l'on ne s'extasie pas assez. »

Jean-Noël se demandait ce que signifiait cette explosion de mauvaise humeur.

« Et puis, Florence est une ville qui m'a porté malheur », ajouta Pem.

Ils dînaient ce soir-là dans une auberge au bord de la route, car Pemrose avait décidé qu'on continuerait à rouler de nuit pour s'éloigner plus vite. Et l'inévitable violon et l'inévitable guitare qui surgissaient devant eux dès qu'ils se mettaient à table, en n'importe quel point de la péninsule, versaient sur leur repas un filet de notes doucereuses, un sirop légèrement acidulé.

« Il faut se défier des lieux où l'on a souffert, et y revenir le moins possible; ils portent en eux quelque chose qui vous est funeste, dit Pemrose.

— Cher Basil... », dit Jean-Noël.

Il sentit qu'il allait commettre une sottise en parlant, et que s'il voulait que le voyage se poursuivît agréablement, il aurait avantage à se taire. Mais la curiosité l'emporta.

« ... pourquoi avez-vous été si malheureux à Florence ? » demanda-t-il.

Basil Pemrose laissa retomber son couvert dans son assiette.

Son visage devint douloureux, ce visage dont Jean-Noël connaissait toutes les rides fines, toutes les dépressions, toutes les ondulations de la narine à la paupière, tous les frémissements de l'oreille à la lèvre.

« Mon cher, mon cher, dit Pemrose, je t'ai dit, je crois, que j'avais été très ami de Maxime, et puis

qu'après cela il avait connu Benvenuto. C'est à
Florence qu'il l'a rencontré... et puis ils sont partis
ensemble... et ma mère était malade... et cela a été
un très, très grand drame, et j'ai été comme fou
entre toutes ces pierres, ces tableaux, ces églises,
ces statues. Voilà, c'est très simple. Maintenant cela
ne compte plus parce que l'on ne peut pas en vouloir longtemps aux êtres qu'on a vraiment aimés...
enfin, moi, je suis ainsi. Seulement... », continua
Pem d'une voix qui tremblait...

Et il sembla chercher quelque chose autour de son
oreille, et il releva sa mèche du bout des doigts,
et il mit plusieurs secondes avant d'oser regarder
Jean-Noël.

« ... seulement j'ai craint d'y souffrir de nouveau,
mon très cher..., à cause de toi. »

Et voilà, c'était dit. Jean-Noël eut légèrement froid
entre les épaules; pourtant il savait bien que ce moment arriverait forcément, et il devait avouer qu'il
avait tout fait pour cela... et la guitare et le violon
jouaient *Sole Mio* en l'honneur des deux étrangers.

« Ecoute, Basil... », dit Jean-Noël.

Basil n'avait rien à écouter, parce que Jean-Noël,
en vérité, ne savait pas quoi dire. Basil pouvait
entendre simplement que Jean-Noël venait de le
tutoyer à son tour.

« Je te parais sûrement, dit Basil, un très vieil
homme ridicule, et peut-être pire... D'abord, tu
aimes les femmes. Moi aussi, j'ai aimé une femme
quand j'avais ton âge. Cela n'a pas été un chagrin
d'amour, plutôt un dégoût d'amour. »

Jean-Noël pensa immédiatement à Inès. Un dégoût d'amour, n'était-ce pas aussi ce qu'il éprouvait
et qui le rapprochait de Pem ?

« Allons à Assise, s'écria Basil. Là-bas, mon cher,
nous trouverons la paix, la paix franciscaine. »

Cette nuit-là, sur le pas de leur porte, à l'hôtel,
ils hésitèrent même à se dire bonsoir.

IX

Seul, dans le chœur de l'église sombre, sous
l'immense plafond aux quatre allégories de Giotto,
un moine franciscain jouait de l'harmonium. Il ne
détourna même pas la tête, entre deux mesures,
en entendant résonner des pas. Il semblait qu'il
fût là, dans la basilique aux trois sanctuaires superposés, pour entretenir faiblement la musique,
comme la petite lampe de verre rouge faiblement
entretenait le feu. Déserte, là-haut, la Chiesa Su-
periore dont on avait fermé la porte sur le dos des
visiteurs et où les fresques de la vie de saint François allaient s'endormir sur les murs, dans leur
éternelle fraîcheur. Déserte, la crypte où, parmi les
ex-voto, était exposé le cercueil de pierre, au cou-
vercle soulevé, qui avait contenu la dépouille du
saint. Déserte, la nef, à part ce moine qui paraissait lui-même taillé dans un bloc d'ombre et qui
pesait sur les soufflets de son harmonium.

Pemrose se laissa choir sur un prie-Dieu. Mais il
ne priait pas. Il s'abandonnait aux déchirements de
son âme. Il savait maintenant qu'il ne pouvait plus
vivre sans cet enfant, et il savait aussi qu'il ne pouvait plus continuer de vivre à ses côtés, en tout cas
de la sorte. S'il se trouvait pour une heure séparé
de Jean-Noël, Pem se sentait saisi d'une angoisse
glaciale, ne parvenait plus à conserver son calme
et sa raison. Mais lorsqu'il était auprès du jeune
homme, sa raison aussi se mettait en déroute, et
une autre angoisse l'étreignait. Que faire ? Rompre
ou oser ? S'éloigner brutalement, ou bien... Rien
n'affirmait absolument que Jean-Noël se refuserait.
Mais, pour le savoir, il fallait tout de même un peu
de courage. « Je l'aime trop pour oser », se disait
Basil. Et même si Jean-Noël se montrait consentant, après, qu'arriverait-il ? L'angoisse se dissiperait-
elle pour autant ?   Lui ne m'aime pas; jamais il
ne pourra m'aimer comme je l'aime. Quel motif en
aurait-il ? Quand on souffre dès le début d'un amour,
c'est qu'on souffrira tout au long, et de quelque manière qu'il se déroule. » Et Basil se connaissait pour
ne pouvoir séparer l'amour de la souffrance.

Alors ? Conduire Jean-Noël à la première gare,
prendre son billet et lui dire adieu ? Non, cela était
infâme, il n'avait pas le droit de faire cela à cet
enfant. Plutôt lui donner de quoi continuer seul
son voyage, le charger de lettres de recommanda-
tion pour des amis, et même lui prêter la voiture
et le chauffeur. Et qu'il s'amuse et qu'il soit heureux... Mais où puiser la force nécessaire ?

Pem la demandait, cette force, en chaque ora-
toire de cette bourgade qui compte vingt églises
et où chaque pierre est une relique; il la demandait à Dieu, à la Vierge, à François et à Claire.
Il était allé s'agenouiller, à l'heure du salut, parmi
les vieilles femmes en fichu noir, dans l'ancien
temple de la Minerve; il était allé au Duomo; il
était allé dans la chapelle Santo Stefano qui ressemblait à une minuscule grange de pierre rose;
il était allé quêter la paix devant le corps de
sainte Claire, devant ce tout petit squelette, sur
lequel la peau, depuis sept siècles, s'était durcie,
cet étroit cadavre, sec et noir, couronné d'or et
conservé dans un manteau de sacre d'où sortaient
deux pieds infimes, pareils à deux minces feuilles
de parchemin brûlé.

Ils s'étaient rendus, Jean-Noël et lui, au cloître de
Saint-Damien où les moines continuaient à fleurir,
d'un bouquet de pauvre, au réfectoire, la place où
s'asseyait Claire. Ils avaient vu, devant la fenêtre
du dortoir, l'auge de pierre où la sainte cultivait
les lis, les violettes et les roses, tandis que dans le
jardin en terrasse François, aveugle, composait
son hymne au soleil.

Saint François, sainte Claire, partout présents
dans ce village, avec leur extraordinaire amour,
ces deux fiancés célestes dont la passion se consu-
mait en cendres de charité, ces deux amants de campagne qui pour se protéger de leurs désirs avaient
fondé deux règles monastiques... Pemrose se demandait s'il n'était pas possible de rêver une même

qualité d'amour entre Jean-Noël et lui, un amour
désincarné où les exaltations du Ciel remplaceraient
l'apaisement du corps. Il était prêt à voir sur le
visage du jeune homme la préfiguration du paradis et des béatitudes, à prendre le pain de ses doigts
comme une eucharistie. Puis la pensée de Pemrose
s'affolait de tourner ainsi au sacrilège. Ah ! le drame
d'être né d'une famille catholique dans un pays
puritain, et d'avoir eu la foi ! Tous ces tourments
ne lui eussent-ils pas été épargnés, s'il avait été
protestant ? Il devenait fou. Cet enfant lui ôtait
la raison. L'apparence de cet enfant était son malheur et sa damnation. Il eût mieux valu que Jean-
Noël ne fût pas né, il eût mieux valu voir son
corps écrasé sur un chemin, il eût mieux valu
l'étrangler de ses propres doigts. Mais peut-on étrangler un ange ?

L'ange s'ennuyait assis sur une chaise de paille,
en écoutant l'harmonium. Il trouvait que son
compagnon priait vraiment un peu trop longtemps.
Il touchait dans sa poche, machinalement, le briquet d'or que Pem lui avait donné pour accompagner l'étui, et occupait ses doigts au contact du métal strié.

Une dizaine de moines entrèrent et allèrent s'asseoir en rond dans les stalles du chœur, pour l'office
du soir. Quelques faibles ampoules s'allumèrent
au-dessus d'eux. L'harmonium se tut. Les moines
parlaient à mi-voix, d'un ton indifférent, comme des
serviteurs qui viennent faire, sans se fatiguer, le
ménage de Dieu.

« Voilà ! Ceux-ci ont la paix, ceux-ci sont heureux. Pourquoi pas moi ? » se dit Pemrose.

Et il eut alors l'illumination de son salut. Une grande clarté se fit en lui, éblouissante, et qu'il reconnut pour la clarté de la grâce... Il n'osait encore formuler sa pensée, mais il en savait déjà la teneur et le but. Une force qui n'était pas la sienne, mais à laquelle la sienne se fondait, lui dictait la résolution attendue. Refuge... absolution... rachat d'une vie de pécheur, d'une vie inutile aux hommes... La paix, enfin la paix, dans la contemplation de Dieu... et l'usure des heures par les tâches de la règle monastique... tout cela tournoyait sous son front dans un éblouissement libérateur, comme des langues de flammes qui lui auraient léché la rétine, comme les soleils de feux d'artifice sur la grande nuit du renoncement. Là était l'aboutissement cherché... Il allait se confesser et demander asile, ce soir même, dans ce couvent. Il y entrerait pauvre et dépouillé, sans une chemise de rechange, ainsi qu'un pèlerin fatigué qui vient mendier le repos. Il renverrait l'enfant en le chargeant de présents. Les voies de la Providence... Si le sort n'avait pas posté cet enfant, guide inconscient, sur son chemin, peut-être n'aurait-il jamais rencontré la grâce. Il quitterait le monde sans un adieu. Il enverrait les instructions pour que sa fortune soit distribuée aux pauvres. Il commençait à s'organiser dans le repentir et la sainteté. « Lord Pemrose est entré dans les ordres... » Ici ou bien à Saint-Damien... Une humble place au bout du réfectoire, d'où il pourrait voir le bouquet de sainte Claire. Et son corps fragile ne souhaiterait rien de meilleur que la soupe grossière... La Providence lui aplanissait la voie.

Il rouvrit les yeux et s'étonna que l'église fût sombre. « Quand je repenserai à cet instant, quoi que je fasse, j'imaginerai toujours l'église illuminée. »

« Retourne à l'hôtel, dit-il à Jean-Noël. Je veux rester ici un moment encore... »

Et il regarda le messager aux cheveux blonds et au costume de flanelle grise sortir de la basilique par une porte latérale.

« Merci, Jean-Noël, murmura Pemrose pour lui-même. Tu ne sauras jamais tout ce que je te dois. »

Il pleurait, Pem. De grosses larmes coulaient le long des pentes fatiguées de son visage. Mais ces larmes-là ne lui faisaient plus mal.

Dehors, le jour mourait. Poussées par le vent léger qui soufflait dans les vallées d'Ombrie, de longues nuées montaient du fond de l'horizon, en bandes successives et denses, d'un violet profond. On eût dit que les fantômes de tous les évêques morts se hâtaient, par célestes vagues, vers un suprême concile ou une croisade des ténèbres. Les vieux oliviers se couchaient devant leur avance, le tronc presque collé aux pentes, les racines crispées dans le sol, et tels que Giotto déjà les avait peints. En vérité, rien n'avait changé depuis six siècles sur cette butte et dans cette petite cité épargnée par les guerres.

Jean-Noël rentra donc à l'hôtel, demeura un

moment à sa fenêtre, contemplant la nébuleuse
croisade, prit un livre, attendit. Le temps passait.
Où était Pem ? Encore plongé dans ses oraisons ?
Il y avait des jours vraiment où Pem était fatigant.
Mais un si beau voyage valait bien cela, à condition
toutefois de ne pas tourner au pèlerinage organisé.
Autant aller à Lourdes, alors, ou à Lisieux. Un
maître d'hôtel vint frapper à la porte de Jean-Noël
et demanda si ces messieurs descendaient dîner.

« J'attends mon ami », dit Jean-Noël.

Une heure encore s'écoula. Jean-Noël commençait à s'inquiéter. Sa crainte, déjà ressentie plusieurs fois en cours de route, que Pem ne tombât
brusquement malade se précisait. On allait le retrouver évanoui devant quelque retable; ou bien
il s'était cassé la jambe dans l'escalier d'une crypte.
Jean-Noël se voyait mal transformé en garde-malade,
à Assise. Si, à dix heures, Pem n'était pas rentré,
il faudrait lancer le chauffeur ou Gugliemo à sa
recherche... Gugliemo qui lui aussi, dans ce pays,
s'enfonçait dans la bigoterie.

Le maître d'hôtel revint frapper. La salle à manger allait fermer.

Jean-Noël descendit et se mit à table. Le lieu
convenait mal à la solitude et l'angoisse envahissait le jeune homme. Chaque fois que la porte
s'ouvrait, Jean-Noël sursautait, pensait voir Pem
entrer. Ce n'était qu'un serveur portant un plat.

Comme dix heures sonnaient, Lord Pemrose parut, la mine pâle, le regard fuyant, la cravate de
travers.

« J'ai longuement parlé avec les moines, dit-il. Mais vraiment ils sont trop sales. *Revolting !* »

Il ne raconterait jamais qu'il avait demandé le prieur, confessé son histoire, dit qu'il voulait faire retraite et supplié qu'on lui donnât une cellule sur-le-champ. Ce que les moines, après conciliabule, lui avaient accordé. Pemrose, refusant la nourriture qu'on lui offrait, s'était aussitôt enfermé dans sa cellule pour s'effondrer sur l'étroit grabat. Hélas ! des punaises en avaient surgi, une armée de punaises; et Pemrose, mis en déroute, horrifié, s'était enfui, réveillant le frère tourier déjà endormi...

« Un bain, un bain ! gémit Pemrose. Et je vous prie de jeter mes vêtements, Gugliemo, de les jeter. »

Il resta une bonne heure à tremper.

Les chambres des deux voyageurs, comme de coutume, étaient voisines. Dans celle de Jean-Noël, tout bruit avait cessé; pourtant de la lumière filtrait sous la porte. Pemrose, un long moment, lutta contre cette lumière, contre ce rai jaune à ras du sol, dans le silence. Il s'efforçait de lui opposer les grandes lueurs éblouissantes qui avaient habité son front, dans la basilique. Il appelait à son secours les illuminations des mystiques illustres, demandait à Pascal, à Rancé, de combattre avec lui. Le petit serpent de lumière était toujours sous la porte, fil d'Ariane du démon.

Pemrose se promit d'entreprendre un ouvrage sur les mystiques français. Ce serait à la fois sa pénitence et son apaisement. Cette expiation convenait mieux à sa nature...

Sur la pointe des pieds, il alla à la porte, y colla son oreille. Le jeune homme avait dû s'endormir en oubliant d'éteindre la lampe de chevet. Pem hésita, lutta encore, revint au chambranle, y appuya le front, fit jouer doucement la serrure, poussa la porte qui ne cria pas.

Effectivement Jean-Noël dormait. Pemrose ne put résister à s'approcher du lit et à contempler ce visage sans défense livré à son regard. Les lèvres étaient doucement gonflées par le sommeil; les cils posaient leur ombre sur la pulpe des joues; le front était lisse comme une aile d'oiseau; chaque trait avait sa pureté immobile, et la lampe cernait d'or ce masque si merveilleusement plongé dans l'absence et le rêve.

Le sommeil est souvent révélateur de l'être profond. Mais la face de Jean-Noël ne révélait rien, sinon une beauté calme, vide et inutile. Et Pemrose se sentait prisonnier de ce visage, esclave de cette forme admirable et déserte.

Il se pencha, le cœur battant, effleura de ses lèvres les cheveux blonds du dormeur.

Jean-Noël fit comme les enfants qui ne veulent pas s'éveiller. Il écarta imperceptiblement les cils et se tourna sur le côté, avec un faible grognement.

Basil recula, éteignit la lampe, attendit encore un instant, laissa tomber sa robe de chambre et entra dans le lit.

Si Jean-Noël maintenant gardait l'attitude du sommeil, ce ne pouvait être qu'une feinte. Le rythme de sa respiration avait perdu sa profon-

deur égale et lente. Et Pemrose entendait battre le
cœur de Jean-Noël. Mais le jeune homme n'avait
pas eu ce sursaut d'horreur que Pemrose redoutait
tellement.

Pem passa les doigts sur ce corps volontairement
immobile, qui semblait sans dégoût ni désir, simplement décidé au silence et à la soumission.

« Je lui apprendrai toutes les joies », pensait Pemrose.

Que Jean-Noël ne le refusât pas lui procurait un
éblouissement heureux. « A mon âge... à mon âge,
je suis encore acceptable par un tout jeune homme... »
Ainsi arrivait, enfin, ce qu'il avait souhaité, désiré,
attendu, avec une espérance qui confinait à la douleur, depuis le bal d'Inès Sandoval. « Que de temps
perdu ! comme j'ai été bête ! Peut-être que dès le
premier jour, à l'Abbaye... Mais non, je ne regrette
rien. Tout cela a été merveilleux. C'est peut-être
le plus bel amour de ma vie... »

Mais Pemrose alors s'aperçut qu'il était incapable
de profiter de cette soumission.

Il crut à une faiblesse passagère, due à l'exaltation; il s'efforça de se calmer. Mais les minutes
couraient sans rien modifier. « Que doit penser cet
enfant, que doit-il penser ? se demandait-il avec une
anxiété et une honte croissantes. Il me plaît, il me
plaît comme peu d'êtres m'ont plu. Alors ?... Suis-
je devenu trop vieux pour pouvoir témoigner le
désir sans que l'on m'en témoigne ? »

Il chercha vainement une aide érotique en appe-
lant des souvenirs anciens, des images lointaines.

« A côté de lui, ai-je besoin de cela ? Et lui, et lui...
qui ne consent peut-être que pour ne pas me faire
de peine, qui sait si cela ne va pas le dégoûter à tout
jamais ? Ne suis-je pas en train de lui gâcher sa vie...
C'est horrible, horrible, ce qui m'arrive. » Il fit des
calculs. Bien des mois s'étaient écoulés depuis « la
dernière fois », sans qu'il ait songé à s'en inquiéter
plus que d'autres périodes de chasteté en son existence. Mais, maintenant, il avait ce jeune homme
contre lui, et le temps nocturne coulait...

La respiration de Jean-Noël reprit le rythme calme
et profond du sommeil.

Pemrose pensa au temps où il parlait en plaisan-
tant de « l'âge bienheureux de l'impuissance... » et
fut forcé de s'avouer que cet âge était venu.

« Voilà, voilà, je vivrai sans cela... »

Pour la seconde fois en peu d'heures, les larmes,
quoi qu'il fît pour se raisonner, glissaient de ses yeux
vers ses tempes. Etendu sur le dos, auprès de ce bel
adolescent endormi, il vivait sa dernière nuit
d'amour, une nuit blanche.

X

Lorsque enfin Simon put prendre une semaine
de repos, il choisit de se rendre dans sa circonscription qu'il se reprochait d'avoir négligée ces derniers
mois.

Il invita Marie-Ange à l'accompagner. Il s'empressa, pour lui prouver qu'il ne voulait pas la compromettre, de préciser qu'il aurait quelques amis chez lui. Et il était de bonne foi. Il avait invité également un député de son parti et la femme de ce député.

Chez Marcel Germain, le travail s'était ralenti; Marie-Ange accepta de partir. Et puis, à la dernière minute, le couple ami se décommanda.

L'ancienne maison Cardinal, à Jeumont, devenue « le château de M. Lachaume » ou « le château du député », était une demeure assez triste. L'ameublement manquait d'unité, ayant été inspiré par des femmes différentes : Inès, Marthe Bonnefoy, Sylvaine... Le papier mural, qui datait de bientôt dix ans, pâlissait par places, et, bien que les gardiens prissent soin d'aérer régulièrement les pièces, le salpêtre blanchissait le bas des murs.

Seules la bibliothèque et la chambre de Simon, dans la plus ancienne partie de la maison, offraient un aspect confortable et accueillant.

La pelouse avait été fauchée de son regain. Les allées de tilleuls enfermaient une ombre épaisse, et deux bancs de pierre s'effritaient sous la mousse.

Simon aimait cette maison, telle qu'elle était, avec ses charmes et ses inconvénients. Il se disait parfois : « Il faudra que je me décide à rénover tout cela. » Mais il n'en sentait pas l'urgence.

Il donna à Marie-Ange la chambre qui avait été celle de Sylvaine, une grande pièce à trois fenêtres, au premier étage, avec un lit en alcôve. Il y avait encore, sur la coiffeuse, une boîte à poudre de Sylvaine, et la poussière, sur les planches de l'armoire, était parfumée.

Dès que Marie-Ange eut éprouvé l'espèce de froideur hostile de la maison, elle demanda à Simon :

« Est-ce que je peux aller cueillir des fleurs dans le jardin ?

— Mais bien sûr ! Toutes les fleurs sont à vous. Allez, allez vite ! »

Et il dit à la gardienne :

« Vous voyez, madame Jarousse, mes invités me font remarquer qu'il n'y a pas de fleurs dans la maison. C'est vous qui devriez y veiller.

— Mais monsieur le ministre prévient toujours qu'il arrive quand il est déjà là, comme on dirait. On n'a pas le temps de tout faire. »

Une demi-heure plus tard, s'épanouissaient de larges bouquets dans les vases.

« Ah ! Comme c'est joli, comme c'est joli ! » s'écria Simon.

Et il pensa : « Au fond, je ne me suis pas occupé de cette maison, depuis cinq ans, parce que Sylvaine ne s'y plaisait pas. Elle n'aimait que Deauville ou Cannes... Marie-Ange a vraiment une présence merveilleuse... Elle est simple, elle est calme, elle a du goût... »

Simon s'était juré de se reposer, de rester allongé dans son jardin, de ne voir personne, au moins pendant quatre jours.

Mais il n'était pas sorti de table que déjà le maire se présentait pour lui parler des affaires de la com-

mune, de la réfection d'un pont, d'une subvention
départementale qui tardait.

« Bon, je vais téléphoner au préfet, dit Simon,
et l'inviter à déjeuner pour demain ou après-demain. »

Et puis, aussitôt, il se sentit pris du besoin d'agir,
de parcourir son fief, de voir où en était la construction d'un silo à blé, d'aller faire une visite de
condoléances à l'un de ses agents électoraux qui
venait de perdre son père.

A la campagne, Simon ne s'habillait point de
façon différente. Il gardait ses vêtements de ville,
ses chaussures noires, son chapeau gris. Simplement,
il conduisait sa voiture lui-même.

Le premier jour, il emmena Marie-Ange.

« Je vous demanderai de m'attendre cinq minutes, pendant que j'irai dire un mot à Vernier, celui
dont le père est mort. Et puis, nous irons voir ce
silo. »

Marie-Ange admirait que cet homme, qui occupait les plus hautes marches du pouvoir, fût soucieux des moindres problèmes d'intérêt local, comme
un simple conseiller municipal.

Dès que la voiture s'arrêtait, Marie-Ange voyait
des têtes surgir sur le pas des portes; et puis, deux ou
trois hommes s'approchaient.

« Bonjour, m'sieur le député... Bonjour, m'sieur
Lachaume... Ah ! on se disait bien aussi : « Ça fait
« longtemps qu'on n'a pas vu notre ministre. Y va-
« t-y venir un de ces jours ? » C'est qu'on a besoin
de lui, nous autres. Les gens de Paris y peuvent bien
s'en passer un peu. »

Ils ôtaient leur chapeau ou leur casquette, les remettaient, les retiraient encore... Certains se courbaient avec humilité; d'autre affectaient un peu trop d'assurance. Mais tous, tirant Simon à part, lui chuchotaient quelque chose à l'oreille.

« Oui, oui, je m'en suis occupé, répondait Simon. Bon, eh bien, faites-moi une petite note; mon cabinet s'en occupera. Ah ! voilà ce brave Masurel, voilà le meilleur !... »

Et il donnait une tape sur le ventre d'un énorme boucher qui s'avançait, le tablier relevé sur la hanche, essuyant sa moustache du revers de la main.

Marie-Ange, qui ne connaissait jusque-là Simon que dans son personnage parisien, officiel ou mondain, s'étonnait de l'aisance avec laquelle, ainsi qu'un grand acteur changeant de rôle, il prenait soudain, à l'usage de ses électeurs, cette jovialité tranchante, ce ton à la fois bonhomme et supérieur où passaient des inflexions du terroir.

Comme ils entraient dans le village des Mureaux, Simon ralentit, mit sa voiture presque au pas, et dit :

« C'est ici que je suis né, voyez-vous, Marie-Ange. Là, dans cette bicoque. »

Simon ne pensait presque jamais à ses parents. Leur souvenir s'était comme détaché de sa mémoire, comparable aux cellules mortes de sa peau qu'il laissait chaque jour dans son peignoir de bain. Il ne se rappelait même plus la date anniversaire de la mort de sa mère. Il ne lui arrivait de songer à son enfance que pour mesurer le chemin parcouru, et s'assurer que son orgueil pouvait être satisfait.

Le temps même s'était chargé de retoucher ses premiers paysages et de les éloigner de lui. La maison des Mureaux, vendue à des commerçants de Paris qui en avaient fait une habitation de vacances, était transformée, repeinte et fleurie. On apercevait, aux fenêtres, des rideaux à volants; de rouges bouquets de roses grimpantes croulaient par-dessus les murs.

Cette maison ne présentait donc plus à la pensée de Simon la ferme sordide, au crépi écaillé, qui avait abrité sa jeunesse misérable, mais la façade, d'une simplicité propre et émouvante, qui sans doute un jour porterait cette plaque :

Ici est né, le 12 octobre 1887,
SIMON LACHAUME
Homme d'État français

Et, peut-être aussi, sur la place, devant la mairie-école, y aurait-il son buste.

Simon, soudain, souffrit de ne pas avoir un fils à qui léguer tout cela, son nom, sa notoriété, sa légende.

« Je vais vieillir seul, sans personne pour me continuer... Au fond, n'est-ce pas mieux ainsi ? Un homme public ne doit pas avoir de soucis de famille... »

Et il s'entendit aussitôt demander :

« Est-ce que vous avez envie d'avoir des enfants, Marie-Ange ? »

Elle venait d'apercevoir un panneau indicateur qui portait : « Chantou-Mauglaives : 16 km. »

« Oh ! s'écria-t-elle, je ne savais pas que Mauglaives était si près de chez vous. J'aimerais bien y
passer un jour où vous aurez le temps.

— Mais tout de suite si vous voulez. Je ne connais
pas Mauglaives, vous savez, si absurde que cela
paraisse. Je n'en ai jamais aperçu que les toits, de la
route nationale. Cela m'amuserait de le voir. »

Ils arrivèrent à Mauglaives, à la nuit tombante.
L'immense château, toutes fenêtres closes, se dressait au-dessus du hameau. Une tempête, l'automne
précédent, avait renversé deux ormes gigantesques
dont les troncs gisaient dans les anciennes douves.

Laverdure et sa femme sortirent de leur logement,
tout éberlués, et coururent vers Marie-Ange.

« Mademoiselle ! Ah ben, par exemple ! Mademoiselle qui est là ! en voilà une surprise ! Que
mademoiselle nous regarde pas, faits comme nous
sommes. Va-t'en donc changer de casquette, papa »,
criait Léontine Laverdure.

Elle était toute noiraude et fripée, et des larmes
d'émotion perlaient à ses paupières clignotantes.

Marie-Ange et Lachaume firent le tour du château.
L'ancien piqueux, qui cumulait maintenant les fonctions de gardien et de régisseur, les accompagna.
Tout était rouillé, pourri, délabré. Les herbes folles
poussaient dans la cour d'honneur, jusqu'au perron.

« Forcément, nous deux tout seuls, avec Léontine,
on n'arrive pas à entretenir, que mademoiselle nous
excuse, dit Laverdure. J'ai désherbé tout ça, le printemps passé, mais c'est comme si je n'avais rien fait.

Ce qu'on cherche, c'est surtout à protéger l'intérieur comme on peut... J'ai écrit à monsieur Jean-Noël pour les deux ormes abattus que je pouvais vendre, mais il ne m'a pas répondu.

— C'est beau, c'est vraiment très beau cet endroit, disait Lachaume.

— Mademoiselle et M. Jean-Noël vont pas rouvrir Mauglaives, un de ces jours ? demanda Laverdure. Oui, oh ! je sais bien, il y a beaucoup de travaux à faire...

— Mon pauvre Laverdure, dit Marie-Ange; il faudrait pour cela que mon frère ou moi nous épousions quelqu'un de très riche.

— Oh ! ça se peut, ça se peut, mademoiselle le mérite bien. C'est-il vrai que maintenant mademoiselle travaille à Paris ?

— Mais oui, Laverdure.

— Si c'est pas une pitié !... Mademoiselle veutelle voir l'intérieur ?

— Non, je n'ai pas le temps. Je reviendrai une autre fois », répondit Marie-Ange.

Un grand désespoir l'envahissait. « Pourquoi être venue ? J'ai eu tort. Ce chenil vide, ces remises vides, ce silence... Posséder un château historique et être mannequin, quelle dérision ! »

« Alors pour les deux ormes ? demanda Laverdure.

— Vendez-les, naturellement.

— Il y a aussi *Commandeur,* l'ancien cheval de M. le comte de Voos, qui reste là, à ne rien faire. Maintenant qu'il n'y a plus de chiens...

— Vendez-le aussi, dit Marie-Ange. Je suis sûre que mon frère ne voudra jamais monter ce cheval. »

Laverdure regarda vivement Marie-Ange, et rabaissa aussitôt les yeux.

Marie-Ange ouvrit son sac.

« Je voudrais que vous fassiez dire des messes pour mon père et ma mère.

— Elles sont dites, elles sont dites, régulièrement, mademoiselle, aux anniversaires de mort et de naissance et pour les fêtes de nom. La même chose que pour feu monsieur le marquis.

— Mais vous n'avez jamais porté cela sur vos comptes, Laverdure ?

— Oh ! mademoiselle ne voudrait pas... », s'écria l'ancien piqueux.

Marie-Ange lui glissa un billet dans la main.

Sur le chemin du retour, Marie-Ange demeura un très long moment sans parler.

« Je ne crois pas que j'aie l'instinct maternel, dit-elle soudain.

— Pourquoi dites-vous cela ? demanda Simon.

— Parce que vous m'avez posé la question tout à l'heure. »

Ce fut au tour de Simon de se taire. Puis il dit :

« Pourquoi ne faites-vous pas classer Mauglaives monument historique ? Je puis m'en occuper si vous le voulez. C'est absurde de laisser tomber cela en ruine. »

Elle ne répondit rien. Il eut l'impression qu'elle s'essuyait les yeux.

« Marie-Ange, ma petite Marie-Ange, vous êtes si triste ? » s'écria-t-il.

Sans lâcher le volant, il attira sa tête vers lui, et lui posa un baiser sur les cheveux.

XI

Jamais Marie-Ange ne s'était sentie plus seule, plus orpheline, que dans cette chambre où luisaient faiblement les boules de cuivre des chenets devant la cheminée, et, sur la coiffeuse, la boîte à poudre laissée par une autre femme. La nuit, les tilleuls sombres, une chouette qui hurlait sans arrêt organisaient autour des murs une tristesse hostile.

Marie-Ange ralluma la lampe de chevet. Par la fenêtre ouverte, une chauve-souris pénétra dans la pièce et vint voleter dans l'alcôve.

« Si j'éteins, elle repartira », se dit Marie-Ange. Elle appuya sur le commutateur et se retrouva dans l'obscurité. Il faisait une nuit tiède et douce, et pourtant elle frissonnait.

« Pourquoi suis-je venue ici... et pourquoi ai-je été à Mauglaives... Je n'ai de bonheur à donner à personne, et personne n'a de bonheur à me donner... Même Jean-Noël n'a pas besoin de moi. Comme je suis seule, comme je suis seule ! Pourquoi suis-je au monde pour avoir si peu de joie ? »

Elle aurait voulu pouvoir pleurer, pouvoir dormir

et avoir chaud; elle aurait voulu sentir autour d'elle les bras d'un homme, les bras d'un père, d'un frère, sentir entre elle et le monde la protection d'un corps appartenant à la même famille charnelle.

Il lui semblait que ses membres se rétrécissaient entre les draps; la conscience de sa propre existence se resserrait, s'amenuisait dans des limites étroites; tout son être lui paraissait pouvoir tenir dans le creux d'une main. Avait-elle pendant une seconde glissé dans le sommeil ? Elle rejeta ses couvertures, et se dressa sur son lit, le cœur désorganisé, les tempes prises dans un étau.

« Je suis mal, je suis trop mal ici... Je ne peux tout de même pas aller réveiller Lachaume et lui dire que je veux partir... »

Dans la bibliothèque, Simon, la cravate dénouée, les pieds chaussés de pantoufles de cuir bleu, travaillait. Il avait apporté de Paris plusieurs dossiers importants, et des revues politiques qu'il comptait lire. Mais, ce qu'il avait ouvert ce soir, c'était la chemise qui contenait ses *Pensées sur le Pouvoir*.

Il composait ce livre à petits coups, y versant ce qu'il ne pouvait point exprimer dans ses discours. Un atout supplémentaire, si, un jour, n'ayant plus rien d'autre à souhaiter, il lui prenait envie d'entrer à l'Institut...

« Je m'imaginais avoir besoin de repos, se disait-il. Mais non, je me suis rarement senti l'esprit aussi frais, aussi actif... Cette enfant a une présence bénéfique, c'est un fait. Et puis, elle aime cette maison, elle l'a montré tout de suite; elle a mis des fleurs. »

Il regarda le bouquet d'iris et de marguerites posé sur son bureau.

« Pendant ces huit jours, je vais mettre mon livre au point... Oui, pourquoi est-ce que je ne l'épouserais pas ? Bien sûr, la différence d'âge peut paraître absurde... Mais c'est grâce à elle, incidemment, que j'ai rompu enfin avec Sylvaine. Sans le savoir, elle m'a rendu service, donc elle me rendra toujours service. Il ne peut rien m'arriver d'elle que de bon. »

Il corrigea deux maximes sur les fatalités de la guerre.

Puis, soudain, il nota sur une feuille blanche, presque inconsciemment, des paroles qui s'étaient mises à chanter dans sa tête :

Elle a des yeux très bleus,
Et juste l'ironie qu'il faut à la lumière.
Entre nos deux regards il n'est pas de frontière...
Les peuples pourraient être heureux.

« Depuis combien d'années, depuis combien d'années n'ai-je pas fait de vers, n'ai-je pas eu même l'idée d'en écrire ? », se dit-il tout surpris de ce qui lui arrivait.

« D'abord, elle n'a pas les yeux « très bleus », elle a les yeux bleu-vert... »

On frappa à la porte, et Marie-Ange entra, en robe de chambre. Simon, instinctivement, recouvrit son papier.

« Qu'y a-t-il, Marie-Ange, vous cherchez quelque chose ?

— Non... Non..., répondit-elle. Un livre peut-être,

si je puis en prendre un. J'ai vu de la lumière ici. »

Elle était pâle, les traits anormalement contractés.

« Vous ne vous sentez pas bien ?

— Pas très. Mais ce n'est rien, cela va passer.

— Qu'est-ce que je peux ? Que voulez-vous ?

— Rester ici un instant, si je ne vous dérange pas... Je vous demande pardon... »

Elle s'assit sur le canapé, les genoux joints, les épaules serrées, le front dans les mains; et ses cheveux châtain doré retombaient sur ses doigts.

Simon l'observait.

« Qu'est-ce qu'il y a ? Un chagrin que vous ne m'avez pas dit ? » demanda-t-il.

Elle ne répondit pas, resta un long moment dans la même attitude.

« C'est affreux, c'est affreux de se sentir seule à ce point, dit-elle enfin; mais jamais, jamais, il ne m'était arrivé de ne pas pouvoir le cacher. C'est la première fois, je vous le jure, et je m'en excuse... »

Simon éprouva un étonnement heureux. « Alors c'est cela... c'est pour cela qu'elle est là... Et moi qui étais timide, moi qui n'osais pas... »

Il interprétait le désarroi de Marie-Ange dans le sens pour lui le plus flatteur.

« Mais vous n'êtes plus seule, Marie-Ange chérie, vous le savez bien », dit-il la voix un peu assourdie en lui prenant les épaules.

Elle releva les yeux et se rendit compte qu'il s'était complètement mépris et sur sa présence et sur ses paroles. Mais comment le détromper ? Toutes les apparences étaient contre elle.

Les mains de Simon pesaient plus fort sur ses
épaules... Elle était allée d'elle-même au-devant du
malentendu. Si elle opposait un refus brusque, il
allait la prendre pour une folle ou pour une perverse ou pour une idiote. Simon se tenait debout,
devant elle, contre elle. Cette proximité abolissait,
en quelque sorte, sa laideur et son âge. Il était une
masse opaque et lourde, chargée de force...

Marie-Ange se dit qu'elle avait voulu le secours
d'une présence humaine; la présence d'un homme
se payait toujours de cette manière.

Elle envisagea très vite ce qui pouvait se passer,
une lutte, des mots blessants, la destruction d'une
amitié... pour se retrouver encore plus seule dans
cette chambre aux chenets luisants comme des boules
de sorcières.

« Après tout, je ne dois rien à personne... Personne
ne se soucie de moi... On ne rouvrira jamais Mauglaives... Jean-Noël est en Italie, et avec qui !... »

Comme Simon la renversait sur le canapé, elle se
laissa aller à la dérive, ainsi qu'une noyée. Elle n'eut
pas le mouvement de défense auquel Simon s'attendait. Simplement elle se souleva un peu sur les
épaules, pour faire glisser le long de ses hanches le
pantalon de son pyjama.

Parce qu'elle n'espérait rien de cette étreinte, parce
qu'elle avait les nerfs brisés, parce qu'elle n'épiait
point l'apparition d'un plaisir que la lucidité même
de l'attente lui avait jusqu'alors interdit, et aussi
parce que Simon possédait une longue pratique des
corps, Marie-Ange découvrit cette nuit-là ce qu'elle

avait cherché vainement avec d'autres hommes.

Elle rencontra la satisfaction charnelle comme on rencontre la mort par hasard ou par inattention, en se heurtant à un véhicule inconnu ou en étant frappé par un projectile invisible.

Le long cri de miraculée qui traversa le silence de la maison, elle ne sut qu'il sortait d'elle-même que lorsque Simon, effrayé, lui mit la main sur la bouche. Elle releva la tête, les yeux élargis, égarés, et puis retomba en se demandant si elle guérirait jamais de ce mal merveilleux, si son cœur affolé se remettrait jamais en place dans sa poitrine.

« Je ne suis pas frigide; à présent, je sais que je ne suis pas frigide... Mais alors pourquoi lui ? » se disait-elle.

Et Simon, de son côté, pensait : « Elle n'était pas vierge... Et d'ailleurs, l'aurait-elle été ? Par quelle incroyable fatuité imaginais-je qu'une jeune fille éprouvait l'irrésistible besoin de se faire déflorer par moi, pour l'attrait de mes cinquante ans, de mon ventre en œuf et de ma tête de batracien ? C'est déjà très beau qu'un corps jeune et frais comme celui-là veuille bien du mien. Et encore, c'est parce que je suis ministre... »

Il sut cacher sa déception; mais le lendemain matin, quand il arriva devant son bureau, il déchira en petits morceaux ses quatre vers de la veille et les jeta au panier en haussant les épaules... « Pas permis, à mon âge, d'écrire des niaiseries pareilles... »

Marie-Ange, elle, chantait en descendant l'escalier. Lorsqu'elle le vit, elle eut un mouvement vers lui, comme pour l'embrasser. Et puis elle s'arrêta court, un peu confuse. Il lui frotta le cou, de l'index, et dit :

« Ça va bien, mon petit enfant ? »

Il avait l'air moins content que la veille. « Est-ce que je ne lui ai pas plu ? » se demanda-t-elle.

L'après-midi, il prit sa voiture et s'en alla, seul cette fois, à travers sa circonscription. Il revint à l'heure du dîner, d'excellente humeur. Il avait fait du bon travail parmi ses électeurs, et il avait oublié Marie-Ange pendant ce temps-là. Il eut une vraie joie de la retrouver, installée sur le canapé, les jambes repliées sous elle, et un livre à la main. Dans la pièce, les bouquets avaient doublé de grosseur.

« Comme c'est agréable de l'avoir là, d'être accueilli par ce sourire, ces gestes harmonieux, cette légèreté. »

Le soir, il alla la rejoindre dans la chambre qui avait été celle d'Inès, celle de Marthe, celle de Sylvaine. Cette fois, Marie-Ange n'éprouvait plus d'aversion pour cette chambre; le feuillage des tilleuls, la voix des chouettes, le reflet des chenets, tout devenait présence amicale.

Mieux prévenue, son cri, cette fois, ne déchira pas l'espace. Mais, de nouveau, elle éprouva, accrochée aux épaules de Simon, cette explosion des nerfs et cette félicité qui étaient, elle le savait désormais, le seul remède à la solitude, aussi naturellement que la nourriture et l'eau sont les remèdes à la faim et à la soif.

Et Simon s'endormit à côté d'elle; et elle caressa doucement, surprise d'y trouver du bonheur, le front de ce monstrueux enfant chauve, de cette grosse bête soufflante, murée dans son sommeil. « Peut-on être aussi laid, et aussi doué pour toutes choses ? se demandait-elle avec une reconnaissance amusée... et même doué pour le sommeil... »

Le jour suivant, il la chargea de commander le déjeuner pour le préfet, et aussi de choisir, parmi les échantillons que le peintre avait apportés, les papiers des chambres à retapisser.

« J'ai tort, j'ai tort, pensait Simon, de lui faire prendre pied si vite dans ma vie. Tort si elle se met à occuper plus de place que je ne voudrais. Tort si je m'attache à elle, et elle pas à moi. Est-ce que je tiens vraiment à la garder ? »

La semaine passa ainsi, dans une tranquillité heureuse. Mais Marie-Ange devinait chez Simon une arrière-pensée permanente.

« Et s'il me demande de l'épouser ? se disait-elle. Je ne sais vraiment pas ce que je répondrai... Non, ce serait de la folie... Vingt-six ans d'écart... »

Le dernier soir, dans la bibliothèque, Simon dit soudain :

« Marie-Ange, j'ai quelque chose à vous demander. J'ignore si j'en ai le droit et je ne vous force pas à répondre... »

Elle sentit le sang lui monter aux joues, évita de relever la tête. Simon hésitait à poursuivre.

« Est-ce que je dirai oui, est-ce que je dirai non ? pensait Marie-Ange. Je vais peut-être dire exactement le contraire de ce que je voudrais. Je ne sais vraiment pas ce que je désire... Ce moment est très important. Au fond, j'attendais ce moment... »

« Marie-Ange, j'aimerais savoir combien vous avez eu d'amants. »

Elle redressa la tête, stupéfaite, et fut encore plus saisie en voyant l'expression de Simon. Pour la première fois, elle avait devant elle le visage de la jalousie, avec le faux calme des traits, l'attention pesante, défiante, du regard, un aspect de cruauté immobile...

« Beaucoup ? » dit-il.

« Evidemment, évidemment, pensa-t-elle, je devais m'attendre à cela, plutôt qu'à une demande en mariage. »

Elle se leva, alla ramasser une fleur tombée d'un vase, la replaça.

« Il vous en faut du temps, pour compter..., dit encore Simon.

— Oh non ! répondit Marie-Ange en haussant les épaules. Je me demande seulement pourquoi vous me posez cette question.

— Pour savoir. »

En vérité, il espérait qu'elle lui répondrait : « Il n'y a eu qu'un homme avant vous. »

Il revint à la charge par un autre chemin en usant brusquement du tutoiement.

« A quel âge as-tu commencé de faire l'amour ? »

Marie-Ange eut un mouvement d'exaspération. Jusqu'alors, il ne lui était jamais venu à l'esprit qu'elle devrait rendre cette sorte de comptes, à quiconque. Et soudain, elle comprit qu'elle allait être forcée de les fournir, sans aucune raison logique,

simplement parce qu'elle était en face de quelqu'un
de plus fort qu'elle. Il y avait une sorte de menace
dans la curiosité de Simon. « Si je refuse de répondre,
il va se fâcher. » Elle sentit qu'il avait barre sur
elle, et qu'elle dépendait de lui. Elle payait la ran-
çon due à qui vous sauve de la solitude :

« A vingt ans, dit-elle enfin.

— C'est-à-dire, il y a quatre ans.

— Exactement.

— Et qui était-ce ?

— Qui ?

— Ton... partenaire ? »

Elle hésita encore, puis, voyant qu'elle n'échappe-
rait point à cette inquisition :

« Après tout, si cela vous intéresse, pourquoi le
cacher ? C'était un de mes cousins éloignés, François
de Laubrières. Je trouvais qu'à vingt ans il était
ridicule d'être encore vierge. Je voulais savoir... Il
me plaisait assez, alors voilà...

— Et cette aventure a duré longtemps ?

— Quatre ou cinq mois... Nous nous voyions de
temps en temps, rien de régulier.

— Et ensuite ? »

Puisqu'elle avait commencé à parler, elle n'avait
plus de raison de s'arrêter. Elle cita, de la même
manière brève et froide, un garçon qui s'occupait de
publicité et qui était parti pour l'étranger, et puis
un jeune attaché de l'ambassade américaine, et
encore un joueur de tennis qu'elle avait connu pendant les vacances dernières.

« Et le champion de tennis... cela a duré combien ?

— Cela n'a pas duré, dit-elle; cela a été juste un soir... »

Elle parlait avec calme et naturel et pourtant elle était à la torture. Elle n'avait pas imaginé, lorsqu'elle éprouvait, auprès de ces hommes, un imprécis sentiment de faute, que la punition se présenterait à elle sous cette forme. Elle nota qu'à chaque nom cité, Simon, machinalement, dépliait un doigt.

« Et ensuite ? » dit-il.

Il y avait dans les yeux de Marie-Ange un regard de colère et de haine.

« Et puis ? insista Simon.

— Et puis il y a vous. »

Le silence s'installa entre eux pour de longues secondes, pendant lesquelles Simon demeura avec ses quatre doigts étalés sur son genou. La chouette habituelle criait dans le jardin.

Marie-Ange détestait Simon en cet instant : et surtout elle se détestait elle-même de ne pouvoir honorer du nom d'amour véritable aucune de ses quatre expériences précédentes.

Elle tut la seule chose qui eût pu atténuer la désillusion de Simon, à savoir qu'elle venait de rencontrer auprès de lui ce que jamais elle n'avait connu auparavant.

« Vous me méprisez, j'imagine, dit-elle.

— Je n'en ai ni le motif ni le droit, dit Simon. Car si je vous méprisais d'avoir couché avec ces hommes, je devrais vous mépriser aussi d'avoir couché avec moi. »

Ce qui était d'une logique indiscutable, mais pure-

ment cérébrale, et à laquelle il ne donnait aucune
adhésion profonde.

« Il est certain que, par rapport à la morale de
ma mère ou de ma grand-mère, je suis une fille très
mal, reprit Marie-Ange. A côté de certaines filles de
ma génération, et que je connais bien, je suis encore
très modeste dans mes débordements.

— Bien sûr, tout est relatif, et chacun vit comme
il peut », dit Simon.

Et remettant à une prochaine fois l'occasion de
lui poser des questions plus précises, il ajouta :

« Bonsoir, Marie-Ange. Vous m'avez donné une
bonne leçon. Cela m'apprendra à être encore un
naïf, à cinquante ans. En tout cas, je ne puis que
vous estimer pour votre franchise. »

Marie-Ange comprit que son inquisiteur souffrait.
Remontée dans sa chambre, et déshabillée, elle resta
un long moment à l'attendre. Quand elle fut
convaincue qu'il ne viendrait pas ce soir-là, elle se
laissa enfin aller aux larmes qu'elle retenait depuis
qu'elle avait commencé de parler.

« J'aurais dû mentir, j'aurais dû me taire... Je ne
savais pas que nos actes peuvent faire souffrir un
jour un être que nous ne connaissions pas quand
nous les avons commis. Et nous voudrions alors les
effacer, et ce n'est pas possible. »

Elle eut envie de descendre, d'aller vers Simon,
de póser le front sur ses genoux, et de lui dire : « Je
n'en ai aimé aucun. Je n'ai eu de plaisir avec aucun,
et tu es le premier... »

Et elle songea, soudain, que cet homme pour lequel

elle pleurait, avait été l'amant de dizaines de femmes, certaines connues, célèbres, et qu'il ne racontait rien, lui, de sa vie... mais qu'il ne prenait même pas soin de faire disparaître la boîte à poudre laissée par sa dernière maîtresse, cette comédienne qu'il accompagnait aux essayages. Les larmes de Marie-Ange se séchèrent dans l'instant, et droite, raidie, les yeux grands ouverts sur la nuit, elle commença de se fabriquer une autre souffrance.

Pendant ce temps, Simon, dans le grand fauteuil de la bibliothèque, se disait : « Cinquième... je suis le cinquième... J'espérais une fille neuve et pure. Quatre hommes déjà sont passés sur elle, bien plus jeunes et plus beaux que moi... Un champion de tennis... Et le jour où un sixième lui plaira, demain ou dans huit jours, elle le prendra... Elle trouve son plaisir avec moi; c'est une chance; mais elle doit probablement le trouver aussi bien avec n'importe quel autre. Et puis... si je veux vraiment une fille neuve et pure, je n'ai qu'à chercher une gamine idiote dans cette province et divorcer d'Yvonne pour l'épouser. Et elle m'embêtera comme la pluie, ce qui n'empêchera pas qu'elle me trompe à la première occasion. Allons, Simon; il faut savoir ce que l'on désire vraiment. Je suis allé à la facilité. Une fille qui est mannequin, même si, par accident, elle est de bonne famille, on ne la recrute tout de même pas pour sa pudeur... Et moi, et moi, de quel droit je m'érige en juge ? Dans le lit où elle couche, elle se cogne à la moitié de Paris... »

Il passa rapidement en revue les femmes qu'il

avait eues depuis trente ans. Lesquelles d'entre ces
femmes n'étaient point, à quelque titre, méprisa-
bles ?

Il fut bien forcé de reconnaître que, s'il souffrait
parce que Marie-Ange avait eu des amants, cela
signifiait qu'il l'aimait, et rien d'autre... « Si je m'étais
un peu soucié des petits Schoudler après le krach,
si je m'étais dit qu'il y avait là deux enfants sans
père ni mère, et ruinés en partie par ma faute, alors
que je devais ma fortune à leur famille, peut-être
les choses eussent tourné différemment, peut-être
aurais-je connu Marie-Ange plus tôt et ne serais-je
pas là, absurde, avec mes quatre doigts ouverts
comme quatre couteaux... »

Il se dit qu'il fallait arrêter tout de suite cette
aventure dans laquelle il engageait trop de lui-
même.

« Elle va me devenir indispensable, et il va me
devenir indispensable qu'elle soit heureuse... Et je
serai malheureux comme un chien le jour où elle me
lâchera... »

Mais il savait déjà qu'il ne renoncerait pas à elle
et qu'il accepterait le compromis avec le destin.
Jusqu'à Sylvaine, il avait toujours eu l'avantage
sur ses maîtresses puisqu'elles n'étaient que les jalons
ou les outils de son ambition. Avec Sylvaine, il
jouait à égalité. Avec Marie-Ange, ce serait celle-ci
qui aurait l'avantage, forcément.

« J'arrive à ce temps de la vie, pensa Simon, où
le goût des amours anciennes empoisonne nos
amours nouvelles, où chacun de nos actes porte la

marque et le poids de nos choix antérieurs, l'âge où
l'on se blesse aussi bien du bonheur qu'on a eu que
du mal qu'on a fait, l'âge où les succès mêmes deviennent une entrave, où le pied se tord dans les ornières
qu'il a lui-même tracées, le moment où il faut savoir
que plus jamais les joies ne seront neuves, mais neuves seulement les souffrances physiques et les tortu-
res morales qui jalonnent la marche lente vers la
déchéance et la mort... J'ai atteint l'âge de souffrir. »

XII

Lord Pemrose et Jean-Noël arrivèrent de nuit à
Venise. La voiture suivit la longue digue qui vient
de Mestre et qui relie la ville à la terre ferme; les
phares illuminaient la lagune à droite de la chaus-
sée. Puis la voiture fut rangée dans un grand garage,
près du piazzale Roma, parmi cent véhicules recou-
verts de housses. Jean-Noël et Pemrose montèrent
dans une gondole tandis que Gugliemo et le chauffeur déchargeaient les bagages.

« *Al palazzo Galbani*, dit Pemrose au gondolier...
Maintenant, mon cher, voilà, tu es à Venise », ajouta-t-il en s'asseyant dans le fond de la gondole et en
mettant la main sur le genou de Jean-Noël.

Pem, pour la première fois depuis quinze jours
qu'ils avaient quitté Assise, avait un peu d'exaltation dans la voix.

Ils naviguaient sur une eau noire, qui sentait vaguement l'égout. De chaque côté du Grand Canal s'élevaient, dans l'ombre, des architectures étranges dont Jean-Noël ne pouvait saisir le détail. Il sentait sous ses reins l'oscillation très douce et le mouvement légèrement arqué de la gondole.

Il n'y avait pas de lune, juste des étoiles.

La lenteur imprévue de cette embarcation, après la vitesse et les cahots de la voiture, et cette odeur de pourriture qui saturait l'air, et ces palais aux formes incertaines dont les fondations se dissolvaient dans l'eau, tout semblait procéder d'un sortilège.

Des voix de gondoliers invisibles montaient dans la nuit.

« *Oââo... sia ti... sta lungo...* »

On entendait des clapotis de rames derrière les murs. Et soudain, une mince étrave, un peu plus noire que l'eau, et surmontée d'une lanterne sourde, surgissait d'entre deux maisons et venait frôler la gondole des voyageurs. On ne pouvait s'empêcher de songer aux passeurs des enfers. Quelles âmes emportait-on, ou bien quels morts gigantesques marchaient-ils sur les eaux, chaussés de ces fabuleuses poulaines ?

L'impression de cité morte, de voyage infernal, ne s'accompagnait d'aucune sensation d'angoisse. Il se pouvait fort bien que la lumière du jour ne reparût jamais, que l'on fût en train de s'enfoncer par ce canal naphteux sous l'écorce terrestre, ou bien, au contraire, que tout fût aboli de l'univers habituel et que cette ville, où le sol était liquide, fût à la dérive à travers l'infini, dans une nuit permanente, sans autres repères que les lanternes sourdes à l'avant des gondoles.

« Mon Dieu, mon Dieu, que j'aime cette ville ! s'écria Basil Pemrose. Je me sens en paix dès que j'y arrive... Une paix... comment puis-je dire ?... une paix un peu supérieure à la joie. »

Il se tut un moment puis ajouta :

« Je crois que le jour où je mourrai, je demanderai à être enterré ici. »

Ils passèrent sous un pont à l'arche haute et chargée de galeries couvertes. Au pied du pont, des devantures de cafés éclairaient un faible grouillement humain; mais cela non plus n'avait pas l'air parfaitement réel.

« Le Rialto », murmura Pemrose.

Et il continua, désignant avec certitude telle ou telle façade parmi les architectures obscures qui s'épaulaient sans interruption des deux côtés de l'eau noire :

« Ici, habitait Byron... Ici, Wagner a composé *Tristan*... Mais tu verras tout cela demain. On te montrera tout cela. Il faut cent, il faut mille jours, tu sais, pour connaître Venise. »

Presque au bout du Grand Canal, entre le palais Volkoff et le palais Dario, sur la rive de la Salute, le palais Galbani élevait ses trois étages d'ogives et de colonnades. La gondole pénétra sous une haute voûte et vint se ranger contre un perron de marbre dont le flot battait faiblement les marches basses : le gondolier offrit son coude aux voyageurs pour les aider à descendre.

Une autre gondole flottait sous la voûte, feux
éteints. Deux valets de pied en livrée bleue ouvrirent
une grille de fer forgé.

Pem et Jean-Noël pénétrèrent dans une sorte de
cour éclairée aux angles par de grosses lanternes, et
qui laissait apercevoir un foisonnement de fleurs et de
statues, un envol de marbres, de galeries ajourées,
de colonnettes sculptées sur toute la hauteur de la
maison. Puis ils gravirent un large escalier et parvin-
rent dans une immense salle oblongue, entièrement
décorée à fresque, plafonds et murs, et où les colonnes
de stuc qui encadraient les portes s'inscrivaient dans
de fabuleuses architectures peintes en trompe l'œil.

« C'est la salle de Tiepolo, dont je t'ai parlé »,
dit Pem.

Les trésors accumulés dans cette maison étaient
sans prix. On y trouvait l'ameublement d'un pape
et de plusieurs doges; dans le salon de jeu, des
Longhi étaient enchâssés dans la boiserie. Les couloirs, à eux seuls, constituaient un musée.

« Ben possède l'un des trois ou quatre plus beaux
palais de Venise », ajouta Pemrose.

Le prince Galbani, Maxime de Bayos et Christian
Leluc attendaient leurs amis dans les appartements
du second étage, aussi somptueux et surchargés que
ceux du premier.

On s'embrassa, on se fêta.

« Alors, Jean-Noël, comment a été ce voyage ?
conquis par l'Italie ?

— Oh ! merveilleux, merveilleux ! s'écria Jean-
Noël. J'ai la tête qui éclate.

— Oui, cela a été un très beau voyage », dit Pemrose, les paupières baissées et le regard vaguement dirigé vers le sol.

Ben et Baba, discrètement, mais sans relâche, observaient les visages des arrivants.

« On ne savait pas à quelle heure vous seriez ici. Vous avez un dîner froid qui vous attend », dit le prince.

On se réunit autour des voyageurs tandis qu'ils prenaient leur repas sous les plafonds à caissons.

« *Here are the three Bees together again*[1], dit Bayos joyeusement.

— *Yes, here we are again*[2] », dit Basil en se forçant à partager cette allégresse.

Puis Benvenuto Galbani donna les nouvelles importantes. Un morceau de la fresque de Tiepolo s'était détérioré pendant l'hiver, l'enduit se détachait du mur, et il allait falloir faire restaurer cette partie. Chose plus grave, les architectes commis par la ville à la surveillance des monuments avaient annoncé que les pilotis qui soutenaient le palais étaient en train de s'enfoncer ou de se pourrir.

« Mais le palazzo Dario, à côté, est complètement de travers depuis deux siècles ou plus, et il n'a pas l'air de s'en porter plus mal, dit Pem.

— Oui, mais le Dario s'appuie à celui-ci, répondit Benvenuto. Et si mon palais cède, les deux risquent de s'effondrer ensemble en entraînant le Volkoff qui s'y appuie de l'autre côté. Enfin, ce n'est pas

1. Et voilà les trois Abeilles de nouveau réunies.
2. Oui, nous voilà de nouveau.

pour tout de suite... Nous avons dix ou vingt ans de bon.

— Ce qu'il y a de rassurant pour l'esprit, avec Venise, dit Maxime de Bayos, c'est que cette ville a été fondée, inventée, par les riches Italiens qui fuyaient devant les invasions et s'étaient réfugiés dans les lagunes où ne pouvaient avancer les cavaliers barbares. Et parce qu'Attila, sur la terre ferme, abattait les temples et les palais romains, ces gens chassés, peureux, sont venus construire sur l'eau ce qui devait devenir cette ville miraculeuse, la plus riche, la plus civilisée, et peut-être la plus belle de la terre...

— Et mon grand-père, où a-t-il habité ? demanda Jean-Noël.

— Oh ! en divers endroits. Sur les Zattere, d'abord, il me semble, répondit le prince Galbani. Puis la Casa di Desdemona, juste en face de nous... »

Et Pem, qui savait tout, récita à mi-voix :

> *J'ai vécu à Venise*
> *J'ai vécu cet automne*
> *Dans l'étroite maison grise*
> *Qu'on dit celle de Desdémone*

« Je l'ai assez bien connu, reprit Galbani. Un monsieur maigre et fort élégant, avec un monocle fumé, de longues moustaches... très invité par les dames. »

On monta se coucher de bonne heure, et Pem annonça son intention de se reposer tard le lendemain. Il fut convenu que Christian Leluc montrerait à Jean-Noël, dans la matinée, ce que les touristes doivent voir le premier jour, la place et la basilique Saint-Marc, le palais ducal.

« Comme il faut avoir vu la colonne Vendôme, dit Maxime de Bayos. Pour qu'ensuite son existence ne vous gêne plus... Christian est à présent un vieux Vénitien; il sera un guide parfait. »

Le faux adolescent sourit en découvrant ses courtes dents pointues.

« Basil a quelque chose, il n'a pas l'air heureux », murmura Ben à Baba au moment où ils se séparèrent.

Le lendemain matin, après une nuit passée dans une chambre qui lui parut celle d'une dogaresse, Jean-Noël, rasé de près, vêtu de clair et ayant pris son petit déjeuner servi à l'anglaise par Gugliemo, sortit en compagnie de Christian. Il allait enfin découvrir, connaître, *reconnaître* Venise. Car il l'avait vue tant de fois reproduite, avait tant lu à son sujet ! Il s'apprêtait, par précaution intérieure, à une déception, comme il est normal d'en éprouver devant les lieux trop décrits, trop peints, trop célébrés.

Et Venise s'offrit à lui, dans le matin et le soleil, plus belle, plus somptueuse, plus diverse, plus étonnante que toutes les proses, tous les poèmes, tous les tableaux. Venise où s'épuise l'épithète, Venise à l'extrême limite entre la splendeur et le mauvais goût, Venise, orientale, fabuleuse, posée sur sa lagune, ville surgie d'un miroir, Venise plus pâle et plus fraîche de couleur qu'on ne l'attendait, parce que débarrassée du vernis jaune dont sont couvertes

les toiles de musées, Venise avec ses jardinets sus-
pendus, .ses mousses murales, son algue sournoise,
poisseuse, où la semelle glisse, ses portes qui s'ouvrent
sur l'eau morte, et ses escaliers plats que prolonge
sous l'onde leur image inverse, Venise à la fois grouil-
lante et lente, où la vie obéit au rythme des rames,
Venise miraculeuse...

« Allons à pied », avait dit Christian.

Ils gravirent et dévalèrent le pont de l'Académie.
Christian, la frange noire au ras des sourcils, et son
cou maigre serré dans un foulard bleu ciel, avançait
d'un pas rapide. On voyait ses omoplates bouger
sous son veston léger.

Ils marchèrent quelques minutes par des rues
étroites. Jean-Noël aurait voulu, sans cesse, s'arrêter,
se retourner, parce que tout, le moindre balcon, la
porte d'une boutique, une péniche de légumes et de
fruits, bateau des quatre-saisons aux couleurs de feu
d'artifice, tout était surprenant et méritait égard.

Leluc, sans enthousiasme, jetait des noms au passage :

« Ici, c'est San Mauricio... ici, c'est San Mosè ! »

Jean-Noël pouvait en apprendre autant par les
plaques; il aurait préféré être seul et mieux perdre
son temps.

« Ils sont rigolos ces gens-là, dit Christian. Pour
avoir plus de saints que les autres, ils ont sanctifié
tous les prophètes de la Bible, Moïsc, Job, Jérémie,
Zaccharie... Et il paraît que leur saint Marc, ils sont
allés le déterrer en Egypte pour faire concurrence
à Rome en fait de reliques... »

XIII

Auprès des trois Abeilles, Jean-Noël, en même temps qu'il s'assimilait Venise, ses prestiges et ses charmes, découvrit, fréquenta, l'une des faunes humaines les plus étranges du monde.

Il vit et revit souvent la vieille duchesse de Salvimonte, qui cherchait à placer ses vieux os dans les bras des jeunes gens et qui, lorsqu'elle apercevait Jean-Noël, étirait vers lui les séductions de son masque réparé.

Il rencontra la veuve d'un homme d'Etat anglais, Lady Coxram, qui, quelques années plus tôt, était partie faire le tour du monde en compagnie de son mari. Or, celui-ci étant mort du côté de Panama, elle avait continué son voyage, tout de noir vêtue, en se faisant suivre du cercueil de Lord Coxram enregistré aux bagages.

Jean-Noël alla prendre le thé au palazzo Romer, dont la bibliothèque ne contenait pas moins de quarante mille volumes, chez la comtesse Serveri, « la dernière grande voltairienne », disait Pemrose, une dame de soixante-dix-huit ans, qui parlait cinq langues avec une aisance parfaite, savait aussi bien la généalogie des empereurs Cantacuzène que les étapes de la composition du Coran, mais qui avait encore le souci, à son âge, d'attaquer sa fille devant les tribunaux, contestant un legs que cette dernière venait de recevoir.

Il fut présenté à une autre vieille dame à cheveux blancs, qui parlait également cinq langues, mais avec une sottise charmante, et qui avait longtemps connu la gloire d'être « la plus belle femme de Venise ». On assurait qu'elle avait été un peu la maîtresse de Jean de La Monnerie, avant de devenir celle du Kaiser au cours d'une abondante carrière amoureuse; elle mourait seule, patiemment, dans un palais gigantesque, entre ses souvenirs.

Il fut reçu chez Constance Waybach, romancière américaine de près de deux mètres de haut, espèce d'ogre femelle à cheveux courts et gris, ivre de whisky dès dix heures du matin, soûle de drogues à longueur d'année, qui promenait au-dessus de ses semblables sa voix de lutteur, ses yeux noyés et la réputation de ses deux très mauvais livres. Cette femme monstrueuse avait le goût des monstres; pour l'instant, elle vivait escortée d'un nain à torse de géant et à face de bouledogue, qui exhibait par l'échancrure de sa chemisette de sport une fourrure sauvage, vivait en fort bonne intelligence avec les chiens et les enfants, et devait faire un rétablissement pour s'asseoir sur une chaise. « Le seul homme qui m'ait jamais satisfaite, disait de lui Constance Waybach; il est bâti comme un taureau. »

Et Jean-Noël connut Davilar, l'armateur portugais milliardaire, qui voyageait dans un yacht somptueux où il emmenait à travers le monde sa fille folle enfermée dans une cabine capitonnée de soie rose; il connut un vieux sourd richissime, qui, lorsqu'il parlait au téléphone, disait après chaque

phrase : « Attendez, ma secrétaire va écouter »;
il connut un philosophe allemand qui, atteint d'une
affreuse chorée, tirait la langue en marchant de façon spasmodique, comme s'il gobait des mouches;
il connut des peintres, toutes sortes de peintres, des
classiques, des cubistes, des délirants.

Il approcha le prétendant d'un trône européen,
sexagénaire auquel on rendait des honneurs royaux,
mais qui n'avait qu'une distraction, qu'une passion :
jouer du tambour; baguettes aux doigts, tablier de
buffle sur le ventre, cette altesse régalait ses visiteurs de batteries militaires.

Jean-Noël vit aussi des acteurs américains, promenant leur gloire de magazine illustré; il vit des
couples légaux, formés d'un vieillard et d'une
gamine ou d'une vieillarde et d'un tendron; il vit
beaucoup de ménages à trois; il vit deux jumeaux
chauves, deux jumeaux de soixante-dix ans, absolument identiques et qui ne se quittaient pas un instant, et qui partageaient la même maîtresse. Il vit
de vieux invertis qui avaient été des précurseurs au
temps où l'on jetait Oscar Wilde en prison, et qui
trottinaient à travers la ville, réduits, susurrants,
grisonnants, pointus et filiformes, pareils à des rats
fatigués semant la discorde sous leurs pattes.

Il connut encore, et celui-là il le rencontra partout, chez les Abeilles, chez la Salvimonte, chez
Constance Waybach, chez les princes comme chez
les histrions, un Hongrois de bonne naissance qui
ressemblait à Louis XVIII, si large et gros qu'il ne
pouvait pas passer de face par les portes, qui rou-

lait des yeux doux aux garçons et aux petites filles, tenait dans sa main grasse une badine romantique, et jouissait d'une réputation de grand astrologue. Partout on le recevait, on le fêtait, on le flattait, car tous ces gens espéraient savoir de lui s'ils allaient être heureux et s'ils vivraient longtemps.

Jean-Noël, comme d'autres dans les musées s'arrêtent de préférence devant les bustes et les portraits, s'enchantait de contempler cette vivante galerie de tous les désœuvrés, de tous les maniaques, les bizarres, les malades, les hors-série, les trop fortunés, les faux artistes, les pervertis, les détraqués et les monomanes qui circulent en liberté sur la terre, entourés de confort et de considération. Il se constituait ainsi une sorte de collection personnelle des déchéances, collection, en fait, de longue date commencée avec le défilé des gueux qui venaient, en son enfance, chercher aumône des mains du baron Siegfried, à la porte de l'hôtel Schoudler.

De l'eau morte vénitienne, Jean-Noël tirait à pleins filets une pêche en complète décomposition. Se prenant au jeu, il devenait semblable aux êtres qu'il côtoyait, en ce sens qu'il finissait par croire, comme eux, que nul autre milieu au monde n'avait importance ou intérêt.

Si bien que lorsqu'on parlait, en cette société, de quelqu'un qui avait une femme et deux enfants, ne se soûlait pas, ne se piquait pas, ne se faisait pas flageller dans les maisons closes, accomplissait huit heures de travail par jour, se couchait à onze heures du soir, allait de temps en temps au théâtre,

vivait de son salaire mensuel et en plus avait l'air
satisfait, tout le monde se regardait en hochant la
tête et semblait dire : « Comment se peut-il que de
telles gens existent ? »

XIV

Pamela Rocapolli, née Sillevis, héritière de tous
les bazars du Connecticut, était une Américaine
d'une trentaine d'années, sans beauté. On pouvait
même la tenir pour franchement laide; mais elle
avait une présence sensuelle, presque animale, une
manière d'étirer ses longs membres de singe, de cour-
ber son dos cambré, de porter des jupes tendues sur
ses fesses rondes, de relever comme pour mordre
ses grosses lèvres fardées, un air d'attendre le mâle
et de le provoquer qui ne laissaient pas les hommes
insensibles.

« Il te plaît ? lui avait demandé son mari, Gigi
Rocapolli, lorsqu'elle lui avait parlé de Jean-Noël.
Alors cela, darling, c'est facile... Mais non, mais
non, il n'est pas uniquement pour les hommes, je
ne sais même pas s'il l'est du tout; je te livrerai
ce gamin quand tu voudras, bien qu'il me plaise,
à moi aussi. Mais tu sais que je ne suis pas jaloux... »

Et il organisa les choses avec savoir-faire. Il donna
un dîner somptueux... pourquoi lésiner ? Pamela
trouvait la vie extraordinairement bon marché en

Europe... dans le salon de leur appartement à l'hôtel Danieli.

Hautes gerbes de roses rouges et de glaïeuls, qui se reflétaient, se multipliaient dans les miroirs fanés, damas cramoisi sur les murs, ombres et dorures aux caissons du plafond, candélabres d'argent éclairant les quatre petites tables, caviar gris et grenu à pleines jattes, après les cocktails au gin, homards flambés, sauces fortes, chargées de feu par le poivre de Cayenne, champagne de la meilleure année, dont le maître d'hôtel faisait silencieusement sauter les bouchons...

Lord Pemrose, entre la duchesse de Salvimonte et Constance Waybach, à la table que présidait le comte Rocapolli, se sentait un peu ivre, ce qui ne lui était pas arrivé depuis des années. L'ogresse et la vieille duchesse parlaient en même temps.

D'ailleurs, tout le monde parlait à la fois, riant, criant, s'interpellant.

« Tout cela est féerique, absolument féerique », murmurait Pem entre deux gorgées.

A une autre table, Pamela Rocapolli, le genou collé à celui de Jean-Noël, découvrait sa denture bestiale; et sa robe, échancrée jusqu'au ventre, laissait apparaître le profil solide de ses seins. Elle ne parlait qu'anglais, d'une voix rauque, avec de brusques éclats, comme si des cassures se produisaient dans sa gorge. On eût dit que, d'un instant à l'autre, elle n'allait pouvoir résister au besoin de se mettre nue.

Jean-Noël lui aussi était ivre. « Cette femme est

monstrueuse, et elle est belle, pensait-il. Elle est belle parce qu'elle est monstrueuse... Elle est monstrueusement belle... »; et il s'entendit prononcer à voix trop haute :

« Vous êtes belle.

— *No, I am ugly, répondit Pamela. I was born ugly, and I'll die ugly. But I've been to bed with more men than any beautiful woman has*[1]. »

Et, plantant sa griffe laquée dans la cuisse de Jean-Noël, elle lui expliqua avec une rare technique de l'impudeur comment et pourquoi elle avait une nature d'une particulière efficacité. Jean-Noël hochait la tête et approuvait, en garçon averti, fort de ses expériences. Il avait les joues brûlantes, il buvait sans arrêt pour calmer une chaleur qui ne provenait pas de la soif.

Les serviteurs versèrent les alcools à ces gens qui avaient déjà leur content, et enlevèrent les tables.

Les voix étaient fortes et les esprits confus. Le nain de Constance Waybach jouait sur le tapis, en exposant les théories de Kirkegaard, et Lord Pemrose, assis de travers sur un fauteuil, un genou presque en terre et un énorme verre de chartreuse jaune à la main, discutait sérieusement avec lui.

L'ogresse, les yeux à la hauteur des lustres, décrivait au baron Lutweingel la poésie des cirques ambulants. Davilar, l'armateur portugais, ses gros yeux embués de larmes, parlait de sa fille folle qui

---

1. Non, je suis laide. Je suis née laide et je mourrai laide. Mais j'ai couché avec plus d'hommes qu'aucune femme belle.

griffait au visage les marins du yacht et lacérait le
satin de sa chambre capitonnée.

Lydia Salvimonte détestait la Rocapolli parce
qu'elle accaparait Jean-Noël. Elle tâcha de se rapprocher du jeune homme, mais celui-ci ne lui adressa
pas dix mots et retourna auprès de Pamela.

« Mais qu'a-t-elle donc pour accrocher un homme
de la sorte ? Vous la trouvez belle, vous ? demanda
la vieille duchesse à l'astrologue hongrois.

— Un mélange assez saisissant de vénusiarque et
de plutonienne, faite pour être la dupe des mercu-
riens..., prononça avec componction le sosie de
Louis XVIII.

— Mais ses mâchoires, très cher, avez-vous vu ses
mâchoires ? On enferme des singes pour moins que
cela. »

Gigi Rocapolli, élégant, gracieux, gardant une
lucidité et une distinction parfaites, surveillait tout
son monde, recueillait les confidences imprudentes et
s'amusait prodigieusement. Il vit sa femme, par une
manœuvre qu'il fut seul à remarquer, entraîner hors
du salon un Jean-Noël à la fois exalté et réduit à
l'esclavage; il échangea un clin d'œil avec elle.

Quelques minutes après, Basil Pemrose vint à
lui, les paupières battantes, souriant sans raison, et
lui murmura deux mots à l'oreille.

« Mais oui, cher ami ! Venez par ici, je vais vous
montrer le chemin », dit Gigi Rocapolli en le faisant passer devant lui et en le guidant vers la salle
de bain.

Pem flageolait légèrement; il ouvrit la porte qui

lui était désignée, se rejeta en arrière avec un brusque sursaut et referma la porte. Il regarda Rocapolli, comprit que ce dernier avait entrevu ce qu'il avait aperçu lui-même.

« Je vous en prie, n'entrez pas ! » s'écria-t-il, terrifié, le dos à la porte et les bras en croix, dans une attitude chevaleresque et ridicule.

Si Rocapolli voulait pénétrer, il lui faudrait d'abord passer sur son corps. Eviter à Jean-Noël d'être frappé, le soustraire à la brutalité et au scandale, fut le seul souci de Pem.

« Laissons ces enfants s'amuser, le plaisir est si rare à trouver, dit Gigi Rocapolli avec un exquis détachement. Voulez-vous que je vous guide vers un autre cabinet de toilette ? »

XV

Les deux jours qui suivirent, Pem se déclara « barbouillé » par son excès de table.

« Je pense que c'est cette chartreuse que j'ai prise pour finir... Moi qui ne bois jamais de liqueur », disait-il.

Il n'avait pas ouvert la bouche à Jean-Noël de l'incident de la salle de bain. Mais il ne cessait de revoir la scène, cette « affreuse femme », le dos appuyé au lavabo, renversée en arrière, sa robe troussée, et Jean-Noël... Jean-Noël qui ne s'était

même pas aperçu que la porte s'ouvrait, Jean-Noël
qui n'avait plus de regard...

« Et comment oserais-je lui en faire reproche ?
Après ce qui s'est passé entre nous... c'était forcé.
Un jour ou l'autre, il devait revenir aux femmes...
Mon Dieu, faites que j'en souffre moins. Mon Dieu,
je vous promets que je vais revenir dans votre man-
suétude. »

Et il fit la promesse de se rendre dans toutes les
églises de Venise, à raison de cinq par jour, pèlerinage qu'il inventait à son usage et qui lui permettrait de revoir toutes les toiles qu'il aimait, en
commençant par les Carpaccio de la chapelle Saint-
Georges, les Cima di Conegliano de la Madona
dell' l'Orto...

Mais le lendemain, au réveil, il fut pris de nausées sèches, comme sous l'effet d'un affreux mal de
mer. Ses paumes étaient jaunes, et jaunes aussi ses
globes oculaires. Il avait une forte fièvre et souffrait
de douleurs dans les articulations.

Un médecin, appelé, mit le malade au bouillon
de légumes et lui prescrivit des doses massives d'ex-
trait hépatique.

« Une jaunisse, c'est vraiment trop ridicule ! dit
Pem.

— Ictère classique ; tu en as pour vingt et un
jours, mon pauvre, dit Maxime de Bayos. C'est une
maladie idiote, mais sans danger. »

Le lendemain, Pem montrait un visage d'une couleur indécise entre l'olive et le vieux bois.

Il se laissait soigner avec beaucoup de gentillesse, mais demandait à ses amis de ne point demeurer dans sa chambre.

« Non, ne venez pas me voir, je vous en supplie, je suis trop laid, je ne veux pas me montrer ainsi. »

Ils se relayaient néanmoins à son chevet pour le distraire. Sa fièvre avait bien diminué. Mais il leur parlait à peine et paraissait plongé dans une prostration profonde.

Il revivait inlassablement, silencieusement, les événements des dernières semaines, son amour malheureux pour Jean-Noël, la découverte de son impuissance, la soirée Rocapolli, toutes ces catastrophes qui s'étaient abattues sur sa sensibilité fragile.

« Tu ne veux pas lire ? lui demanda Ben.

— Oui, peut-être. »

Mais il repoussa, à peine ouverts, tous les romans, les recueils de poèmes, les biographies qu'on lui apporta, et même les ouvrages d'art. Il ne garda auprès de lui que le livre qu'il avait écrit, dix ans plus tôt, sur les mystiques italiens, un petit volume dont trois cents exemplaires seulement circulaient dans le monde.

Sa seule satisfaction, durant cette maladie, fut de se rassasier des lignes qu'il avait lui-même rédigées, de penser parfois : « Tiens, ce n'est pas mal, cela, je l'avais oublié », et de poser quelques notes dans les marges, en envisageant une édition ultérieure. Mais les lignes se brouillaient devant ses yeux; il était forcé d'interrompre sa lecture et retombait dans sa mélancolie. Il maigrissait de façon inquiétante.

« Il faut absolument trouver quelque chose pour

égayer Basil, dit Maxime le huitième jour. J'ai peur qu'il ne fasse une dépression nerveuse en même temps que sa jaunisse. »

On chercha longuement quelle distraction apporter au malade.

« Si on lui achetait un chien, dit Jean-Noël.

— Oh ! non, pas d'animaux, répondit le prince Galbani, cela colporte les microbes.

— Il a pourtant eu autrefois un pékinois qu'il aimait beaucoup », dit Maxime.

Le prince Galbani eut une idée.

« On va se déguiser tous les quatre ce soir, et on dînera dans sa chambre; on va lui faire une soirée costumée, pour lui tout seul.

— Oh ! bravo, bravo, s'écria Maxime, et cela va nous permettre de nous faire des visages de toutes les couleurs et de lui dire : « Puisque toi, tu t'es « déguisé en chinois... » Et on va lui fabriquer un chapeau de mandarin pour qu'il ait l'impression de participer à la fête... Génial, mon petit Ben, génial, tu es ! »

Allait-on faire la surprise à Pem ou bien le mettrait-on au courant ?

On discuta longuement sur ce point délicat, puis on convint de le dire à Pem tout de suite. Ainsi il pourrait suivre la préparation de la fête et cela le distrairait plus longtemps.

Une longue conférence se tint dans la chambre du malade, pour décider du choix des déguisements.

« Oui, oui, Baba en maharanée serait très bien », disait Pem se forçant à sourire.

Et Baba prenant Ben à part lui chuchotait :

« Tu vois, cela l'amuse. Quelle bonne idée tu as eue ! »

Toute la journée, le palais fut en effervescence comme pour les apprêts d'un vrai bal. Maxime de Bayos courut en ville piller les boutiques de fards. Du grenier, des caisses furent descendues qui contenaient les vêtements de toutes sortes que les trois Abeilles avaient rapportés de leurs voyages, des blouses brodées de paysannes slovaques, des saris du Népal, des sarouals sahariens, des culottes courtes du Tyrol, des robes de noces juives.

Christian Leluc prenait un plaisir étrange à manier toutes ces fripes, ces broderies d'or, ces dentelles.

Ben et Baba s'agitaient, repris par une longue passion du travesti, et un tel enthousiasme les animait qu'ils avaient fini par oublier complètement que Basil fût malade.

Ils pénétraient à tout instant dans sa chambre, lui demandant de quelle couleur il voulait son bouton de mandarin. Puis Maxime revenait en criant :

« On a trouvé la perruque de geisha ! Ce sera beaucoup mieux. »

Et, un moment après, on poussait Jean-Noël dans la pièce en chemise à coulisse et en bas rayés de pêcheuse napolitaine.

« Comment le trouves-tu ? »

Certains travestis étaient de vieux, de tendres souvenirs :

« Tu te rappelles, Basil, au bal Tormese ?... »

A un moment, le prince Galbani, qui avait décidé
de se déguiser en courtisane de la Renaissance, vint
demander à Pem de lui prêter un camée, indispensable pour parfaire son costume.

« Tu comprends, il faut que j'aie plusieurs
bagues à chaque doigt...

— Mais oui, mais oui, prends... dans le tiroir
gauche..., murmura Pem d'une voix faible.

— Tu éclaircis, tu sais, dit Ben en le regardant.
Ah ! mais oui, mais oui, tu éclaircis nettement. Tu
vas voir, tu n'en auras même pas pour ces fameuses
trois semaines. »

Pem demanda un miroir.

« C'est vrai, dit-il, je croyais que tu disais cela
pour me faire plaisir. En effet, j'ai un peu éclairci. »

Et Ben courut dans la maison porter la bonne
nouvelle. Alors Baba se précipita dans la chambre.

« N'éclaircis pas trop, dit-il gentiment; tu n'aurais plus l'air d'une geisha ! »

Enfin, vers neuf heures, le dîner fut servi, au
pied du lit. On avait soulevé la tête de Pem pour
caler, avec deux oreillers, la fameuse perruque
noire ornée de longues épingles.

Christian Leluc, la frange sur le front, et ayant
enfilé ses plus beaux gants, apparut en chanteuse
réaliste, dans une robe de velours noir échancrée jusqu'aux reins. Le prince Galbani, ayant renoncé
à la dernière minute au déguisement de courtisane,
s'était composé le costume d'« Henri III dans l'intimité », ce qui comportait la même robe, mais avec
en plus un toquet sur la tête, une mouche au men-

ton, et davantage de perles aux oreilles et au cou.
Jean-Noël s'avançait en écuyère de cirque, les cils
enduits de rimmel, et accrochait les bibelots des
commodes au tulle de son tutu. Bayos, fidèle à sa
première inspiration, la figure frottée d'ocre et de
khôl, se drapait dans un sari du Népal.

« Musique ! » dit-il en réglant leur entrée et en
suscitant de la main un invisible orchestre.

Le malade ne marqua pas l'enthousiasme que
ses amis attendaient. Ben en fut presque vexé. Vraiment, après tout le mal qu'on s'était donné à son
intention, Pem aurait pu faire un petit effort,
prendre un peu sur lui-même. D'autant plus qu'il
éclaircissait et qu'il n'y avait donc plus de motif
d'inquiétude.

« Je me sens très fatigué, c'est tout », dit faiblement Lord Pemrose en refusant son bouillon de
légumes.

Puis les quatre travestis s'installèrent à table.
Comme ils avaient épuisé tous les amusements que
cette journée pouvait leur offrir, ils se retrouvèrent
soudain silencieux et sinistres à la lumière des
chandelles, avec leurs faces de carême, leurs aigrettes,
leurs rubans, leurs perles et leurs fards. Un ennui
pesant s'installait dans la chambre, tandis que les
fourchettes tintaient sur la vaisselle précieuse.

Soudain, la perruque de geisha roula sur le tapis.
Les amis regardèrent Pem. Sa tête était renversée,
le menton vers les solives, la nuque très enfoncée
dans l'oreiller. Une mouche venait de se poser sur
son front, et il ne faisait rien pour l'en chasser.

Les quatre dîneurs posèrent leurs fourchettes,
s'interrogèrent des yeux. C'était cette mouche, surtout, cette petite mouche noire qui se promenait
tranquillement sur le front de leur ami, qui leur
paraissait inquiétante.

« Basil, tu ne vas pas bien ? » demanda Maxime,
la voix blanche.

Pem murmura quelque chose d'incompréhensible,
ne bougea point la nuque, ne chassa point la
mouche.

« Il faudrait peut-être demander le médecin », dit
Jean-Noël.

Le médecin, appelé par téléphone, arriva quelques minutes plus tard et tomba dans ce carnaval.

« Nous avions fait cela pour le distraire, expliqua
la maharanée, un peu gênée.

— Voulez-vous me laisser seul avec le malade, dit
le médecin, et me donner une lumière normale. »

Il n'eut pas à procéder à un long examen. La
mouche était venue se reposer sur le front de Pem.
Et sur les jambes du malade étaient apparues les
petites hémorragies cutanées du purpura.

Le quatuor costumé attendait dans une pièce
voisine. Henri III faisait les cent pas nerveuse-
ment, balançant un inutile bilboquet; la chanteuse
réaliste lissait ses gants; l'écuyère de cirque tapotait
de sa cravache les coussins du sofa.

« Alors ? demanda Henri III quand le médecin
reparut.

— L'ictère simple s'est transformé en ictère grave,
répondit-il.

— Mais comment est-ce possible ? s'écria Maxime. Il avait éclairci.

— C'est justement un des symptômes.

— Ah ! mon Dieu, que faut-il faire ?

— Je crois qu'il faut appeler un spécialiste en consultation. J'en connais un excellent à Milan.

— Et il n'y en a pas de plus proche ? demanda Jean-Noël.

— Non, mademoiselle... Oh ! pardon ! non, monsieur.

— Eh bien, il faut l'appeler tout de suite, qu'il saute dans un train, une voiture, un avion, si possible... », dit Ben.

Lorsque le professeur Varaïo, de Milan, arriva le lendemain, la maisonnée était dégrimée, et Lord Pemrose était mort.

XVI

Les deux Abeilles survivantes avaient les yeux rouges et bouffis.

« Quand je pense, gémissait Maxime de Bayos, quand je pense que je ne pourrai plus jamais lui dire : « Regarde, Basil, comme telle chose est belle », quand je pense qu'il me faudra entendre sans lui la musique que nous aimions... Tout, les tableaux, les livres, les paysages, tout va me devenir insupportable. Je ne sais pas, Ben, je ne sais pas si

je vais y résister, si je vais pouvoir survivre dans un
univers dont Basil sera absent. Je ne peux m'y
habituer, je ne peux pas l'admettre. J'ai le sentiment qu'il va se lever de cet affreux lit, qu'il va
entrer, qu'il va s'asseoir avec nous... entre nous.
Ah ! comme nous l'avons torturé, tu te rappelles,
le pauvre chéri ! »

Le prince Galbani souffrait presque autant que
Maxime et comprenait, sans jalousie, ce chagrin.

Jean-Noël, lui aussi, avait pleuré.

« J'ai perdu un grand ami, se disait-il. Un
homme qui m'a appris beaucoup de choses et m'a
fait faire un beau voyage. Maintenant, je vais rentrer en France... »

Lorsqu'il rapporta le mot de Pem, la nuit de leur
arrivée à Venise : « C'est ici que je voudrais être
enterré », il y eut un nouveau flot de larmes.

On gardait comme une relique, ouvert à la page
même où il l'avait laissé pour mourir, le petit
livre de Basil sur les mystiques italiens.

Basil avait marqué d'une longue accolade une
citation de sainte Catherine de Gênes; et, chacun
à tour de rôle, dans la maison, prenait le livre et
lisait à haute voix le passage.

« ... *Autant que je puis m'en rendre compte, les
âmes du purgatoire ne peuvent avoir d'autre choix
que de rester où elles sont... A l'instant même où
l'âme se sépare du corps, elle va au lieu qui lui est
assigné, n'ayant besoin d'autre guide que la nature
du péché lui-même. Et si l'âme était empêchée
d'obéir à ce décret, elle se trouverait dans un enfer*

plus profond encore, car elle serait en dehors de l'ordre divin. C'est pourquoi, avait écrit la sainte, *ne trouvant pas de lieu mieux approprié, ni dans lequel la peine serait moindre, elle se précipite d'elle-même dans celui qui l'attend... Je dirai plus, je vois que le paradis n'a point de portes, et que peut y entrer qui veut... »*

Et, dans les marges, Pem avait noté d'une main lasse :

« Les enfers sont sur la terre. Tout s'y passe de la même façon. Chacun de nous, en fin de compte, n'occupe dans l'univers et ne peut occuper d'autre place que celle que lui vaut sa propre nature, et la nature de ses désirs, de ses besoins, de ses vices et de ses espérances. Chacun sécrète son propre poison, alimente sa propre fournaise; chacun de nous préfère la torture que lui inflige sa nature particulière, à tout bonheur, à toute paix, qui constituerait un renoncement à cette nature et aux désirs qui la composent. »

Puis les mots se chevauchaient, se brouillaient : « Croisement de la fatalité antique et du libre arbitre chrétien... La liberté n'est-elle que la faculté illusoire de choisir ce que nous ne pouvons pas éviter ? » La dernière chose que Pem avait tracée était un point d'interrogation.

Le cercueil de Lord Pemrose fut sorti de l'église de la Salute, où avait eu lieu le service funèbre, et porté dans la gondole-corbillard empanachée de plumes d'autruche, sertie d'argent, couverte de fleurs.

Le prince Galbani et Maxime de Bayos recueil-
laient les condoléances. Le consul de Grande-Bre-
tagne se tenait auprès d'eux.

Désignés d'office pour les honneurs ennuyeux,
Gigi Rocapolli, le prince Dolabella, le baron Tormese et Otto Lutweingel, en habit, prirent les cor-
dons du poêle, aux quatre coins du corbillard nau-
tique. Et les quatre gondoliers-croque-morts, le chapeau haut de forme crêpé d'argent, commencèrent à
peser sur leurs lourdes rames, prenant la suite de la
gondole de l'archiprêtre.

Une autre embarcation suivait pour transporter
toutes les couronnes et les gerbes.

Puis venait la gondole du prince, où le descendant des Césars et Maxime de Bayos épaulaient
leurs douleurs. La Salvimonte avait profité de l'occasion pour prendre Jean-Noël auprès d'elle, dans sa
propre gondole.

Le convoi remontait lentement le Grand Canal,
la voie majeure de Venise, celle par laquelle tout
passe, se croise et circule en bateau, les mariages,
les transports maraîchers, les ambulances et les
déménagements.

Ce fut certainement le plus bel enterrement que
Venise eut l'occasion d'admirer cette année-là. Au
moins cent gondoles, toutes avec leur petit château noir, et poussées par des rameurs aux livrées
les plus anciennes ou les plus célèbres.

Toute la province internationale, les altesses, les
consuls, les milliardaires, les acteurs, les astrologues
de salon, les peintres mondains, les collectionneurs,

les invertis, les morphinomanes, les escrocs, toutes
les Constance Waybach, tous les Davilar et tous les
Christian, tous ces fruits avariés d'une civilisation
finissante faisaient un ultime cortège à l'un des
meilleurs d'entre eux, à l'un de leurs modèles les
plus achevés, les plus conscients, à un hyper-civilisé,
au neuvième et dernier vicomte Pemrose.

Les Vénitiens, aux fenêtres de leurs palais de
marbre posés sur des pilotis vermoulus, la vieille
comtesse Serveri, entre ses quarante mille volumes,
la vieille marquise Torvomani, entre les souvenirs
de ses quarante amants célèbres, regardaient défiler
cette féerie funèbre. L'air était chargé d'une lourde
brume de chaleur.

Et Jean-Noël, assis près de la Salvimonte, avait
l'impression que, derrière les visages qu'il apercevait aux fenêtres, d'autres visages étaient présents,
que Pem si souvent lui avait nommés, lui avait
appris à situer.

Son grand-père, Jean de La Monnerie, monocle
à l'œil, rêverie au front, s'encadrait aux ogives de la
maison de Desdémone.

L'ombre de la Duse se profilait au troisième
étage du palais Volkoff, et celle de Henri de Régnier, mort l'année précédente, à la mezzanine du
palais Dario. Sur les marches de la Ca'Leoni, les
nègres, aux reins drapés de panthère, de la comtesse
Sanziani élevaient les torches des fêtes éteintes.

Rilke, Réjane, Wagner mourant dans son jardin,
la duchesse de Berry, le pape Rezzonico, et Byron
avec, derrière lui, aux fenêtres des sept salons, les

ombres en bonnet doré des sept doges Mocenigo,
Proust, Barrès, Nietzsche, Ruskin, Dickens, Shelley,
Chateaubriand, Gœthe... tous ceux qui avaient
fait, animé, illustré cette ville au cours des siècles...
tous ces doges de la pensée... et les peintres, et le
Véronèse mégalomane, et le Titien presque cente-
naire... tous semblaient s'avancer aux façades pour
contempler la fin de leur descendance qui se rendait au cimetière.

« *Sia ti... sta lungo...* », criaient les gondoliers
débouchant des petits canaux de traverse.

Et Jean-Noël ne pouvait s'empêcher de se répéter
le début du sonnet de Du Bellay, que le cher
Pemrose aimait à réciter :

Il fait bon voir, Magny, ces coïons magnifiques,
Leur superbe Arcenal, leurs vaisseaux, leur abbord,
Leur Saint-Marc, leurs palais, leur Realte, leur
                                               [port,
Leurs changes, leurs profits, leurs banques, leurs
                                               [trafiques...

Et puis le convoi s'engagea sur la lagune, dont
l'eau avait la couleur de l'éternité.

CHAPITRE IV

LES TRIANONS

I

JEAN-NOËL, aussitôt rentré d'Italie, eut à accomplir son service militaire.

Il avait, l'année précédente, bénéficié du sursis habituellement accordé aux étudiants. Mais ayant négligé, au moment de partir en voyage, de renouveler ses inscriptions, il avait laissé expirer ce sursis. En débarquant du train de Venise, il trouva l'ordre d'aller faire son temps légal avec le premier contingent.

De l'armée, Jean-Noël ne connaissait que le conseil de révision, qu'il avait passé dix mois plus tôt et dont il conservait un souvenir pénible.

Piétinant dans une file d'attente, devant un bâtiment public du XVIe arrondissement, Jean-Noël avait été surpris de constater que les jeunes ouvriers étaient aussi gênés, inquiets et pâles que les produits nerveux de la bourgeoisie parisienne. Les fanfarons ne paradaient que pour masquer leur trac.

Quelques voyous, bien sûr, lançaient des plaisanteries
ordurières à l'adresse des jupons qui passaient. Mais
on voyait aussi des gamines enceintes qui étaient
venues accompagner leurs maris ou leurs amants
encore mineurs. Et des vieillards contemplaient, avec
des yeux attendris et pleurards, cette jeunesse où ils
reconnaissaient leur passé. Quelques marchands
ambulants, leurs éventaires dressés entre les marronniers, proposaient les ferblanteries, cocardes et
rubans traditionnellement arborés par les conscrits
et ajoutaient à la scène une note de kermesse ratée.

Après une bonne heure, le troupeau avait franchi
le portail, gravi un escalier de pierre, et défilé devant
les listes, gravées dans le marbre, des citoyens
morts pour la France.

Vingt ans d'éducation de la pudeur, soigneusement inculquée dans les écoles et les familles,
s'étaient trouvés soudain abolis, reniés, sur un ordre
de l'autorité militaire : « Déshabillez-vous ! »

Jean-Noël n'eût jamais imaginé que trois cents
corps de vingt ans, brusquement révélés, pouvaient
offrir une telle proportion de laideurs, de diffor-
mités, de tares, de scolioses, d'épidermes boutonneux,
d'obésités précoces. Machinalement les garçons se
tournaient face au mur pour ôter leur culotte. Parmi
le cheptel dénudé de la future défense nationale,
Jean-Noël passait d'un gendarme guêtré de cuir
noir, qui lui cacha un œil pour lui mesurer la vue,
à un second gendarme qui le pesa, à un troisième qui
lui fit sonner une toise sur le crâne, à un quatrième
qui le dirigea vers une grande table. Derrière la

table se tenaient un général à lorgnons, son képi
à feuilles de chêne posé devant lui, un colonel
amorphe, et un certain nombre de notables qui prenaient des notes on ne savait sur quoi.

Un major à trois galons, seul personnage de toute
cette assemblée chez lequel semblât demeurer une
petite lueur d'intelligence, demanda à Jean-Noël ses
titres universitaires.

« Baccalauréat, répondit le jeune homme.

— Vous savez lire et écrire ? continuait le major
en suivant les paragraphes d'un questionnaire
imprimé.

— Oui.

— Monter à bicyclette ?

— Oui.

— A cheval ?

— Oui.

— Conduire un véhicule automobile ?

— Oui. »

Et pour terminer, il lui avait palpé les génitoires
en le priant de tousser...

Aussi, lorsque Jean-Noël, arrivant de Venise et
encore sous le coup de la mort de Pem, eut à
affronter l'idée de la vie de quartier, du dortoir, du
réveil à six heures, de la promiscuité et du maniement d'armes, il fut pris de panique.

Marie-Ange s'était installée dans un petit appartement meublé du quartier de la Muette, « prêté par
Lachaume, en attendant que je trouve autre chose... »,
expliquait-elle un peu gênée... en fait un appartement loué par le ministre pour y loger sa jeune

maîtresse. Marie-Ange avait réservé une pièce pour
son frère puisqu'ils étaient convenus d'avoir la même
adresse, ce qui offrait l'avantage de sauver les apparences.

Sur ses rapports avec Simon, elle demeura discrète,
allusive. Elle s'était pourtant promis de tout raconter,
de tout expliquer à Jean-Noël dès l'arrivée de
celui-ci, et de lui faire comprendre qu'elle n'était
point blâmable. Mais il ne sollicita pas de confidence ni ne montra de réprobation. Il ne lui demanda
même pas pourquoi elle avait cessé de travailler chez
Germain. Jean-Noël venait de vivre plusieurs mois
aux crochets des trois Abeilles. Que sa sœur fût
partiellement entretenue par un ministre dans la
cinquantaine ne lui causait aucun souci.

Il considéra avec un mépris indulgent la chambre
que Marie-Ange avait affectueusement préparée pour
lui, effleura du regard les bibelots qui rappelaient
leur enfance, leurs parents, et qu'elle avait placés sur
les meubles.

« C'est charmant. Ça fait petit bourgeois en
diable. C'est très drôle », dit-il.

Il rectifia la disposition des fleurs dans les vases.

« Très peu de femmes savent arranger un bouquet », murmura-t-il.

Puis, tout à l'obsession de son départ pour l'armée,
il demanda :

« Lachaume peut sûrement faire quelque chose
pour moi, demander au ministre de la Guerre de me
faire affecter dans un bureau à Paris...

— Mais c'est lui le ministre de la Guerre.

— Comment ? Depuis quand ? s'écria Jean-Noël.

— Depuis cinq semaines, au dernier changement de ministère. Il désirait ce portefeuille; et quand Simon veut quelque chose, tu sais..., dit-elle avec une intonation admirative destinée à grandir son amant dans l'esprit de son frère.

— A Venise, nous vivions complètement hors du monde, dit Jean-Noël. Mais c'est parfait ! Cela tombe à merveille. Tu es... »

Il allait dire « la maîtresse »; il se reprit :

« ... tu es dans les meilleurs termes avec le ministre de la Guerre, juste au moment où ton frère en a le plus grand besoin. Tu es une petite sœur parfaite, admirable ! Quand vois-tu cette excellente Excellence ?

— Je devais dîner avec lui ce soir. Mais étant donné ton retour...

— Mais non, mais non, mon chéri; pas un instant à perdre. Tu vas dîner avec lui. »

Ce « mon chéri », ce bras passé autour de l'épaule, ce mauvais ton mondain, cette indifférence complète de son sort à elle, cette préoccupation unique de son sort à lui, cette hâte à profiter de la situation, tout en Jean-Noël heurtait, surprenait ou blessait Marie-Ange. Pouvait-il avoir autant changé en quelques mois, ou bien s'était-elle fait de lui en son absence une idée qu'il n'avait jamais justifiée ?

Le soir même, elle parla à Simon. Elle était un peu gênée, un peu honteuse de demander ce genre de faveur à un homme qui rappelait volontiers qu'il avait fait la guerre dans les tranchées.

« Mais bien sûr. Je vais arranger cela », dit Simon sans marquer le moindre étonnement.

Le lendemain, Simon, s'étant renseigné auprès de ses services, apprit à Marie-Ange qu'il ne pouvait rien pour Jean-Noël avant que celui-ci ait passé trois semaines dans un corps de troupe.

« Tout ministre que je suis, je ne peux pas aller contre la loi. Mais trois semaines, après tout, ce n'est pas le diable ! Et ensuite, je le fais affecter boulevard Saint-Germain. Mais pour faire quoi, ça, je n'en sais fichtre rien ! Je suis en train d'organiser la chasse aux inutiles dans mon ministère. Il faudra que je justifie l'emploi de ton frère. Je vais encore me brouiller avec un ou deux colonels. »

Parce qu'il avait répondu au major, le jour du conseil de révision, qu'il savait monter à cheval, Jean-Noël avait été affecté au IVe Hussards, à Rambouillet. Il rejoignit ce corps avec le sentiment d'aller purger un temps de bagne.

Et puis il s'aperçut, au bout de quelques jours, que la vie de régiment n'était pas aussi atroce qu'il l'avait imaginée. La vermine, dans les grands dortoirs chaulés, ne le prit pas particulièrement pour victime. L'odeur de la chambrée, au matin, n'était pas pire que celle d'un compartiment de chemin de fer ou d'un vestiaire de club sportif. Il n'attrapa pas de refroidissement mortel après les classes à pied.

Les cheveux coupés court, la taille engoncée dans un bourgeron de coutil, il retrouvait, en pansant et en sellant les chevaux, le parfum des écuries de Mauglaives. Il aperçut, dans la cour du quartier,

des officiers qui lui rappelaient le commandant
Gilon, qui lui rappelaient tous les personnages de
cavaliers et de veneurs qui avaient peuplé son enfance.
Il se rendit en grognant à la corvée de café; il vitu-
péra l'adjudant, la hiérarchie militaire et la sottise
des exercices, du même cœur et avec les mêmes
mots que les jeunes paysans beaucerons et les lads de
Chantilly qui étaient ses camarades de peloton.

Il avait cru ne pas pouvoir supporter la fatigue
de cette existence. Il tomba épuisé, en effet, chaque
soir, sur son lit de fer, mais pour se réveiller le
lendemain, après un sommeil de pierre, surpris de
se sentir plus robuste que la veille. Autour de ses
épaules et de son torse commença de se durcir une
musculature qui n'était plus celle d'un adolescent.
L'heure d'ouverture de la cantine, les colères du
maréchal des logis, les travers des officiers de l'esca-
dron, l'ajustement de ses houseaux, devinrent les
objets principaux de ses préoccupations, de ses
conversations et de ses rires.

Le premier jour où les recrues eurent quartier
libre, Jean-Noël entra, avec les autres, avec les lads
de Chantilly et les paysans beaucerons, au bordel
qui se trouvait exactement en face du corps de
garde, pour y boire un cognac poisseux et se faire
taper sur les cuisses par les filles en combinaison rose.
Au risque de recevoir quatre jours de salle de police,
il s'entendit avec le tailleur régimentaire pour faire
rectifier son uniforme de sortie.

L'Abbaye, le voyage en Italie, l'atmosphère trouble et dorée du palazzo Galbani, Pamela Roca-

polli, la mort de Pem, tout cela s'estompait rapidement.

Jean-Noël commençait l'apprentissage de la vraie
camaraderie d'homme dans une promiscuité bru-
tale, mais sans équivoque; et pour certains de ses
compagnons, il éprouvait un début d'amitié.

Il était à Rambouillet depuis deux semaines
quand, un matin, le lieutenant-colonel le fit appeler
pour lui demander s'il était bien le fils de François Schoudler.

« Nous étions camarades de promotion, dit le
lieutenant-colonel, et nous nous sommes trouvés
ensemble pendant toute la première partie de la
guerre, aux marais de Saint-Gond, et après ça sur
l'Yser. Qu'est-ce qu'il est devenu, votre père ?

— Il est mort, mon colonel.

— Ah ! mon pauvre vieux ! s'écria le lieutenant-
colonel. Désolé... Ça me fait de la peine, ce que vous
m'apprenez là. C'était un chic type, vous savez, votre
père, et un bel officier. J'avais gardé un bon souvenir
de lui... Mettez-vous au repos, mon petit, mettez-
vous au repos. »

Le lieutenant-colonel était un petit homme maigre, à cheveux collés sur un crâne d'oiseau, qui restait toujours debout derrière son bureau et avait la
manie de se frotter le torse avec les paumes, lentement, de haut en bas, comme s'il voulait appliquer
davantage son uniforme sur sa poitrine.

Il remua quelques papiers sur sa table.

« Ah ! oui, en effet, c'est marqué sur votre fiche :
père décédé. Je ne l'avais pas vu, dit-il. Et votre

mère aussi. C'était bien la fille du général de La Monnerie ?

— Sa nièce, mon colonel.

— C'est ça, c'est ça. J'y suis, maintenant... Eh bien, alors, et vous ? demanda le lieutenant-colonel avec une sympathie franche pour le jeune homme. Vous n'avez pas l'intention de faire votre temps comme deuxième classe, je pense ? Ce serait absurde. On va vous faire passer au peloton des élèves brigadiers, et ensuite au cours préparatoire des élèves officiers de réserve. Et puis vous irez à Saumur et vous sortirez sous-lieutenant. Vous aurez à bûcher un peu, mais ce sera beaucoup plus agréable pour vous; et puis enfin c'est votre devoir. Qu'est-ce que vous en dites ?

— Oui, mon colonel. Je vous remercie, mon colonel, répondit Jean-Noël.

— Ne venez pas me déranger pour un oui ou pour un non, j'ai horreur de ça, dit le lieutenant-colonel en continuant à lustrer sa vareuse. Mais si vous avez vraiment besoin de moi, venez me trouver. En tout cas, je vais m'occuper de vous. Je tiens à ce que vous soyez digne de votre père. »

Ce soir-là, au restaurant de la Biche, où la jeunesse dorée de la garnison faisait de modestes festins sur des nappes de papier, Jean-Noël balança longuement pour savoir s'il allait téléphoner à sa sœur et lui demander d'annuler sa démarche auprès de Lachaume. Et puis la faiblesse, l'indolence de son caractère l'emportèrent.

« Laissons les choses aller, se dit-il. On verra bien. Lachaume penserait que je ne sais vraiment pas ce que je veux, et si j'ai besoin de lui une autre fois... Peut-être a-t-il oublié. Et alors tout sera pour le mieux. »

Quelques jours plus tard, le lieutenant-colonel le fit rappeler. Le petit homme se tenait posé de la même manière, les jambes écartées, debout derrière son bureau, et de ses paumes ouvertes massait ses pectoraux étroits. Mais il observait Jean-Noël de façon à la fois défiante et ironique.

« Alors, Schoudler, dit-il, il paraît que vos compétences sont déjà indispensables au ministère de la Guerre. Nous avons reçu l'ordre secret et confidentiel de vous mettre immédiatement en route vers le boulevard Saint-Germain. Affectation : chauffeur du ministre... Vous avez des amitiés au cabinet de la Guerre ?

— Le ministre, mon colonel; enfin, ma famille le connaît...

— Et... c'est à la suite d'une demande personnelle ou d'une démarche de votre famille...

— De ma famille », répondit lâchement Jean-Noël.

Le lieutenant-colonel fit une petite moue.

II

Le ministre de la Guerre disposait de deux chauffeurs militaires. L'un de ses chauffeurs étant arrivé à fin d'engagement, Simon Lachaume avait fait désigner Jean-Noël pour tenir cette fonction.

Simon y voyait personnellement un avantage; l'un de ses conducteurs, au moins, lui serait personnellement dévoué et n'irait pas, chaque matin, fournir un rapport au Deuxième Bureau ou au représentant de la Sûreté sur son emploi du temps et ses sorties privées.

Il se réserva donc d'utiliser surtout Jean-Noël pour le service de nuit, les promenades dominicales, les déplacements confidentiels. En fait, pendant plusieurs mois, Jean-Noël fut autant le chauffeur de sa sœur que celui du ministre.

La première fois que Simon, dans le fond de la voiture, voulut embrasser Marie-Ange, celle-ci eut un mouvement de recul, et du menton désigna la nuque de Jean-Noël.

« Mais voyons, mais voyons, chuchota Simon, il comprend très bien; il sait parfaitement pourquoi je l'ai pris avec moi. »

Marie-Ange se résigna, pensant que sa pudeur risquait de nuire à son frère.

Et Jean-Noël conduisit Marie-Ange chez Lachaume, et Lachaume chez Marie-Ange, et il conduisit Marie-Ange et Lachaume ensemble au théâtre, au restaurant.

Dans le rétroviseur, il suivait d'un regard amusé et pervers les jeux amoureux de sa sœur et du ministre. Simon avait des hâtes d'homme public dont le temps était compté, et qui voulait profiter des rares instants qu'il pouvait consacrer à ses plaisirs.

Jean-Noël éprouvait une délectation morbide à voir les belles lèvres, la peau fraîche, les cheveux soyeux de Marie-Ange pressés contre la tête chauve et les oreilles poilues de Simon, à voir cette beauté et cette jeunesse écrasées par cette laideur. Et il arriva à Jean-Noël, en ces moments-là, de désirer sa sœur comme il eût désiré une étrangère, avec tout de même, dans le désir, un piment particulier, parce qu'elle était sa sœur.

Puis Jean-Noël descendait de son siège pour ouvrir la portière du ministre. Il s'était fait faire un uniforme de belle gabardine, un uniforme d'officier, sans galons, qui avait l'air d'une livrée.

Dès son service fini, Jean-Noël d'ailleurs se mettait en civil. Il logeait dans l'appartement de Marie-Ange; mais les soirs où Lachaume venait, il disparaissait discrètement et allait au théâtre, avec les billets dont le ministre le faisait profiter.

Simon aimait bien Jean-Noël, et reportait sur lui un peu du sentiment paternel qu'il éprouvait pour Marie-Ange. Il appelait le jeune homme par son prénom, le chargeait volontiers de courses personnelles.

« Jean-Noël, vous qui êtes un garçon de goût, allez donc me choisir une paire de bretelles. »

Simon s'entendait même si bien avec Jean-Noël qu'il lui demandait sa complicité vis-à-vis de Marie-Ange quand il sortait avec quelqu'une de ses anciennes maîtresses.

Lorsque le ministre allait passer ses week-ends à Jeumont, Jean-Noël pilotait toujours la voiture.

Et, là-bas, sur les pelouses, Jean-Noël, en vêtements légers, se chauffait au soleil, ou bien jouait
aux petits jeux au coin du feu, pour distraire le
ministre. Il était vraiment de la famille.

Mais l'amusement essentiel de ses journées, Jean-
Noël le trouvait dans le rétroviseur, dans cet écran
minuscule sur lequel se projetait un film constant et
fascinant. De hauts personnages politiques, des généraux, d'importants fonctionnaires y apparaissaient
assis à côté de Lachaume. Et Jean-Noël, de la sorte,
vit et entendit comment se gouvernent les nations.

Il découvrit le perpétuel mélange de compétence
et de légèreté, de passion et d'indifférence au milieu
desquelles se prennent les plus graves décisions. Il
mesura la tragique impuissance des hommes d'Etat
à connaître réellement des problèmes multiples qu'ils
doivent trancher, et l'obligation où ils se trouvent
de s'en remettre à leur inspiration ou à leurs sym-
pathies. Il fut stupéfait de l'insondable bêtise ou
du peu de valeur morale d'hommes placés aux plus
hauts postes. Il aperçut, reflétée dans l'étroite glace,
l'incroyable platitude des militaires les plus glorieux devant ceux qui détiennent le pouvoir de
nommer aux emplois et de décerner les honneurs.
Il regarda se mendier des croix et des rubans, se
distribuer des commandements; il écouta les marchandages à propos de tanks et de canons, et les
froides discussions sur le poids de chair qui se trouvait au bout.

En toutes ces circonstances, Simon Lachaume, que
beaucoup de gens considéraient comme un homme

ambitieux mais médiocre, apparut à Jean-Noël un personnage supérieur. Et Lachaume était en effet *relativement* supérieur à tous ceux qui se pressaient autour de lui.

Il parut donc admissible à Jean-Noël, toute perversité mise à part, que sa sœur fût amoureuse de cet homme.

Mais dans ce même petit miroir carré placé au-dessus du volant, Jean-Noël vit aussi défiler l'année 1938 et sa succession d'épisodes tragiques.

Dans le fond de la voiture se succédaient des ministres, des ambassadeurs, des parlementaires, des chefs d'états-majors, des bâtisseurs de fortifications, des inventeurs d'explosifs, des spécialistes de mobilisation, en train de se débattre avec un destin trop important, trop difficile pour eux.

Jean-Noël observa, sur le même visage désespéré de Lachaume, tous les abandons, toutes les démissions de la France, à partir de la nuit dramatique où elle laissa, sans intervenir ni presque protester, les troupes hitlériennes envahir l'Autriche. Il entendit, semaine après semaine, le ministre de la Guerre annoncer en ses conversations privées l'imminence de la catastrophe, alors que, dans ses déclarations publiques, il s'employait à prouver que tout avait été, était et serait fait pour l'éviter.

Après l'Autriche, la Tchécoslovaquie... Ce fut Jean-Noël qui, le lendemain de l'entrevue de Munich, conduisit au Bourget Simon Lachaume lorsque celui-ci, les bras chargés de fleurs comme pour remercier une cantatrice à la fin d'une fête de

charité, vint accueillir le président du Conseil à sa
descente d'avion.

Le président, qui s'apprêtait à sortir du terrain
d'aviation par une porte dérobée afin de se soustraire aux huées, reçut, stupéfait, cette brassée tri-
colore et cette accolade. Jean-Noël prit la file
dans le cortège automobile au passage duquel les
foules de partout surgies hurlaient leur indécente
gratitude d'être momentanément délivrées de la
peur, au prix de n'importe quel reniement, de n'importe quelle servitude future. On vit alors l'homme
qui venait de conclure le plus humiliant des pactes
se redresser et, debout dans sa voiture, saluer cette
multitude délirante en imitant le dictateur devant
lequel il venait de se soumettre.

Ce furent là les derniers fastes officiels auxquels
Jean-Noël participa. Peu de jours après, en allant
rechercher Simon et Marie-Ange dans un restaurant des bords de la Seine, par une soirée fraîche, il
attrapa un début de pleurésie, vite enrayé, mais
qui permit de le placer en congé de convalescence
libérable, pour maladie contractée en service commandé.

III

Sans argent, sans métier, sans diplôme d'études
supérieures, sans aptitudes et sans courage, n'ayant

pour lui que son élégante apparence, sa bonne éducation et quelques relations influentes, Jean-Noël parcourait mollement Paris à la recherche d'une situation. Encore ne le faisait-il que dans les seuls endroits qui lui fussent familiers, les salons et les bars.

C'était l'époque où le cinéma français, abandonnant l'apologie des souteneurs, des déserteurs et des mauvais garçons, qui avait nourri son succès pendant dix ans, se tournait, la guerre approchant, vers les sujets héroïques et l'exaltation des vertus militaires.

Jean-Noël rencontra des gens qui cherchaient à produire un film de ce genre et qui ne parvenaient pas à décrocher une subvention du ministère de la Guerre, premier objet de leur combinaison.

Ils eurent tôt fait de démontrer à Jean-Noël la chance qui s'offrait à lui. Le cinéma, métier jeune, et destiné aux hommes jeunes... Pas besoin d'études ni de diplômes, pas besoin de moisir dix ans dans les universités pour finir en gagnant trois mille francs par mois; le cinéma réclamait seulement de l'entregent, de l'esprit d'initiative... et rapportait des millions dès la première affaire. Le vrai métier du xxe siècle. Jean-Noël possédait tout ce qu'il fallait pour y réussir. Il savait l'anglais, il avait voyagé, il avait l'expérience du monde... et puis il connaissait intimement le ministre de la Guerre.

Jean-Noël, croyant qu'enfin il travaillait, se laissa entraîner dans ce milieu international des margoulins, de chevaliers de la petite semaine, de faillis, de carambouilleurs, de maîtres chanteurs, de proxénètes, de génies méconnus, de pêcheurs de lune, de menteurs, de filles coureuses de chance, de requins, de naïfs, de spécialistes du chèque de cavalerie, de pirates, d'anxieux, d'obsédés et de paranoïaques, humus humain sur lequel poussait cette liane étrange : la pellicule cinématographique.

Il se mêla à tous les trapézistes de l'argent qui peuplaient la terrasse du Fouquet's et le bar George V à Paris, comme ils peuplaient le hall de Claridge's ou du Dorchester à Londres et celui de l'Excelsior à Rome, qui ne pouvaient vivre que dans des hôtels somptueux dont ils ne savaient pas comment payer la note, dont l'estomac ne tolérait que le caviar, et qui revendaient au bout de quinze jours la voiture imposante qu'ils avaient achetée à crédit.

Bientôt Jean-Noël se retrouva dans un bureau de deux pièces et demie, aux Champs-Elysées, derrière la réclame lumineuse d'une marque de corsets, administrateur délégué — et responsable — d'une société nouvelle de production.

Il avait hypothéqué Mauglaives par-dessus les toits et raclé, pour le jeter dans cette entreprise, tout le petit capital qui pouvait encore rester à sa sœur et à lui-même. Après quoi, dédaignant l'appartement de Marie-Ange, il alla s'installer à l'hôtel George V, aux frais de la société. Il invitait chaque soir à sa table des gens qu'il ne connaissait pas la veille, mais qui le couvraient d'éloges avec conviction. Il se prit au sérieux, se crut un grand homme

d'affaires, et, pensant que le génie de ses ancêtres
banquiers se réincarnait en lui, imagina qu'il aurait
vite reconstitué la fortune familiale.

Le film qu'il s'agissait de produire s'appelait :
Le Chevalier du Sahara.

Le principal associé de Jean-Noël, Sabillon-
Vernois, ne ressemblait en rien « aux métèques qui
écumaient la profession ». C'était un bourgeois français, plein de dignité et d'assurance, qui était seulement trois fois failli et ne pouvait rester plus d'une
heure en conférence sans s'isoler pour se faire une
piqûre de morphine.

IV

Pour complaire à Jean-Noël et lui donner sa
chance, Simon Lachaume fit accorder la subvention
au *Chevalier du Sahara.* Ce fut l'un de ses derniers
actes au ministère de la Guerre.

Une crise gouvernementale se produisit, brève,
car la situation internationale était trop grave pour
que le Parlement pût se livrer avec tout le loisir
habituel à ses jeux favoris. Simon refusa de participer à la nouvelle combinaison, sous le prétexte que
la dignité de son parti lui interdisait d'accepter
un portefeuille de moindre importance que celui
qu'il laissait. En vérité, il obéissait partie à la prudence, et partie à la fatigue d'avoir été dix fois

ministre en huit ans, et, les trois dernières années, de façon pratiquement consécutive. Pour la première fois, il connaissait la lassitude du pouvoir.

Il prit quinze jours de vacances et emmena Marie-Ange sur la Côte d'Azur. C'était le tout début du printemps. Ils passèrent là deux semaines qui leur parurent les plus heureuses de leur vie, flânant au lit, se chauffant sur les plages en songeant que les Parisiens couraient encore sous les giboulées, allant se promener aux îles en bateau, dînant dans des restaurants de luxe camouflés en bistrots de pêcheurs, et riant aux éclats d'empester l'aïoli. Simon essayait d'apprendre à Marie-Ange des jeux d'homme, le jacquet, le billard; il lui choisissait chez les libraires certains livres qu'il aimait et qu'elle n'avait point lus.

Marie-Ange s'émerveillait de ce qu'un homme aussi actif que Simon, dont le cerveau était accoutumé aux problèmes les plus importants, qui vivait entouré d'une turbulence de gens éminents, pût non seulement se contenter, mais se réjouir, s'enchanter, semblait-il, de sa seule présence. Et elle en éprouvait un orgueil discret.

Elle ne s'ennuyait jamais avec Simon, bien au contraire. Elle s'ennuyait seulement lorsqu'il n'était pas là, lorsqu'il cessait d'emplir les pièces et les minutes et laissait un vide dont elle ne pouvait se défendre qu'en pensant à lui. Comme pour beaucoup d'hommes politiques, la dépense d'activité était devenue chez Simon une habitude, un besoin; et quand cette activité ne s'appliquait pas aux affaires publiques, elle se cherchait emploi pour les moindres motifs.

En outre, Simon disposait d'une immense ressource : il savait raconter et surtout *se* raconter. Il avait participé aux événements de son époque, et fréquenté depuis vingt ans tous les gens qui avaient fait ces événements, ou cru les faire. La moindre occasion, un journal déplié, un nom sur la plaque d'une rue ou sur la poupe d'un navire, suffisait à déclencher les mécanismes de la mémoire.

« Mes amitiés, petit à petit, deviennent des boulevards », disait-il.

Marie-Ange ne se sentait point diminuée de passer un temps irremplaçable de sa jeunesse avec un compagnon de vingt-six ans plus âgé. Elle souhaitait seulement que cet état n'eût point de fin, et, modeste, se demandait combien de temps un homme qui avait eu tant de femmes pourrait lui demeurer attaché. La laideur physique de Simon n'existait plus pour elle. Elle était parvenue à ce point parfait de la tendresse où les laideurs et les défauts de l'être qu'on aime deviennent plus délectables que toute perfection.

Quant à Simon, lorsqu'il contemplait Marie-Ange, lorsqu'il la voyait se déplacer entre la salle de bain et la chambre, lorsqu'il suivait à table le jeu de l'ombre et du soleil le long de son profil, lorsqu'il regardait la lumière s'accrocher à ses cils ou à sa narine fine, lorsqu'il entendait sa voix ou son rire, lorsqu'il prenait son bras mince dans ses doigts, lorsqu'il respirait sur l'oreiller le parfum

montant de ses cheveux, il lui arrivait souvent de
penser : « Est-ce que je ne devrais pas organiser
définitivement ma vie avec elle ? Elle est beaucoup
trop jeune pour moi. Mais le bonheur vaut le risque...
Je devrais m'occuper de mon divorce, l'épouser. Nous
sommes en train de faire notre voyage de noces. Il ne
faut pas trop attendre pour ces décisions-là. Elle
m'aime d'une manière que je ne retrouverai probablement pas. »

Il eût pu penser aussi justement : « Et elle m'ins-
pire une manière d'aimer, une joie que moi non plus
je ne retrouverai jamais. »

Il sortait le matin pour le seul plaisir de lui
commander des fleurs. Il chantait faux en se
rasant, et usait le rouge à lèvres de Marie-Ange à
tracer sur la glace du lavabo des aveux enthou-
siastes ou tendres. Il vivait à cinquante ans l'amour
que sa jeunesse, obsédée par la besogne et l'ambition,
avait ignoré.

Au retour de ce bref voyage, Marie-Ange s'aperçut
qu'elle était enceinte.

V

« Dans toute existence, il y a une sorte de contrepoint », se disait Simon, regardant sous ses fenêtres
les jardins de Chaillot. « Ce qui m'est arrivé il y
a dix-huit ans avec la tante m'arrive aujourd'hui

avec la nièce. Et si, entre-temps, Noël Schoudler
avait réussi, comme il le voulait, à pousser sa belle-
fille dans mes bras, cela aurait pu m'arriver aussi
avec la mère de Marie-Ange. Il semble qu'un sort
me lie, me voue, aux femmes de cette famille, et que
la vie, la fécondité, veuille absolument se glisser
entre elles et moi... Seulement, avec Isabelle, l'idée
d'un enfant m'était désagréable; tandis que cette
fois... »

Cette fois, il ne pouvait s'empêcher de songer, avec
une complaisance insistante et secrète, au fils qu'il
pourrait avoir.

« Et pourquoi un fils ? Pourquoi est-ce que je
décide que ce serait un fils ? Marie-Ange le désire-
t-elle ?... Quand cet enfant aura vingt ans, moi, je
serai un vieillard, et Marie-Ange, elle, aura un
amant. Allons, Simon, c'est absurde. »

Mais les raisonnements les plus clairvoyants, les
plus pessimistes, n'y pouvaient rien. Un enfant,
n'était-ce pas la seule chose, et la plus naturelle,
qui manquât à son destin comblé ?

Ce matin-là, Simon attendait Jean-Noël qui
venait de lui demander, par téléphone, à le voir d'urgence. Simon ne doutait pas que le jeune homme ne
vînt l'entretenir de la situation de sa sœur. Marie-
Ange lui avait donc parlé ? Il voulut téléphoner à
celle-ci. Elle était sortie. Il fut soudain inquiet.
« Pourvu qu'elle ne fasse rien sans me le dire. Ce
serait trop bête... Mais non sûrement pas... »

Quand le jeune homme entra, Simon fut frappé
de sa pâleur, de son expression anxieuse. « Comme

ıl prend les choses à cœur ! Je ne lui aurais pas cru
une telle sensibilité, ni tant d'affection pour sa sœur...
Pauvre gosse, qui croit sans doute de son devoir de
me demander compte de ma conduite et de mes
intentions. Je vais le rassurer tout de suite. »

Il se sentait lui-même assez ému, et éprouvait
une grande tendresse pour Jean-Noël. Il voulut lui
faciliter la démarche, le mettre dans un climat
amical, fraternel.

« Alors, mon petit Jean-Noël, pourquoi venez-
vous me voir ? demanda-t-il d'un ton affable, les
bras ouverts, en lui désignant un fauteuil.

— Il m'arrive une catastrophe, dit Jean-Noël.

— Il *vous* arrive..., dit Lachaume surpris. Un
ennui personnel ? »

Jean-Noël hocha la tête affirmativement.

« C'est pour *Le Chevalier du Sahara*... J'ai été
la proie de requins et d'escrocs, dit Jean-Noël...
Ça vous fait sourire ? Mais ce n'est pas drôle, je vous
assure.

— Non, non, ce n'est pas cela. C'est une association d'idées... Ce serait trop long à vous expliquer »,
dit Simon.

Il se revoyait soudain, dix-huit ans plus tôt, alors
qu'il était attaché au cabinet de Rousseau, au
ministère de la Guerre, recevant la visite du vieux
marquis de La Monnerie. C'était le moment, précisément, où Isabelle était enceinte; et alors que
Simon s'attendait à des représentations de la part
du marquis, il avait entendu ce dernier s'exprimer en
solliciteur et demander qu'on différât la mise à la

retraite de son frère le général. « Le contrepoint, le contrepoint », pensait Simon.

« Allez, mon cher Jean-Noël, expliquez-moi ce qui s'est passé. Je vous ai fait obtenir, si mes souvenirs sont exacts, une subvention d'un million pour ce film... »

Jean-Noël raconta, aussi clairement qu'il put, l'histoire de ses mécomptes. Les frais de mise en route du film dépassaient les prévisions. Le metteur en scène avait brusquement décidé de modifier le scénario et le découpage n'était pas terminé. Mais comme le concours des unités de l'armée avait été demandé à date fixe, on tournait en ce moment au Maroc des plans dont on ne savait pas s'ils seraient utilisés. La société de Jean-Noël se trouvait brusquement sans liquidités parce que Sabillon-Vernois non seulement n'avait pas fourni sa part de commandite, mais encore s'était servi de la subvention pour terminer un autre film... Simon, qui avait écouté d'abord avec une simple complaisance, concentra soudain son attention et oublia tous ses autres soucis.

« Mais comment ? s'écria-t-il. Vous avez remis à une autre société, pour une autre production, une partie de la subvention que je vous ai fait accorder ? Vous savez comment cela s'appelle : détournement de fonds publics. Vous êtes passible de la correctionnelle. C'est très ennuyeux. Vous vous êtes mis dans un très mauvais cas, mon vieux. »

Il pensait surtout à lui-même, à sa propre position dans l'affaire. Si l'histoire tournait mal, elle risquait

d'être exploitée par ses adversaires politiques. On ne
manquerait pas d'aller fouiller dans sa vie privée, de
parler de Mlle Schoudler, « égérie actuelle du ministre », et de faire revenir sur l'eau les souvenirs
du krach Schoudler. Il savait trop, par expérience,
comment les journaux d'opinion peuvent orches-
trer une campagne autour d'un minuscule événe-
ment...

« Et alors que je suis sorti du krach, non seulement
avec les honneurs de la guerre, mais avec une position renforcée, je risque d'avoir les pires embê-
tements pour cette sottise, pour cette subvention
ridicule accordée à ce gamin. Ce serait un peu fort
tout de même ! Si j'étais superstitieux, je croirais
que le vieux Noël se venge, par-delà le tombeau,
grâce à son petit-fils. »

« Oui, c'est très ennuyeux, répéta-t-il. Et vous
me mettez personnellement dans une situation fort
désagréable.

— Mais je sais, je comprends bien. C'est pourquoi j'ai voulu venir vous en parler, dit hypocri-
tement Jean-Noël.

— Vous auriez mieux fait d'avoir cette idée
plus tôt. Donc, reprit Lachaume, vous vous trouvez
dans une affaire où vos commanditaires n'ont pas
honoré leurs signatures, où une partie de la subvention gouvernementale a été détournée au profit de ces
commanditaires, et l'autre dilapidée par l'impré-
voyance de vos collaborateurs, vous étant seul responsable. En outre, vous avez une troupe d'acteurs
et de techniciens en panne, au Maroc. C'est bien

cela ?... Eh bien, mon cher, qu'est-ce que vous voulez que je fasse pour vous ? »

Il réfléchit un instant.

« Rien, je ne peux rien, mon pauvre ami, poursuivit-il. Il faut que ce monsieur... comment l'appelez-vous ? Sabillon-Vernois... vous restitue la part de la subvention; sinon l'Etat, faites-le lui comprendre, aura toujours le recours, comme premier créancier, de lui saisir ses films passés et en cours, sans préjudice des poursuites pénales. Quant à vous, tâchez, quitte à abandonner en partie la propriété de votre film, de vous procurer le complément de fonds nécessaires pour achever votre production. Il le faut absolument. Car si le film est fait, même mauvais, alors les services du ministère de la Guerre ne diront rien. Ce ne sont pas des experts en chefs-d'œuvre, vous savez ! D'autre part, il ne manque pas d'imbéciles, sur la place de Paris, qui sont prêts à mettre de l'argent dans le cinéma avec l'espoir de faire fortune...

— Justement, dit Jean-Noël, il me faudrait trois cent mille francs.

— Vous devez pouvoir les trouver.

— C'est qu'il me les faudrait dans les vingt-quatre heures », dit Jean-Noël.

Il hésita, avala sa salive, et ajouta :

« Parce qu'il y a trois cent mille francs de chèques sans provision, et je suis menacé d'un dépôt de plainte.

— Ah ! cela, en plus ? s'écria Simon. De mieux en mieux.

— Est-ce que vous ne pourriez pas...

— Quoi donc ?

— Eh bien... m'aider pour ces trois cent mille ?

— Ah ça ! mon cher Jean-Noël, vous allez un peu fort, répliqua Simon. Je pense en avoir déjà fait beaucoup. Je suis prêt à tout ce qui me sera possible pour éviter des ennuis avec l'Etat. Ne me demandez pas davantage. »

Jean-Noël, dont le cœur battait, dont l'angoisse étirait les traits, releva la tête, prit une fausse assurance :

« Mais ce serait contre une part de propriété de film.

— Allons, Jean-Noël, ne plaisantez pas. »

Jean-Noël se sentait l'échine moite. Il se leva, tâchant de prendre une contenance assurée, alla vers la fenêtre, regarda vaguement le paysage. Simon l'observait avec un mélange de pitié, de mépris et d'irrépressible tendresse. Il ne pouvait se défendre d'aimer ce garçon, parce qu'il était jeune, parce qu'il était faible, parce qu'il était l'aboutissement de toute une famille dont lui, Simon, avait connu trois générations. « Pourvu que ce gosse n'aille pas faire une bêtise, et se flanquer une balle dans la tête, comme son père... Il en a les nerfs fragiles, sans l'honnêteté ni l'intelligence... »

Pendant ce temps, Jean-Noël rassemblait contre Simon des forces de colère et de haine. « Voilà, se disait-il, un homme qui est puissant, qui vit richement, qui dispose de toutes les influences, qui doit sa situation à ma famille, qui a trahi mon grand-

père, qui couche avec ma sœur, et qui refuse de
m'aider à me sauver. Tant pis pour lui. Pas de pitié.
J'ai le droit de jouer de n'importe quelles armes. »

Il se retourna, à la fois tremblant et agressif, s'efforçant d'imposer le calme à son visage.

« Si je n'ai absolument pas d'autres ressources,
dit-il, un journal m'offre ces trois cent mille francs
pour raconter mes souvenirs, du temps où j'étais
votre chauffeur. »

La première impulsion de Simon fut de gifler
Jean-Noël. Il se retint. « Pas de colère », pensa-t-il.
Il savait que ce que venait de prononcer Jean-Noël
était faux, ne fût-ce que par l'importance même de
la somme; on n'avait pas l'habitude de payer aussi
cher des documents de cette nature. Mais cela risquait
de devenir vrai, et il comprit que le jeune homme
était capable, même à moindre prix, de mettre sa
menace à exécution.

Trois cent mille francs, Simon pouvait se les procurer, ne fût-ce qu'en demandant à quelques personnes qui lui avaient de grosses obligations de ren-
flouer la société de Jean-Noël. Et c'était justement
cela qu'il envisageait l'instant d'avant.

Mais jamais au cours de sa vie Simon n'avait
cédé à une manœuvre de cette sorte. Il ne céderait
pas aujourd'hui, et devant un gamin. « Pas de colère,
pas de colère », se répétait-il.

Mais son expression, son port de tête et d'épaules
s'étaient à ce point modifiés que, lorsqu'il fit deux
pas en direction de Jean-Noël, celui-ci recula.
Jean-Noël eut peur, une peur élémentaire, immé-

diate, qu'il n'avait pas connue depuis son enfance, depuis qu'il tremblait devant les colères de géant de son grand-père Noël Schoudler. Et c'était une colère semblable, une colère d'homme mûrissant et fort qui habitait Simon.

« Alors, c'est toi tout seul qui as combiné cette petite machination ? »

Jean-Noël ne répondit pas.

« Tu sais comment cela s'appelle, ce que tu es en train de faire ? reprit Simon. Du maître chantage, et de la plus ignoble espèce, s'il peut exister des degrés dans ce genre d'ignominie; celle qui consiste à utiliser des services qu'on vous a rendus pour les retourner contre ceux à qui on les doit. Monsieur le baron Schoudler, descendant d'académiciens, de maréchaux et de régents de la Banque de France, tu es une lâche petite crapule qui vendrait tes amis, ta sœur, ton pays, pour te sortir du pétrin où ta vanité et ton désir de gagner de l'argent sans rien faire t'ont mis. Maintenant, assieds-toi et écoute-moi bien. Si jamais tu t'avisais de réaliser ton petit projet, et si tu trouvais un directeur de journal assez bête pour t'y aider, lui et toi seriez foutus en tôle dans les vingt-quatre heures. Car tout ce qui touche au ministère de la Guerre peut être considéré comme secret intéressant la sûreté extérieure de l'Etat, et je me charge alors, mon petit ami, de t'envoyer devant la justice militaire. Si tu dois absolument faire un tour à la prison de la Santé, mieux vaut, crois-moi, y aller comme débiteur insolvable que pour divulgation de renseignements sur la défense

nationale. D'autre part, en ce qui concerne ton film,
tu vas aller trouver tes Sabillon et consorts et leur
dire qu'ils aient à restituer dans les huit jours la
subvention ministérielle aux fins pour lesquelles elle
a été accordée; faute de quoi une instruction serait
ouverte contre toi pour détournement et contre eux
pour recel. Quant à la couverture des chèques sans
provision, tu ferais bien de t'en occuper également
avec eux, car si tu étais arrêté pour escroquerie et
ta société déclarée en faillite, étant donné les tripo-
tages auxquels vous vous êtes livrés, leur compte ne
serait vraisemblablement pas meilleur que le tien.
Voilà ! »

Jean-Noël se sentait écrasé par cette démonstra-
tion et par le ton sur lequel elle avait été faite.

Simon, conscient d'avoir maté le jeune homme,
en profita pour assurer définitivement son avantage.

« Je pourrais aussi bien, et même je devrais, dit-il,
te jeter dehors avec mon pied au derrière, téléphoner au ministère pour qu'on aille mettre le nez
dans tes mauvaises affaires, et te faire coffrer immédiatement. Si je n'agis pas ainsi, c'est uniquement
par affection pour ta sœur; tu t'en doutes. Mais ce
n'est plus toi qui menaces, maintenant, c'est moi.
Je te donne huit jours, tu m'entends, pour venir
me revoir, preuves en main, et me dire que tout
est réglé. Sinon, attends-toi au pire. »

Jean-Noël eut alors une espèce de mouvement
d'enfance. Avec une expression candide, sincère et
humble, il dit :

« Je vous demande pardon, profondément. Je ne

savais plus ce que je disais tout à l'heure. J'avais
perdu la tête. Mais je ne voulais pas vraiment le faire.
Je ne suis pas aussi ignoble que je vous l'ai laissé
croire. Je vous le prouverai. »

Simon haussa les épaules pour signifier qu'il n'y
croyait guère.

Et quand le jeune homme fut parti, il se laissa
choir dans un fauteuil et réfléchit un long moment.
« Si j'ai un fils, se disait-il, voilà peut-être ce qu'il
sera. »

VI

Jean-Noël, pendant une semaine, ne connut plus
ni jour ni nuit. Une angoisse, qui le mettait dans
un état semblable à celui de l'ivresse, lui avait ôté
le sommeil et le poussait à une activité mentale et
physique incessante.

Entre ses commanditaires qui se dérobaient et
ses échéances vertigineuses, il se sentait parfois sub-
mergé par le désespoir, et, vers cinq heures du matin,
les nerfs à bout, la nuque douloureuse, il se prenait
à penser : « Et puis tant pis, j'irai en prison après
tout. Ce sera fini, ce sera un repos. » Et il songeait
aussi à se tuer, ce qui serait un repos plus grand
encore. Le souvenir de son père l'obsédait en ces
moments-là, et Jean-Noël se disait qu'une fatalité
héréditaire pesait sur lui.

Puis, l'heure suivante, une intuition nouvelle lui

procurait un regain d'énergie et, dès l'ouverture des
bureaux, il se remettait en route. Il revit de bout en
bout la comptabilité de sa société et relut toute
la paperasserie, pour comprendre à quoi exactement
il s'était engagé. Pendant ce temps, des escadrons de
l'armée française continuaient de défiler, sur les
contreforts de l'Atlas, devant les cameras, et Jean-
Noël recevait des télégrammes lui annonçant que
tout allait bien, mais qu'il fallait envoyer de l'argent.

Il habitait toujours l'hôtel George V, faute de
pouvoir acquitter sa note.

Il alla consulter des avocats qui lui conseillèrent,
l'un de faire une tractation avec ses commanditaires, l'autre de leur intenter un procès qu'il gagne-
rait sûrement... en deux ou trois ans. Il obtint des
répits dérisoires des créanciers.

Sabillon-Vernois et les autres associés de Jean-
Noël comprirent que les choses risquaient vraiment
de tourner mal. Ils proposèrent une solution, mais en
s'arrangeant pour que Jean-Noël en fût la seule
victime.

Il fut convenu que la société créée pour *Le Chevalier du Sahara* devenait filiale de la société de
Sabillon-Vernois, avec le même président, les mêmes
bureaux, la même banque. Un jeu d'écritures anti-
datées masquerait l'irrégularité des opérations faites
avec les fonds publics, et la subvention se trouverait réaffectée à sa destination première. Jean-
Noël se retirait entièrement de l'affaire, y laissant
ses parts et tous ses apports, et renonçant à toute
propriété sur le film futur.

« Votre gestion a été très mauvaise, tint à préciser Sabillon-Vernois entre deux piqûres de morphine. C'est vraiment tout ce que nous pouvons faire. »

Restaient encore les trois cent mille francs de chèques sans provision, dont Sabillon et les autres ne voulurent pas entendre parler.

« Mais puisque je vous abandonne tous mes apports ! dit Jean-Noël.

— Ne revenons pas là-dessus, voulez-vous. Sinon nous annulons tout ce qui a été dit... »

Jean-Noël sentit qu'il se noyait de nouveau.

Il demanda cinquante mille francs à sa tante Isabelle qui s'affola, les promit, se reprit, dit qu'elle ne les avait pas, finit par en accorder vingt...

« ... ce qui va me forcer à engager les bijoux de ta grand-mère; voilà à quoi tu m'obliges, mon petit. »

Il alla trouver son cousin Valleroy, à qui il n'osa pas dire complètement la vérité, mais qui la flaira. Le duc lui adressa une brève semonce qui se termina par ces mots :

« Bon. Je vais voir ce que je peux faire pour toi. Téléphone-moi demain. »

Et le lendemain, il fit répondre qu'il était parti pour quinze jours en Lorraine.

Jean-Noël passa chez l'éditeur de son grand-père Jean de La Monnerie. Toute l'œuvre du poète avait produit depuis un an quinze cents francs de droits d'auteur.

Jean-Noël vendit la boîte d'or que Pem lui avait

donnée et les quelques objets qu'il possédait qui pouvaient avoir quelque valeur. Avec cela, il put acquitter sa note d'hôtel et se réfugier chez Marie-Ange.

Celle-ci fut inquiète de l'aspect de Jean-Noël, de sa maigreur, de son aspect d'animal traqué.

« Inutile de dire à Simon que je suis revenu ici, dit Jean-Noël. Et inutile de le dire à personne. Si on me demande au téléphone, je ne suis pas là, tu ne m'as pas vu depuis longtemps, tu ne sais pas où me joindre.

— Simon m'a dit que tu avais des ennuis avec ton film, et que tu t'étais assez mal conduit avec lui, répondit Marie-Ange. Mais il n'a pas voulu me donner plus d'explications. Je t'ai téléphoné plusieurs fois. On m'a répondu que tu étais sorti.

— J'avais de bonnes raisons pour faire interrompre mon téléphone... Marie-Ange, qu'est-ce qu'il te reste à la banque ?

— Une quarantaine de mille francs, à peine. » Jean-Noël lui raconta sa piteuse histoire de bout en bout.

« Eh bien, nous sommes dans une bonne série ! » dit Marie-Ange.

Jean-Noël n'avait jamais vu à sa sœur cet air soucieux et sombre ; il ne lui avait jamais connu ce ton sec, presque agressif. « Simon l'a sûrement montée contre moi », pensa-t-il.

« Marie-Ange, il me faut ces quarante mille francs.

— Mais, si je te les donne, comprends donc qu'il ne me reste rien, plus rien, plus un sou...

— Tu ne vas pas me laisser aller en prison, tout de même ! Avec cela je peux gagner un peu de temps...

— Je serai complètement à la merci de Simon.

— Il peut bien s'occuper de toi quelque temps, répondit Jean-Noël. Et puis tu peux sûrement retourner chez Marcel Germain... Oh ! quelques mois, le temps que je retrouve une situation...

— Pour être mannequin, avec un ventre comme ça ? s'écria-t-elle en avançant les deux bras. Oui, parfaitement. Je suis enceinte, si tu veux savoir. »

Et elle s'écroula en sanglotant sur un bras de fauteuil.

« Mais comment ? Mais comment est-ce arrivé ? dit Jean-Noël.

— Oh ! comme cela arrive toujours, répondit-elle entre ses larmes en haussant les épaules.

— Et pourquoi ne me l'as-tu pas dit plus tôt ?

— Il aurait fallu que tu sois là.

— Si j'avais su... si j'avais su », dit Jean-Noël.

Il se mit à marcher de long en large dans la pièce. Oui, s'il avait su, il eût pu tenir un langage bien différent à Simon, et, au lieu d'une absurde tentative de chantage, exercer une pression sentimentale plus adroite et plus efficace. Il eût pu se servir de Marie-Ange pour circonvenir Simon. Tout s'était vraiment organisé de la pire manière.

« Ah oui ! nous sommes vraiment dans une bonne série... Mais alors, dit Jean-Noël, Simon va t'épouser ?

— Mais est-ce que je sais ? Est-ce qu'il veut

m'épouser ? Est-ce qu'il peut divorcer ? Sa femme
n'est pas à Paris. Elle doit rentrer seulement dans
quelques jours... Est-ce que je sais moi-même si j'ai
envie de me marier avec lui ? »

Elle finit par consentir à ce que son frère lui
demandait, c'est-à-dire qu'elle lui laissât prendre
trente mille francs sur les quarante qui lui restaient.

« Peut-être les catastrophes de Jean-Noël vont-
elles me faire faire une fausse couche, se disait-elle
avec espoir. Il paraît qu'il y a des femmes à qui un
gros ennui... Et puis, si je n'ai plus un sou, et que
rien ne s'arrange, ce sera une raison supplémentaire
d'en finir. »

Et elle alla dans la cuisine manger un éclair au
chocolat, parce que, depuis qu'elle était enceinte, elle
avait une envie permanente, insatiable, d'éclairs au
chocolat et qu'elle en prenait à tout moment du
jour.

Tandis que Jean-Noël, revenant d'avoir éteint,
grâce aux trente mille francs de Marie-Ange et aux
vingt mille d'Isabelle, sa dette la plus dangereuse,
froissait dans sa poche un chèque récupéré, et ne
cessait de se dire : « Encore deux cent cinquante
mille... mais où, comment ?... » il se heurta, au coin
de la rue Cambon et de la rue Saint-Honoré, à
Christian Leluc.

Christian n'avait pas changé; toujours la même
frange sombre sur le front, la même apparence adolescente, le même regard faux, les mêmes mains trop
déliées, le même foulard autour de son cou de poulet.

Jean-Noël pensa aussitôt au prince Galbani, à Maxime de Bayos. S'ils étaient à Paris, ce pouvait être un espoir...

« Mais Ben est mort. Comment, tu ne l'as pas appris ? dit Christian. Il y a deux mois. De curieuse façon. Pendant qu'il cherchait un livre dans la bibliothèque, au palazzo, le tasseau d'une planche sur laquelle se trouvait un buste en bronze d'empereur romain s'est rompu, et Ben a reçu le buste sur le crâne. La vengeance des Césars. On ne sait pas au juste si c'est le buste qui l'a tué sur le coup, ou bien s'il s'est cassé les vertèbres en tombant de l'échelle... D'ailleurs, ajouta Leluc, il n'était plus du tout gentil avec moi, les derniers temps. Ça ne lui a pas porté bonheur. »

Et le faux adolescent, découvrant ses dents pointues, eut un sourire méchant qui laissa une mauvaise impression à Jean-Noël.

« Et Baba ?

— Baba est allé se remettre de son chagrin en Hongrie. L'Abbaye est à vendre. Il ne veut plus y remettre les pieds. »

Les espoirs de Jean-Noël s'anéantissaient aussitôt qu'entrevus.

« Et qui a hérité de Ben ? » demanda-t-il soudain.

Il pensait : « Mais c'est peut-être lui, mais c'est peut-être Christian, qui a la fortune de Ben. Il y aurait peut-être quelque chose à faire, alors... »

Christian eut un mauvais regard.

« C'est sa cousine, tu sais, la duchesse de Salvimonte, cette vieille chipie, qui a tout eu, dit Chris-

tian. C'est fou ! Avec les terres, les palais, les œuvres
d'art, il doit y en avoir pour vingt ou vingt-cinq
millions. Veux-tu me dire si cette vieille garce, qui
était déjà riche comme un puits, avait besoin de
cela ?... Ben m'avait juré qu'il m'avait placé sur son
testament, un tiers pour moi, un tiers pour Maxime
et le reste pour sa cousine. On n'a jamais pu découvrir ce testament. Et moi, je n'ai rien eu. Une paire
de boutons de manchettes, en souvenir, comme à un
domestique.

— Où est-elle en ce moment ? demanda Jean-Noël.

— Qui ?

— La duchesse de Salvimonte.

— Je crois qu'elle est à Paris. Quelqu'un m'a dit
l'avoir vue ces jours-ci. Qu'elle crève ! »

Ils passaient devant une boutique de gants, et Jean-
Noël se sépara vivement de Christian Leluc, qui
avait sur les lèvres un sourire étrange.

« Je donne un concert dans quinze jours, mon premier récital à Paris, dit Christian retenant la main
de Jean-Noël. On doit poser les affiches demain
Tu viendras ?

— Bien sûr », répondit Jean-Noël.

VII

Elle était tournée vers la fenêtre, finissant de se
repoudrer, lorsqu'il entra. Elle portait une robe de

soie noire, assez courte, dont l'étoffe luisait dans le contre-jour, et une minuscule chaînette d'or, sous son bras, autour de sa cheville qui avait été mince et n'était plus que maigre.

« Jean-Noël, *caro,* quelle joie de vous voir, cher ! » s'écria-t-elle avec cet accent russe qu'elle renforçait dans l'enthousiasme mondain.

Elle lui tendit ses mains sèches, cassantes, et chargées de deux diamants énormes.

« Justement, je suis arrivée depuis quatre jours, continua-t-elle, et je me disais : « Vais-je voir le « cher Jean-Noël ? Où est-il ? Comment le joindre ? « Se souviendra-t-il de moi ? » Et j'ai la joie soudaine de votre visite. Alors asseyez-vous, racontez. Qu'est-ce que vous avez fait pendant tout ce temps ? Dites-moi, je veux tout savoir. Moi, j'ai eu tellement de soucis, de tracas... »

Et ce fut elle qui se raconta, intarissable, pendant un plein quart d'heure. Elle donna sa version de la mort de Ben. Pour elle, c'était « cet affreux petit Leluc, vous savez bien », qui avait dû faire le coup.

« Ils étaient seuls dans le palazzo quand cet accident invraisemblable est arrivé, dit-elle. Tous les domestiques en course, ou bien dans le fond des cuisines. Allons, vous ne croyez pas ?... Et après, j'ai eu tous les ennuis de la succession. Ben laissait ses affaires dans un état impossible; le vau-l'eau, mon cher, tout à fait le vau-l'eau. Mais malgré ces soucis que j'ai eus, je m'ennuie, *caro,* je m'ennuie. Je voyage, je vais ici, je vais là, et jamais je ne rencontre la petite étincelle de bonheur. »

En parlant, elle tournait vers Jean-Noël son visage rafistolé, cette chair retendue au bistouri, masque de la pire tragédie, le chagrin de vieillir, de n'être plus désirable. Et encore, il paraissait que la représentation durât trop longtemps, car déjà le front, les narines reprenaient leurs rides naturelles, et il ne restait plus du masque refait que la cicatrice jaune et fripée qui le reliait à l'encolure ravagée, aux oreilles allongées.

De · ses yeux gris, sous les paupières chiffonnées, chargées inutilement de pâte nacrée et de rimmel vert, elle observait Jean-Noël avec une intensité croissante, gênante. Et quand elle saisissait son regard, elle ne le lâchait plus, semblait le happer, l'aspirer. Et les cartilages de sa vieille poitrine se soulevaient.

« Vous êtes vraiment très beau, cher, s'écria-t-elle soudain. Je pense que je ne suis pas originale; on doit vous le dire souvent. Mais pourquoi les femmes n'auraient-elles pas le droit de dire aux hommes qu'ils sont beaux, comme les hommes le disent à elles ? »

Jean-Noël ne savait pas très bien quelle attitude prendre.

« Vous êtes charmante », répondit-il poliment.

Elle le remercia d'un sourire qui découvrit ses dents déchaussées et jaunies par le tabac.

« Ah ! cher, le charme slave, répondit-elle avec une ironie affectée. Je dis toujours : « Le charme « slave est une tyrannie dont les tyrannisés ne peu- « vent plus se passer. » Ma mère était russe, vous savez, oui je vous ai dit, je crois. Et mon père était italien. Mais j'ai passé la plus grande partie de mon enfance à Pétersbourg. »

Jean-Noël craignait qu'elle ne se mît à lui répéter la double histoire de sa famille, depuis les règnes de Vladimir le Grand et de Cosme de Médicis. Il sentait s'élargir le sac d'angoisse qu'il portait entre les côtes, et se demandait comment il arriverait au but de sa visite.

« Alors, cher ? Et vous ? demanda-t-elle de nouveau. Racontez-moi, je veux tout savoir. Les amours... »

Jean-Noël sauta sur l'ocasion de crainte qu'elle ne se représentât point.

« Chère Lydia... vous me permettez de vous appeler ainsi... »

Il savait qu'elle adorait que les jeunes hommes l'appelassent par son prénom.

« Mais voyons, cher, mais naturellement, s'écriat-elle en offrant plus largement ses dents jaunes et en profitant de l'opportunité pour prendre et pétrir la main de Jean-Noël.

— Chère Lydia, je suis venu vous demander de me sauver la vie.

— Mais comment ? Mais bien sûr; tout ce que vous voudrez. Qu'est-ce que c'est ? Une affaire de femme ? Une affaire d'homme ? Cher, méfiez-vous des femmes trop jeunes; elles sont égoïstes et atroces. Moi, quand j'étais trop jeune, j'étais épouvantable de méchanceté. »

Elle ne lui avait pas lâché la main.

« Lydia, pourriez-vous me servir pour quelques jours de banquier ? dit-il.

— Mais voyons... », s'écria-t-elle dans le même mouvement d'enthousiasme.

Puis elle comprit de quoi il s'agissait. Le feu qui étincelait dans ses prunelles usées s'éteignit brusquement. Jean-Noël sentit la main sèche desserrer son étreinte et se détacher de la sienne.

Et Jean-Noël, pour la vingtième fois depuis quelques jours, refit le récit de ses mésaventures, ou plutôt mentit, pour la vingtième fois, de façon différente. La vieille duchesse feignait de l'écouter, et ruminait sa déception. « Qu'est-ce que je croyais ? Qu'il venait pour moi, se disait-elle, pour le plaisir de ma présence ? »

Jean-Noël, devant ce regard absent, inattentif, sentait qu'une fois de plus, dans ses mensonges, il se trompait de destinataire. C'était à Simon, ou à Valleroy, qu'il aurait dû parler de grosses rentrées en perspective, de difficultés momentanées de trésorerie. Et à la duchesse de Salvimonte, il eût mieux fait de dire simplement qu'il avait signé des chèques sans provision, ce qui l'eût peut-être amusée... Un instant, Jean-Noël imagina qu'il serait plus aisé de tuer cette vieille femme, en lui fracassant la tête contre le marbre d'une console, et de fuir en faisant main basse sur ses bijoux, en lui arrachant les deux diamants qui brillaient à ces annulaires décharnés tandis qu'elle allumait une cigarette...

« Alors, cher, combien vous faudrait-il ? demanda-t-elle un peu impatiemment, en rejetant la fumée.

— Deux cent cinquante mille, dit Jean-Noël.

— Hé là ! Deux cent cinquante mille ? Mais, cher, c'est une somme... Vous pensez que j'aimerais vous rendre service. Mais je ne crois pas même posséder cela en ce moment. Vous n'imaginez pas, les frais de la succession, l'entretien de toutes ces maisons sur les bras ! Je vis misérablement. On rit quand je dis cela et pourtant c'est vrai, *caro*... »

Une telle détresse se peignit sur les traits de Jean-Noël qu'elle en fut émue, non pas parce qu'il souffrait, mais parce que cette détresse l'embellissait encore, lui conférait une sorte de faiblesse physique qui le rendait, pour elle, encore plus désirable.

« A moins, à moins, dit-elle en feignant de réfléchir, que je fasse faire par mon banquier de Rome un transfert ici... »

Elle vit le sang revenir aux joues du jeune homme, son buste se redresser, la lumière reparaître en son regard.

Elle voulut contempler de nouveau l'expression de désespoir qu'il avait eue l'instant précédent.

« Mais non, dit-elle en secouant la tête. Je ne crois même pas que ma banque italienne puisse... je suis désolée. »

Jean-Noël pâlit; quelques gouttelettes brillèrent au-dessus de ses sourcils blonds et il porta les mains à ses tempes.

Une onde agréable parcourut les vieilles hanches et le ventre de la Salvimonte. Elle aurait voulu conserver, prolonger cette onde... « Au fond, mon argent, c'est moi. Je peux obtenir n'importe quoi avec

mon argent... » Elle voyait Jean-Noël entièrement
à sa merci; elle pouvait jouer avec ce beau garçon,
jouer de ses nerfs et des pulsations de son sang. Et
elle envisageait d'autres jeux...

« Voyons, c'est vraiment si grave..., dit-elle.

— Lydia, je vous assure, répondit-il les mains
serrées, si je ne trouve pas cette somme, je crois
que je vais me tuer.

— Allons, allons, cher, on ne se tue pas pour des
affaires d'argent. On croit cela à vingt ans... Ecoutez,
très cher, je vais me mettre dans de gros ennuis,
mais je ne veux pas vous laisser ainsi. Nous allons
aller à ma banque ensemble... »

Il lui offrit des garanties, une hypothèque — en
second rang — sur Mauglaives. Elle balaya cette
proposition de la main... « Dieu qu'il est ennuyeux
avec ses embrouillages financiers ! »... et dit :

« Vous me signerez juste un papier, je ne sais pas
comment cela se rédige... simplement pour moi,
pour que je n'oublie pas, je suis si distraite. »

Jean-Noël se leva, la saisit aux épaules dans un
élan sincère et s'écria :

« Chère Lydia, vous ne savez pas quelle reconnaissance je vous ai !

— Mais, cher, répondit le vieux masque avec
coquetterie, je compte bien que vous me la prouve-
rez. »

Et elle lui caressait les mains avec ses diamants.

Jean-Noël regarda sa montre. Il était trois heures.

« Nous pouvons aller maintenant à votre banque ?
demanda-t-il avec humilité.

— Oui, nous pouvons... », répondit-elle sans empressement.

Elle se leva, alla devant sa coiffeuse, noua trois rangs de perles grosses comme des noisettes autour de son cou, faisceau de serpents morts. Elle se coiffa d'un minuscule canotier de paille noire vernie, dont l'élastique rebroussait sur la nuque la racine blanche de ses cheveux teints couleur acajou.

« Et pourquoi vais-je à la banque avec lui ? pensait-elle. Pourquoi simplement je ne lui signe pas le chèque en lui disant : « Maintenant, faites tout de « suite l'amour avec moi » ? Pourquoi est-ce que je veux qu'il comprenne tout seul ? Cette pudeur absurde, toujours, qui m'a tant gênée dans la vie... Et puis non, je ne veux pas ressembler à ces horribles vieilles femmes qui se paient des garçons. Et alors, deux cent cinquante mille francs, c'est trop cher. »

« Mais vous savez, dit-elle, je ne peux vous prêter cela que pour trois jours.

— Mais oui, mais oui, dit Jean-Noël. Dans trois jours, je vous promets... »

Puis, comme ils étaient dans l'ascenseur, elle dit :

« Demain, à l'Opéra, il y a l'orchestre philharmonique de Berlin. Voulez-vous venir avec moi ?

— Mais avec quelle joie... », répondit Jean-Noël.

Ils sortirent du Ritz, montèrent dans le taxi qu'un chasseur venait d'appeler.

Soudain, la duchesse s'écria :

« Oh ! j'oubliais complètement. J'ai rendez-vous à quatre heures avec un astrologue, un mage, vous

savez, qu'une amie m'a indiqué. Il paraît qu'il dit des
choses extraordinaires. Venez avec moi. Nous allons
tout savoir de votre avenir, et si vos affaires s'arran-
gent.

— Mais la banque va être fermée, dit Jean-Noël.

— Eh oui, ça ne fait rien, cher. Vous revenez me
voir demain et nous allons à la banque ensemble. »

Et elle chercha dans son sac une adresse, qu'elle
cria au chauffeur.

VIII

Rien n'avait changé ni bougé dans l'appartement
de la rue de Verneuil, où Simon n'était pas venu
depuis quinze ans. Le papier des murs, simplement,
avait quinze ans de plus, et quinze de plus l'usure
des fauteuils. La lumière que fournissaient les fenêtres d'entresol semblait elle-même avoir vieilli.

Yvonne Lachaume, toujours fade, toujours lym-
phatique, mais un peu empâtée, blanchissante de cheveux, jaunissante de visage, s'était installée dans les
parages de la cinquantaine. Son alliance étranglait
légèrement la chair de son doigt.

« Tu te rappelles ? dit-elle. Nous n'avions pas
assez d'argent pour nous payer deux alliances.
Alors tu as juste acheté la mienne. Il semble que
de nous deux il n'y ait eu que moi de liée. »

Elle usait d'un ton d'ironie faussement indulgente

qui lui laissait percer un reproche sous chaque parole.
Son regard placide, attentif, ne manifestait ni surprise, ni colère, ni tendresse, ni pardon, mais voulait exprimer ceci : « Je pourrais me plaindre, je
pourrais réclamer, je pourrais t'accabler. Vois comme
je me conduis bien. Je continue à me taire, mais je
n'en pense pas moins. Et que veux-tu de moi, aujour-
d'hui ? »

Sur la table du salon gisait l'ouvrage de couture
auquel elle travaillait, la même combinaison de soie,
sembla-t-il à Simon, dont elle tirait les jours
quinze ans plus tôt, lorsqu'il était parti.

« Oui, j'ai un petit magasin de lingerie avec une
dame de mes amies, expliqua-t-elle. Nous nous
débrouillons à peu près. C'est Mme Marin, tu te
souviens d'elle... non ? La femme d'un de tes collègues à Louis-le-Grand; il était professeur d'histoire. Il est mort... Oh ! je suis repassée l'autre jour
par la rue Lhomond. Tu te rappelles, notre premier
appartement ? Eh bien, la maison a été démolie, pour
bâtir l'hôpital Curie à la place. Au fond, c'est là
que j'ai été le plus heureuse. »

Simon n'était pas assis depuis dix minutes que
déjà il n'en pouvait plus de ces « tu te rappelles ?
tu te souviens ? » à tout propos répétés. Cette femme
ne paraissait avoir eu d'autre fonction dans le monde
que de conserver des souvenirs qu'il avait voulu
effacer, et d'être demeurée le témoin immobile des
lointaines années de la médiocrité. Elle les avait
remâchés durant quinze ans, ces souvenirs, et elle
s'en pourléchait comme d'un mauvais ragoût.

Pendant ce temps, il avait exercé cent fonctions diverses et gravi tous les échelons de la hiérarchie sociale, depuis l'obscurité jusqu'à la puissance; il avait dormi avec des femmes ou belles, ou riches, ou influentes; il avait géré un grand journal, séduit des foules, et été porté par elles à la tribune du parlement; il avait discuté en Conseil des Ministres, au palais de l'Elysée, du sort et des nécessités d'un empire de cent millions d'êtres humains.

Mais il lisait dans les yeux d'Yvonne, qui l'observaient sans relâche depuis le crâne jusqu'à la pointe des chaussures : « Moi, je t'ai connu pauvre, moi, je t'ai connu rien. Je t'ai vu corriger à l'encre rouge des copies de lycéens, et suer d'angoisse sur ton premier article. Les autres peuvent avoir de toi toutes les belles images d'homme arrivé et autoritaire; mais moi, j'ai ton image d'ambitieux maigre et mal vêtu, et cette image, j'y tiens plus qu'à toute autre chose, parce que je suis seule à la posséder et qu'elle me permet, à moi seule, de te regarder sans être tenue au respect. »

Elle se dirigea vers une petite table, prit un vieux sous-main en cuir repoussé, un objet laid et fatigué qui datait de la rue Lhomond... « ton sous-main, tu te le rappelles... » et qui était gonflé de coupures de presse.

« Je t'ai suivi, je sais tout ce que tu as fait, dit-elle. Et puis les bonnes âmes se chargeaient de me renseigner sur tes aventures... »

Il comprit qu'elle avait, toutes ces années, découpé dans les journaux les articles le concernant, les dis-

cours qu'il prononçait, ses photographies. Mais loin
d'être ému par cette sollicitude, il n'en éprouva que
mépris. Il imaginait trop bien Yvonne jouant pendant quinze ans, auprès de Mme Marin, auprès des
clientes de sa boutique de lingerie, auprès des fournisseurs du quartier, son rôle d'épouse délaissée, de
premier amour du grand homme, et se drapant dans
son chagrin digne, et tirant sa misérable auréole du
nom qu'il s'était fait sans elle, rôle ingrat mais
facile, le seul qu'elle pût tenir. Aux dix personnes qui
devaient constituer son maigre entourage, elle rebat-
tait sûrement les oreilles avec des : « Mon mari,
Simon Lachaume... lorsque mon mari était professeur... votre mari aime les lentilles ? le mien aussi;
je lui en préparais plusieurs fois par semaine; nous
n'étions pas riches... » Et les autres se laissaient
ennuyer avec complaisance pour la satisfaction de
tenir, eux aussi, leurs petits rôles de confidents de
tragédie.

« Pourquoi l'ai-je épousée ? se demandait-il.
Avait-elle de beaux yeux seulement ? Non, rien.
Elle promettait de devenir exactement ce qu'elle
est devenue... »

Or, il existait des hommes, Simon en connaissait, qui, tout en collectionnant les amours passagères, avaient pu garder auprès d'eux, tout le long
de leur ascension, des épouses avec lesquelles ils
étaient heureux de contempler le chemin parcouru,
avec lesquelles ils pouvaient s'attendrir sur les débuts
partagés ! Ces hommes-là étaient-ils mieux doués
pour le bonheur ?

Qui était fautif, lui ou Yvonne ?

Il se reconnaissait coupable d'une erreur de choix, incontestablement. Quant au reste...

Il avait coutume de dire pour justifier ses ruptures : « Quand un homme quitte une femme, c'est qu'elle n'a pas été capable de le conserver. » Il regarda sa femme et pensa : « Elle méritait un destin d'arrière-boutique : elle l'a eu. »

« Tiens, dit Yvonne avec un sourire, tu as toujours le même geste pour essuyer tes lunettes avec tes pouces. On vieillit, mais au fond, on change peu.

— Et tu n'as pas réorganisé ta vie... sentimentale ? Tu n'as pas eu d'amants ?

— Oh ! non, dit-elle calmement. Tu sais, moi, j'étais faite pour appartenir à un seul homme. »

Il n'avait aucun lieu d'en douter. Elle avait poussé la vindicte jusqu'à être irréprochable. Elle s'était trop évidemment complu dans son attitude de martyre, et rendait sa vertu haïssable.

« Cela n'a pas été drôle tous les jours, tu sais. J'avais du tempérament, tout comme une autre, tu dois te souvenir », ajouta-t-elle en tournant la tête de côté et en se rengorgeant d'un mouvement de cou qui ressemblait à celui des oies.

Il eut envie de la gifler; mais il n'était pas venu pour cela. Il lui exposa de la manière la plus douce, la plus courtoise, son intention de divorcer. A quoi bon prolonger une absurde fiction ? Puisque leur séparation était une situation de fait, autant que cela devînt aussi une situation de droit. Pour lui, d'autre part... Il aperçut dans les yeux d'Yvonne une toute petite lueur de joie méchante, et comprit que les choses ne seraient point aisées.

Il n'en continua pas moins son propos. La procédure la plus simple, la plus rapide, la moins coûteuse, consistait à ce qu'elle demandât, elle, le divorce. Il ferait défaut et serait condamné aux torts. Procédure banale, dont il chargerait deux avoués, et qui pouvait être terminée en deux mois.

« Pourquoi, au bout de quinze ans, es-tu si pressé tout à coup ? demanda-t-elle.

— Oh ! ma pauvre amie, je n'ai pas de raison de faire de mystère avec toi », dit-il.

Et il lui révéla franchement la raison. Il allait avoir un enfant; il désirait pouvoir l'élever, lui donner son nom.

« Je n'ai aucune raison de demander le divorce contre toi, dit-elle très calme. Pourquoi aujourd'hui plus que l'année dernière, ou qu'il y a dix ans ?

— Mais quand je dis : le demander, il ne s'agit, je te le répète, que d'une question de procédure.

— Non... moi, vois-tu, je ne te reproche rien. Je te comprends très bien, tu sais; je ne t'en veux pas. Mais je n'ai aucune raison de changer.

— Mais puisque je prends tous les torts !

— Mais encore une fois, je ne te reproche rien. »

Il lui proposa de l'argent, une somme immédiate, une forte pension. Elle montra une brève hésitation, et puis s'obstina dans son refus. Elle tenait à quelque chose de bien plus précieux que les avantages pécuniaires.

Combien de fois, depuis leur séparation, avait-elle

espéré, avait-elle imaginé la scène qui se déroulait ?

Quinze ans d'humiliation ravalée, quinze ans d'un médiocre « tempérament » refoulé, quinze ans de patience méritaient un paiement qui ne se pouvait point traduire en chiffres sur un chèque.

« Elle m'attendait à la sortie, comme disent les collégiens. Elle m'attendait à la sortie de la vie... Est-ce que je serais entré dans la période des revers ? » songea Simon avec angoisse.

Il n'était plus ministre, faute qu'on lui ait offert le portefeuille auquel il jugeait avoir droit. Et l'autre jour, il avait eu peur, un instant, devant la tentative de chantage de Jean-Noël; il en gardait une impression déplaisante. A présent, Yvonne, vieillie, fade, bête, oubliée, morte pour sa mémoire, Yvonne se dressait devant lui, têtue, butée, inerte comme un cadavre ! Est-ce qu'il n'était pas arrivé au moment des règlements de comptes ? Il chassa cette pensée.

Il reprit son calme, insista, expliqua, usa de sensibilité. Voulait-elle le priver d'avoir un enfant ?

« Mais rien ne t'empêchait de m'en faire un autrefois, dit-elle. Et puis, si cette femme t'aime tellement, elle peut bien l'avoir sans être mariée. Elle ne serait pas la seule. »

Elle était figée, rancie, dans un unique sentiment de frustration.

« Personne n'a pensé à moi pendant quinze ans, n'est-ce pas ? Aucune de toutes les belles dames qui sont venues dans ton lit ne se sont demandé si j'existais ? Pourquoi irais-je me mettre maintenant à la place d'une autre ?... Ce serait trop facile. Avoir vingt

ans, se faire faire un enfant, et devenir Mme Lachaume, pour profiter de tous les avantages, alors
que moi j'ai eu toutes les mauvaises années du début,
et après plus rien !

— Vois-tu, dit Simon en la regardant bien en
face, j'ai remarqué que les femmes justifiaient généralement après qu'on les avait quittées les raisons
qu'on avait eues de le faire. »

Mais Yvonne Lachaume n'était pas sensible à cette
sorte de rhétorique.

« Oh ! je sais, je te connais, dit-elle. Quand tu
as envie de quelque chose, tu ne lâches pas facilement
prise... Oh ! à propos, j'ai des papiers à toi, que tu
avais laissés. Je te les ai mis de côté, si jamais tu
pouvais en avoir besoin. »

Et elle alla chercher dans un tiroir une liasse de
feuillets qu'elle posa devant Simon. Il reconnut son
écriture d'autrefois, plus large, plus lente, moins
assurée. Il y avait là une masse de lignes inutiles, de
brouillons raturés; des citations prises dans les
auteurs qu'il lisait jadis, des notations pour des
poèmes jamais faits.

Sommeil — Même à travers nos paupières baissées,
nos regards encore sont joints... L'amour et la souf-
france. Ainsi que le malheureux vient confier sa
peine, je suis venu te confier mon amour... Même si
la foudre entre nous deux tombait, elle ne pourrait
point nous séparer... »

« C'est moi qui ai écrit ces sottises », se disait
Simon.

Et c'était pour elle ! Faut-il que nous ayons

besoin de donner emploi aux mouvements du cœur,
pour prendre n'importe quelle femme, celle qui se
présente, et l'en faire bénéficier ! Qu'espère-t-elle en
me plaçant ces papiers sous le nez ? M'attendrir ? »

Elle avait repris machinalement la combinaison de
soie rose, sur la table, et continuait l'ourlet.

« Tu peux flanquer tout cela au feu. Ou bien non :
je le ferai moi-même, dit-il en fourrant, pour plus
de sécurité, la liasse dans sa poche... Et si je
demande moi-même le divorce ? Il y a toujours un
moyen, tu sais, toujours une raison; et si elle n'existe
pas, on l'invente. »

Il avait perdu patience et sagesse.

« Oh ! mais fais-le, Simon, fais-le si tu veux. Personne ne t'en empêche, dit-elle. Mais je sais le temps
que cela prend, si l'un des deux n'est pas d'accord.
Et puis, on peut faire appel. Ton enfant aura sept
ans... »

« Et dire, pensa-t-il, qu'il y a des gens, tous les
jours, qui se font écraser par un camion ou un
autobus... »

« Alors, tu refuses, tu es bien sûre ? »

Elle hocha la tête en souriant, enchantée de voir
la colère et la souffrance l'envahir.

« Tu tiens à te faire de moi un ennemi ?

— Oh! pour l'amitié que tu m'as donnée ces
dernières années, je n'ai pas l'impression que j'y
verrai une grande différence.

— Mais enfin, qu'espères-tu en voulant rester ma
femme ? Qu'est-ce que tu veux, dis-le ! cria-t-il.
M'embêter, me nuire, c'est tout ! »

Elle s'était levée. Son air d'ironie hostile et placide disparut un moment.

« Je me dis qu'un jour tu seras vieux, et que tu
auras peut-être besoin de moi et que tu me revien-
dras. »

Simon la regarda avec une égale intensité et une
égale franchise.

« Alors, entends bien cela, Yvonne : même
aveugle et amputé des quatre membres, je ne voudrais pas de toi. »

Elle baissa la tête.

« Dans ces conditions, répondit-elle lentement,
tu reconnaîtras qu'il puisse me rester le goût de la
vengeance. »

Toutes les forces de Simon, tandis qu'il était
devant elle, avaient été requises par la lutte et la
haine. Ce fut seulement quand il se retrouva dans la
rue que la pensée de Marie-Ange et de l'enfant futur
lui fit mesurer l'étendue de sa défaite et de son
chagrin.

IX

Tout le long de la route qui mène de Paris à Versailles, le 5 avril 1939, avaient été disposées des
forces de police. Les boutiquiers des agglomérations
de banlieue, debout sur les trottoirs, les villageois
massés aux carrefours regardaient passer les automo-

biles officielles et s'amusaient à reconnaître les visages des hommes politiques.

De temps en temps s'élevaient quelques applaudissements qui partaient trop tard, lorsque celui qui en était l'objet était déjà loin.

Le défilé durait depuis plus d'une heure et n'était pas près de finir, car non seulement les deux Chambres au grand complet se rendaient à l'élection du président de la République, mais encore les hauts fonctionnaires, le corps diplomatique, et une partie de la société parisienne influente.

Là garnison de Versailles était sur le pied de parade; un service d'ordre nombreux partageait ce fleuve de voitures et le canalisait vers les esplanades réservées; les drapeaux flottaient aux grilles du château; les badauds se pressaient autour des véhicules à cocarde, dont les chauffeurs se sentaient devenir importants; les photographes de presse couraient sur les pavés; les reporters d'actualités cinématographiques s'embusquaient sur les perrons; et les escadrons de la garde républicaine, passant au trot, crinières au vent, rendaient à l'ancienne ville royale, d'ordinaire calme comme un musée, quelque chose de ses fastes oubliés.

Simon Lachaume arriva de bonne heure à l'hôtel Trianon. Les tables du déjeuner avaient été dressées partout, dans la grande galerie à colonnes, dans les salons et jusque dans le hall. Les jardins, la terrasse, le vestibule, le vestiaire étaient déjà envahis par des députés, des membres des cabinets ministériels, des journalistes qui glanaient des potins.

« La table de Mme Bonnefoy, une table de vingt couverts, n'est-ce pas, monsieur le ministre ? » dit le directeur de l'hôtel, homme jeune, courtois et calme, qui saluait chacun de ses clients comme s'il avait été le seul de la journée, et dirigeait par gestes, par signes, par mouvements de paupières, un personnel multiplié.

Il fallait à ce directeur une grande sûreté de regard et beaucoup de tact professionnel pour accorder de particuliers égards à certains habitués de sa maison, et savoir feindre de n'en pas reconnaître d'autres. Il voyait en effet s'avancer, en ce jour officiel, des couples légitimes qu'il avait vus arriver en formations différentes pour des séjours plus discrets.

L'hôtel Trianon-Palace, immense bâtisse d'architecture classique, construite en belle pierre de taille peu avant la guerre de 14, et qui avait servi, en 1919, à abriter les délégations du traité de paix, était devenu depuis ce temps une espèce d'institution.

Le Trianon constituait la première étape, faussement mystérieuse, d'une quantité de voyages de noces, et ses registres, soigneusement fermés, portaient la trace de tous les adultères de la société parisienne. Nombreux étaient les écrivains qui, talonnés par le fisc ou par leur éditeur, allaient y abriter leur labeur dans une prétendue retraite, ou les hommes politiques qui venaient y détendre leurs nerfs entre deux semaines d'interpellations parlementaires. Des pas illustres avaient parcouru les grands couloirs clairs et calmes. Des visages, qui figuraient déjà dans les dictionnaires illustrés, avaient médité auprès des hautes fenêtres qui s'ouvraient sur le parc. Et c'était ici, par une tradition qui, de ne se renouveler que tous les sept ans, paraissait chaque fois neuve, que se tenait, avant l'élection présidentielle, « le déjeuner des Trianons », cet extraordinaire banquet de plus de cent tables où les femmes les plus influentes de Paris, les grands directeurs de journaux, et quelques puissants personnages de la faune républicaine réunissaient ceux de leurs amis avec lesquels ils voulaient être vus.

« Nous serons vingt-quatre ou vingt-cinq », dit Simon.

Il avait lancé au nom de Marthe, avec laquelle d'ailleurs il partageait les frais, quelques invitations de dernière minute; il n'avait pu refuser à Marie-Ange de convier Jean-Noël, qui désirait beaucoup venir avec une duchesse italienne...

« On s'arrangera toujours, soyez tranquille, monsieur le ministre, dit le directeur. Ah ! je suis chargé d'un message pour vous. M. Wilner, qui travaille ici en ce moment... c'est bien à votre table que M. Wilner déjeune, oui, n'est-ce pas ?... vous serait reconnaissant, si vous aviez un instant, de monter le voir chez lui.

— Il est ici depuis longtemps ?

— Une quinzaine de jours. Ça ne me simplifie pas la vie, d'ailleurs ! dit le directeur en soupirant. A lui tout seul, il me donne autant de tracas que mille personnes, comme aujourd'hui. Mais cela ne fait rien, je l'aime bien. »

Simon prit l'ascenseur et monta à l'appartement qu'occupait le dramaturge.

Le vieux minotaure du théâtre accueillit Simon avec joie. Il portait une grande robe de chambre à carreaux, posée sur les épaules, comme une cape.

« Ah ! merci, mon cher, c'est gentil d'être venu, dit-il. Parce que tout à l'heure, à ce déjeuner, dont je me réjouis, nous n'allons pas pouvoir bien parler. Et je voulais vous demander... »

Simon n'avait pas vu Edouard Wilner depuis quelques mois. Il le trouva changé, sans pouvoir définir précisément de quelle manière. Il n'y avait point d'affaissement apparent dans le grand corps du vieil homme. La voix rauque était la même, et l'espèce de soufflerie d'orgue qui poussait les phrases hors de sa gorge ne s'était pas affaiblie. Pourtant la modification était certaine. Le regard peut-être...

« C'est idiot, reprit Wilner ; je vous ai prié de monter parce que je voulais vous poser une question précise, un renseignement technique... et je ne sais plus ce que c'est. Mais ça va me revenir. »

Il passa sa grande main flasque sur son front.

« Est-ce que je peux m'en aller, maître ? » demanda une voix féminine et jeune, qui fit sursauter Simon.

Il se retourna. Il n'avait pas aperçu en entrant, car la porte la lui cachait, cette fille étendue, entièrement nue, sur un canapé.

Elle n'avait pas vingt ans. La poitrine était encore peu développée, les cuisses belles, longues et charnues, et la peau parfaitement unie et ambrée. Ses cheveux étaient noirs, longs et crépelés, tombant jusqu'aux épaules; elle avait un regard singulier, à la fois provocant et faussement soumis. C'était ce regard, plus encore que la nudité, qui était impudique. Et la voix, dans sa naïveté composée, avait la même fausseté. « Eh bien, oui, je suis toute nue. Qu'est-ce que ça a d'étonnant ? Ne suis-je pas jolie ? », semblait-elle dire en regardant Simon avec un calme gênant.

« C'est Lucienne, mon modèle, dit Wilner. Oui, oui, mon petit, vous pouvez vous en aller... Car j'ai découvert une chose, mon cher, poursuivit-il en s'adressant à Simon : c'est que nous autres, écrivains, nous avons besoin de modèles, exactement comme les peintres. Ça m'aide énormément... »

Alors ce qu'on racontait, pensa Simon, était donc vrai ? Que Wilner ne pouvait plus écrire sans avoir une fille nue, qu'il louait à l'heure, étendue devant les yeux ? Et l'on parlait de cet extraordinaire amour de la femme, de ce besoin de la femme, jusqu'à la fin, pour soutenir son inspiration... A soixante-dix-huit ans...

« Et vous savez qui c'est ? reprit Wilner en désignant le « modèle ». C'est la fille, enfin la fausse fille de Sylvaine. Mais oui, parfaitement ! les jumeaux-blancs, les deux millions, enfin toute cette histoire que vous avez connue encore mieux que moi, et pour laquelle ce pauvre Lulu Maublanc, qui ne valait pas cher d'ailleurs, a fini à l'asile pendant que Noël Schoudler lui raflait sa fortune...

Naturellement, Sylvaine ne s'est jamais occupée d'elle. Mais tout de même la petite, officiellement, porte son nom. Alors elle fait ça, et encore pas mal d'autres choses, pour embêter sa fausse mère. Hein, Lucienne ?... En quoi je l'encourage, d'ailleurs. Ça nous venge un peu, vous ne trouvez pas, mon cher Simon ? »

Simon avait pâli. Lucienne... Il regardait cette très grande fille, plus longue debout qu'elle ne lui avait paru couchée, et qui, dressée sur ses pieds minces et plats, se rhabillait avec la plus parfaite impudeur, ne lui laissant rien ignorer des détails de son corps. Elle observait Simon de biais, placide et vaguement narquoise; mais dans le fond du regard luisait la joie étrange de cette dégradation exercée sur elle-même pour punir des géniteurs qu'elle n'avait jamais connus, pour punir des êtres qui s'étaient servis de sa naissance comme d'une marchandise et qui l'avaient abandonnée à une enfance solitaire, à une adolescence désespérée...

« Lucienne ! La petite Lucienne que j'ai conduite par la main, un jour, à Isabelle qui voulait l'adopter, pensait Simon, et que j'ai dû venir rechercher huit jours plus tard, parce qu'Isabelle avait changé d'avis. » Est-ce qu'elle le reconnaissait ? Sûrement pas, Dieu merci. Mais elle se souvenait certainement de cette scène affreuse. Simon fit le calcul; elle ne pouvait pas avoir plus de dix-sept ans...

Lulu, Schoudler, Sylvaine, Isabelle — eux et les autres — tous ces gens qui, par une sorte de fatalité

implacable, finissaient par se punir mutuellement de
la bassesse de leurs âmes, de l'ignominie de leurs
plaisirs et de l'égoïsme de leur vie ! Ce monde
maudit trouvait son expression, son achèvement,
son symbole, dans cette adolescente qui n'en était
même pas issue, et qui, à l'âge habituel des rêves
et de la pureté craintive, n'avait déjà plus rien à
souiller, plus rien à détruire, qu'elle-même !

« Quel sera mon châtiment, se demandait Simon,
à moi qui ai participé à tout cela, partagé tout
cela ? Mais est-il obligatoire d'avoir un châtiment ? Wilner subit-il un châtiment ? Il a eu ses moments de souffrance, comme tout le monde, mais
il a près de quatre-vingts ans, il écrit encore, il a
encore du succès... il est heureux autant qu'un vieillard peut l'être... Le destin ne lui présente pas de
comptes. »

« Est-ce que je dois venir cet après-midi,
maître ? » demanda Lucienne.

Wilner réfléchit.

« Oui, venez donc à cinq heures, mon petit. Je
pense que je terminerai la scène d'amour... C'est
très important d'avoir un modèle, continua-t-il
s'adressant à Simon; surtout celle-là, qui est très
douée et qui prend exactement toutes les poses qu'on
veut. Elle me présente, plastiquement, ce que mon
personnage espère de sa partenaire et ce qu'il lui sug-
gère dans des répliques où la bienséance du langage
ne masque le sens véritable que pour les bonnes
sœurs et les puceaux. »

Lucienne, tout habillée, attendait.

« Qu'est-ce que vous voulez ? demanda Wilner. De l'argent ? Mais je vous en ai donné hier. Vous voulez le prix de la séance de ce matin ? Bon, comme vous voudrez. »

Il lui tendit un billet de cinquante francs. En avait-elle vraiment besoin, se demanda Simon, ou bien était-ce encore de la provocation, une ostentation de la déchéance ?

« Merci, maître. A cet après-midi... Au revoir, monsieur », dit-elle à Simon.

Simon lui tendit la main, comme s'il voulait par ce geste la réhabiliter, lui prouver qu'il ne la méprisait pas. Elle prit sans chaleur cette main tendue, en regardant Simon dans les yeux, d'une manière oblique qui semblait dire : « Si vous voulez mon adresse, à votre disposition. Je puis en faire autant pour les hommes politiques, et de préférence avec les anciens amants de ma fausse mère. »

« Et puis, voyez-vous, mon cher, dit Wilner à Simon lorsque Lucienne fut sortie, je vais vous faire une confidence : avoir une fille nue installée devant moi, c'est le seul moyen de calmer mes imaginations érotiques et garder l'esprit libre en travaillant. »

Il s'approcha de sa table de travail, inclina ses grandes narines vers les feuilles éparses, sembla flairer sa propre écriture.

« Je suis en train de faire une pièce brûlante, continua-t-il, une œuvre asséchée par le sirocco de la passion. Et devant cette passion que la femme éprouve, l'homme cherche à maintenir l'intégrité de

son être. Tenez, mon cher, écoutez cette réplique
que j'ai écrite ce matin : « *Si tu me demandes
combien de temps je t'aimerai, je te répondrai sept
jours, pour ne pas engager plus de temps qu'il n'en
fallut à Dieu pour créer l'univers.* » C'est beau. Ça
vous plaît, n'est-ce pas ?

— Beaucoup », répondit Simon.

« Pourquoi, pensait-il au même instant, Edouard
écrit-il encore ? »

Rien, en effet, ne forçait Wilner, ni le besoin d'argent, ni le besoin de gloire, à travailler, à ajouter
une pièce de plus aux cinquante-trois qui compo-
saient son œuvre et dans lesquelles il laissait un
témoignage complet des mœurs de son temps. Ses
comédies les plus célèbres étaient reprises régulièrement, en France comme à l'étranger. Il eût pu
passer ses dernières années sans tracer une ligne, et
cela n'eût diminué ni ses revenus ni ses honneurs.
Si Wilner continuait d'écrire, avec une pensée affaiblie, un style démodé et une peine décuplée, ce n'était
vraiment que par nécessité interne, parce que la
création littéraire avait été sa fonction dans l'espèce
humaine, et que l'accomplissement de cette fonction
lui restait aussi nécessaire que la respiration.

« Mais qu'est-ce que je voulais donc vous demander ? reprit Wilner. Je sais que c'est à propos d'un
homme politique, un président du Conseil, qui est
dans ma pièce... C'est trop bête... »

Il se passa de nouveau la main sur le front, de
ce geste qui avait frappé Simon.

« Je crois, mon cher, dit Wilner, que je perds la

mémoire. C'est ennuyeux. Et puis je me fatigue...
J'ai du mal à mettre ma pensée en route... Et je
n'ose plus guère me servir des énergétènes. Je me
demande si toute drogue qui donne un coup de
fouet à l'organisme ne se venge pas sur la durée.
Pour une heure d'euphorie brillante, on se raccourcit
la vie d'autant. Et, à mon âge, on ne peut plus jouer
avec son reste. »

Il secoua tristement sa grande tête de divinité
taurine.

« Mais, voyons, nous avons tous des moments où
nous oublions quelque chose, dit Simon. Vous vous
souviendrez, vous me donnerez un coup de téléphone.
Si nous descendions, maintenant ?

— Oui, c'est cela, allons déjeuner. »

Wilner ôta sa robe de chambre à carreaux, la
jeta sur un dos de fauteuil, ouvrit une armoire pour
y prendre sa cravate et son veston.

Et dans l'armoire, Simon aperçut une incroyable
collection de robes de chambre. Lainages beiges,
larges écossais verts et jaunes, velours bleus, grenat
ou or, soies légères, fleuries et passées, dessins persans, étoffes brochées, poches décousues, coudes
usés, cordelières pendantes, ganses ternies, revers
brûlés par les cigarettes, il y en avait là une trentaine, accrochées à des cintres, les unes auprès des
autres.

« Comment ? Vous vous transportez avec tout
cela ! s'écria Simon.

— Ah ! toujours, mon cher, toujours, et depuis je
ne sais plus combien d'années.

— C'est drôle.

— Mais non, ce n'est pas drôle, c'est tout naturel, dit Wilner. Vous allez me comprendre. On ne peut pas avoir avec soi, partout, les photographies de toutes ses maîtresses. Ce serait compromettant pour les anciennes, gênant pour les nouvelles. Et puis une photographie, qu'est-ce que c'est ? Une image plate, morne, habillée, pour tout le monde... Tandis que c'est lorsqu'elles sont nues que nos maîtresses se servent de nos robes de chambre. Elles les enfilent pour aller s'accouder au balcon, un beau matin de dimanche, dans un petit hôtel de Bretagne, ou des bords de la Loire ; elles s'en servent pour ne pas remettre, tout de suite après le plaisir, leur gaine, leurs jarretelles, leur attirail de caoutchouc et de dentelles, et prolonger un peu leur rêve avant de redescendre dans la rue, de regagner l'appartement de leur mari et leurs petits mensonges... Toutes, elles mettent notre robe de chambre, au moins une fois, pour aller faire pipi... Elles y laissent la forme de leur corps, le contact de leur peau et de leur chevelure dénouée, leurs parfums secrets. Ah ! c'est tellement mieux que les photographies. J'ai là avec moi toute ma vie amoureuse... En italien, robe de chambre se dit *vestaglia*. C'est tellement plus joli ! Le feu, le temple et les gestes sacrés... Celle-ci, tenez (Wilner touchait un velours bordeaux), elle garde pour moi huit femmes ; cette autre cinq seulement. En voici une (il pétrissait une soie à bandes or et noir), c'est une petite Anglaise qui est morte bêtement d'un accident de voiture le lendemain du jour où elle

s'était donnée à moi. Elle avait retroussé les man-
ches. Vous voyez, je ne les ai jamais rabaissées...
Là, il y a encore du rouge à lèvres de notre chère
Marthe... »

Vieux Barbe-Bleue mondain, Wilner fourrageait
doucement dans la penderie et, de sa grande main
pâle et flasque, caressait des cadavres d'étoffe.

Il repoussa la porte de l'armoire.

« Et puis, pour moi, continua-t-il en nouant sa
cravate, c'est très utile aussi, à cause de mes personnages. C'est une autre espèce de fichier. De temps
en temps, j'en sors une et je la fais mettre à mon
modèle. Je lui dis de marcher avec, d'aller à la
salle de bain, de revenir; et les souvenirs réapparais-
sent... »

Simon pensa qu'il faisait sûrement endosser à
Lucienne les robes de chambre qu'avait mises Sylvaine.

« Et j'ai au moins trois maîtresses à moi dans ce
placard... Sylvaine, Marthe, Inès... Elles seront là
tout à l'heure, à déjeuner », se dit Simon.

Soudain, Wilner poussa un grondement tragique,
ferma les yeux, et porta la main à son cœur en
s'écriant :

« C'est affreux ! »

Simon le crut saisi d'un malaise cardiaque.

« Qu'est-ce qu'il y a, Edouard ? demanda-t-il
avec inquiétude.

— C'est affreux, répéta Wilner... Vous ne savez
pas ce que je viens de me rappeler, et à cause de
ces robes de chambre ? Ah ! mon pauvre ami, rien

ne pouvait m'arriver de pire. Vous n'avez jamais
vu une pièce de moi qui s'appelait *L'Intruse ?*... Eh
bien, la pièce que j'écris en ce moment, avec tant
de mal... je l'ai déjà faite il y a trente ans. C'est
L'Intruse. C'est la même chose. Le même sujet, et
presque les mêmes personnages. Et la peine que je
me suis donnée depuis trois mois, pour retrouver
tout cela, en croyant que c'était neuf... Ah ! c'est affreux !... Et c'est à cause de cette robe de chambre,
la noire... »

Il se tenait gigantesque et misérable, le dos
appuyé au mur et secouant sa grande tête aux cheveux
courts.

« Qu'est-ce que je vais faire, qu'est-ce que je
vais faire ? Surtout ne racontez pas cela, mon cher,
je vous en supplie », dit-il en prenant les mains de
Simon.

Il demeura un long moment silencieux.

« Non, au fond, ce n'est pas tout à fait la même
pièce. Je crois qu'il faut que je continue, dit-il se
donnant une consolation dérisoire. Mais comme cela
va être dur... »

« Je me trompais tout à l'heure en le croyant
épargné; lui aussi subit son châtiment », pensa
Lachaume.

Et il considéra avec une grande pitié ce dramaturge glorieux, dont le talent avait broyé, comme
pour en tirer farine, les hommes et les femmes de
son temps, et qui en était réduit, vieille meule
condamnée à tourner indéfiniment, à n'avoir plus
rien à moudre que sa propre poussière.

X

DANS CETTE SALLE, LE 7 MAI 1919, MONSIEUR GEORGES CLEMENCEAU PRÉSIDENT DE LA CONFÉRENCE DE LA PAIX A REMIS AUX DÉLÉGUÉS DE L'ALLEMAGNE LES CONDITIONS DU TRAITÉ DE PAIX DE VERSAILLES

Ce texte, gravé dans le marbre, décorait l'immense salle à manger de l'hôtel, où près de six cents personnes commençaient à s'attabler, produisant une rumeur de foire ou de comices.

7 mai 1919... 5 avril 1939. Vingt ans moins un mois.

« La soupe populaire des riches », dit Wilner en pénétrant dans la salle.

Puis, posant la main sur le bras de Simon, il dit :

« Vous entendez ce murmure, mon cher ?

— Quel murmure ? demanda Simon qui ne percevait qu'un énorme brouhaha.

— Eh bien, ce grand murmure dans la foule : « Wilner, Wilner, Wilner... » Vous n'entendez pas ?... C'est mon nom, mon cher, que tous ces gens ont sur la bouche. »

Il n'avait pas tout à fait tort. Mais s'il avait été attentif à d'autres sons, il aurait pu saisir aussi bien : « Lartois, Lartois », ou bien : « Voilà Lachaume, Lachaume, c'est Lachaume. » Car tout le monde nommait tout le monde; on pointait les arrivants, on échangeait des regards, des signes, on se bousculait, on se retournait sur les chaises, on se lançait des paroles qui se perdaient dans le tumulte, et l'on se répondait, par grands gestes désespérés, pour faire comprendre qu'on n'avait pas entendu.

La plupart des invités de Marthe Bonnefoy étaient déjà arrivés. Simon avait tenu à faire réunir, par son ancienne maîtresse, ses relations les plus brillantes, afin de bien signifier que son prestige, sa puissance demeuraient intacts. Les photographes mitraillèrent longuement cette table où se trouvaient deux ambassadeurs, deux duchesses, plusieurs ministres ou anciens ministres; ils captèrent dans leurs objectifs, pour servir d'illustrations à cette journée historique, la bouche ouverte de Mlle Dual, de la Comédie-Française, en train de manger une rondelle de homard, et l'illustre musicien Auguérenc se mouchant sous les yeux d'Inès Sandoval, et le peintre Anet Brayat, un cure-dent planté dans la barbe, et l'académicien Emile Lartois passant le poivre à Edouard Wilner.

Simon tenait à ce que la France entière, le lendemain, dans la presse, pût le voir en conversation à trois, le verre levé, avec les ambassadeurs d'Angleterre et d'Italie. Un petit succès de diplomatie personnelle dont ses collègues du parlement auraient à tenir compte.

D'autre part, en faisant inviter Sylvaine Dual, Simon avait pris l'occasion d'effacer une brouille qui durait depuis deux ans. Il avait le premier geste, le geste de la main tendue, publiquement. Simon, en ce moment, voulait se mettre bien avec tout le monde.

« Alors, c'est certain, Lebrun va être réélu ? lui demandaient ses voisines. Combien pensez-vous qu'il y aura de tours ? Et vous ne croyez pas qu'il puisse se produire une surprise de dernière minute ? »

Simon expliqua les tractations, les marchandages qui s'étaient effectués depuis dix jours, et comment le Président de la République sortant, après avoir laissé le parlement dans l'incertitude, avait annoncé qu'il se présenterait de nouveau, pour se récuser tout aussitôt de crainte de ne pas avoir une majorité suffisante, et revenir ensuite à sa première décision, à la condition que les présidents des Chambres et des partis de la majorité effectuassent une démarche auprès de lui et l'assurassent qu'on ne lui opposerait pas d'adversaire. Cependant Laval poussait Bouisson tandis que les radicaux, eux, eussent soutenu une candidature Queuille. Mais le Sénat avait fait pression sur la Chambre. Finalement, Simon, comme beaucoup d'autres, allait voter pour un candidat qui n'était pas le sien et qui ne savait même pas très bien lui-même s'il voulait être candidat... et cela parce que, devant la menace d'une guerre, on avait obéi à ce mot d'ordre : « Pas d'aventures. Il faut à la France une figure respectée de tous, un homme qui a fait ses preuves et qui s'est tiré sans histoire de ses sept ans de mandat. »

« Vous croyez donc, vous aussi, que la guerre est inévitable ? demanda la duchesse de Giverny. Est-ce que vous pensez qu'on emploiera les gaz ? »

Car, pour tous ces gens rassemblés qui constituaient très précisément la classe dirigeante de la France, la guerre était une quasi-certitude. Mais ils n'en continuaient pas moins, sous la plaque commémorative du traité de Versailles, à se gaver de homards charnus, de foie gras, de succulentes volailles et de vin de Champagne, en étalant leurs robes, leurs bijoux, leurs décorations, en faisant des mots d'esprit et en se demandant des nouvelles de leur santé. Si l'imminence de la catastrophe était dans leur esprit, se trouvait inscrite en toutes lettres dans leurs journaux, leur pénétrait vingt fois le jour les oreilles, elle semblait n'avoir pas atteint leur conscience profonde. Et quand leur peur devenait plus vive, ils la calmaient par l'espérance, toujours possible, d'un nouveau Munich; ou bien ils en prenaient prétexte pour se précipiter, avec un besoin de plaisir accru, vers les fêtes de ce printemps, et s'enivraient du pressentiment de leurs futures nostalgies... « Profitons-en bien; on a l'impression qu'on ne reverra plus tout cela. »

Etait-ce insouciance réelle ou cécité volontaire ?

Comme on parlait du nouveau généralissime de l'armée française... un autre personnage réfléchi, qui avait fait ses preuves; pas d'histoires, pas d'aventures... Wilner dit :

« Je l'ai rencontré une fois. Il m'a donné l'impression d'un homme qui sait peut-être se servir de la poudre, mais qui ne l'a sûrement pas inventée. »

Et le mot fit rire.

Wilner était assis en face de Sylvaine.

« Tiens, j'ai vu ta fille, ce matin, lui dit-il. Elle travaille pour moi. Elle ne manque pas de dons. Si tu veux la voir, elle revient tout à l'heure. »

Mais il fut puni de cette dernière méchanceté, car cela le fit resonger à sa pièce. « Dois-je m'arrêter ? Dois-je continuer ? De toute manière, ce sera ma dernière œuvre... » Un malaise anxieux l'envahit. Pour y faire diversion, il se tourna vers sa voisine de gauche, la blonde, longue, fragile et éternellement candide Mme Boitel, et lui dit :

« Que devenez-vous, vous qui me faites souffrir depuis tant d'années ? »

Mais en même temps il se cherchait le pouls sous la table et s'affola de ne pas le trouver.

« Ma chère, ma chère, mon sang ne bat plus ! dit-il d'une voix rauque et affaiblie en tendant son poignet à Mme Boitel. Est-ce que vous sentez quelque chose ? »

Mme Boitel appuya ses beaux doigts légers et pâles sur les vieilles artères, et rassura Wilner. Il avait mal placé son pouce, c'était tout. Son sang battait très normalement.

Continuant de tenir le poignet de Wilner, Marie-Thérèse Boitel regardait Jean-Noël, de l'autre côté de la table, et se demandait pourquoi ce garçon blond, aux belles lèvres nettes, et dont elle eût volontiers enchanté sa quarantaine, s'obstinait à ne parler qu'à une horrible vieille dame au masque rafistolé.

Et Inès Sandoval, elle aussi, regardait Jean-Noël,

et elle pensait : « Pourquoi m'a-t-il plaquée si brusquement, sans une explication ? Est-ce qu'il m'a
vraiment aimée ? »

Auguérenc se pencha à l'oreille d'Inès et, de son
ton habituel, miel et fiel, dit :

« Joli tableau de famille, tout cela, n'est-ce pas ?
Dommage que notre ami Brayat ne travaille pas
dans ce genre. Cela ferait une émouvante peinture de
musée, surtout s'il y avait en pointillé l'indication
des relations de sexe entre les convives. C'est infini
comme combinaisons. Chacun de nous aurait un éven-
tail à hauteur du ventre... Mais qu'est-ce qu'a donc
la petite Schoudler ? Elle ne dit pas un mot. Est-ce
que Simon la ferait déjà souffrir ? Ou bien est-ce
votre présence... »

Marie-Ange attendait le moment des pâtisseries,
espérant qu'on servirait des éclairs au chocolat. Du
bout de la table, place que lui assignait son jeune
âge, elle observait les anciennes maîtresses de Simon
et souffrait de sa situation fausse. « Evidemment si
j'étais mariée à Simon, tout cela changerait; je
n'aurais pas ce sentiment d'humiliation, surtout
aujourd'hui, dans l'état où je suis. Mais est-ce qu'il
a vu sa femme ? Il faut prendre une décision, absolument, il faut que je sache... » Elle cherchait à capter
le regard de Simon, et trouvait que celui-ci se tournait bien rarement vers elle.

Marthe Bonnefoy, toujours belle, toujours royale
sous ses cheveux blancs, donnait des conseils de tac-
tique parlementaire à deux jeunes députés.

Et Emile Lartois, de sa voix sifflante, développait de plaisants paradoxes, dans l'hypothèse où Versailles serait détruit par la guerre, sur ce qu'écriraient, dans trois mille ans, les archéologues.

« On pourra lire, disait l'académicien, dans le Guide Bleu de l'époque : « Le monument central « était le grand temple où les Français, peuple de « mentalité primitive, célébraient le culte du soleil, « ainsi qu'en témoignent les nombreux emblèmes « retrouvés. Les récentes fouilles, effectuées par « Schmoll et Truker, ont permis de mettre au jour « un morceau de coiffure royale. Cette coiffure plate « porte en effet les lettres R. F., initiales du roi « Raymond Ier Fallières, appelé également par « certains auteurs Poincaré. Sous la dynastie des « Fallières, celle pour laquelle on possède le plus « de renseignements, et qui succéda immédiatement « aux Capétiens, les Français étaient organisés en « théocratie. Ils se réunissaient tous les sept ans « dans une des salles du temple, pour élire leur « grand-prêtre... »

— ... et dans un festin sacré qui précédait la cérémonie, enchaîna Wilner, ils bouffaient les entrailles du grand-prêtre précédent. »

Il était une heure vingt et des mouvements de départ s'amorcèrent dans la salle. Simon fit un signe aux parlementaires présents à sa table, et se leva avec eux pour se rendre au Congrès.

XI

Marie-Ange errait dans la grande galerie de l'hôtel Trianon. Elle se sentait seule, désespérément. Elle désirait de toutes ses forces rencontrer la présence d'une amitié. Mais même les visages qu'elle connaissait le mieux, ceux dont la bouche prononçait à son adresse : « Bonjour, chère petite amie... Comment allez-vous, ravissante amie... » lui paraissaient étrangers, inhumains et lointains. Et elle répondait : « Mais très bien, merci... », parce qu'elle ne pouvait pas dire autre chose. Et elle s'enfermait dans un mutisme triste qu'on pouvait prendre pour de la timidité, ou du dédain, ou de la bêtise. A qui aurait-elle pu confier ses angoisses ?

Elle aurait presque souhaité voir apparaître, dans cette cohue qui bousculait son malheur, un mannequin de chez Marcel Germain, une de ces filles dont elle avait partagé pendant quelques mois l'habitacle, le travail, la nudité, les drames de cœur et la terreur des grossesses.

Simon revint assez vite.

Les parlementaires votaient par ordre alphabétique, à partir d'une lettre tirée au sort avant l'ouverture du scrutin. La lettre sortie avait été le « J ». Lachaume s'était donc trouvé dans les premiers à gravir l'escalier de la tribune et à déposer son bulletin dans la grande urne d'où surgirait le nom du chef de l'Etat.

Le temps que le scrutin s'achevât et fût dépouillé, il disposait d'une grande heure.

« Allons donc marcher un peu dans les jardins, dit-il à Marie-Ange. Nous reviendrons comme cela doucement vers la salle du Congrès. »

Les arbres étaient au plus fort de leur sève, dans leur pleine feuillaison de printemps et leur verdeur la plus franche.

Les grandes eaux fonctionnaient, lançant vers le ciel des jets de nacre et de soleil. L'air était empli d'un grand bruit de cascade. Partout les tritons, les dauphins, les naïades, les chevaux marins soufflaient un poudroiement humide où se dissolvaient et se reformaient des prismes. Les bassins de Neptune et d'Apollon disparaissaient sous ces ruissellements.

Le long des allées, les Cybèles serrant leurs vendanges sur leur poitrine, les Héraklès appuyés sur leur massue, les nymphes, les faunes riant dans leur flûte, les Hermès élevant leur caducée, chauffaient doucement, sous le ciel d'avril, leurs beaux membres de marbre.

Il y avait beaucoup de monde dans le parc pour profiter de cette vieille féerie plantée, bâtie, sculptée, ciselée depuis deux cent cinquante ans et toujours plus miraculeuse à mesure que s'écoulait le temps.

« Alors, Simon ? demanda Marie-Ange.

— J'ai vu ma femme, dit-il. Elle refuse, et je n'ai pas de moyen de contrainte. »

Au vertige qui la saisit, au sentiment d'effondrement total qui s'empara d'elle, Marie-Ange mesura à quel point son seul désir, son seul rêve, sa seule volonté avaient été d'épouser Simon.

Les allées n'eussent pas été encombrées de promeneurs qu'elle se fût sans doute appuyée à un arbre et eût éclaté en sanglots.

Elle trouva la force de continuer à marcher... « un caillou... un autre caillou... l'angle de cette pelouse... le socle de cette statue... » tandis qu'autour d'elle les épouses des dignitaires de la République s'extasiaient sur le décor royal.

Simon racontait, avec une haine contenue, une fureur sourde, sa visite à Yvonne. Après sa démarche, il avait aussitôt consulté un avocat.

« Je peux demander le divorce et l'obtenir; je vais le faire d'ailleurs. Mais cela demandera du temps, plusieurs années peut-être. Elle le sait et elle en profite. Elle se venge. »

Il alluma une cigarette, fit passer son briquet d'une main dans l'autre.

« C'est un coup très dur, reprit-il. Car si j'avais pu obtenir ce divorce en deux ou trois mois, comme je l'espérais, alors, mon chéri, si tu avais voulu garder l'enfant, et si tu n'avais pas été effrayée de te lier définitivement à un homme de mon âge, nous nous serions mariés, et rien n'aurait pu me rendre plus heureux. Voilà, c'est absurde de te le dire maintenant; mais c'eût été encore plus absurde de faire des constructions en Espagne avant de savoir si c'était possible. »

Une émotion intense, un chagrin d'adolescent altéraient la voix et les traits de Simon. Et ce fut Marie-Ange qui lui prit la main.

« Moi aussi, je ne souhaitais que cela. Tu le sais bien, Simon », dit-elle en retenant ses larmes.

Depuis trois semaines, six fois le jour, en mangeant des éclairs au chocolat, elle avait envisagé toutes les éventualités. Mariage... pas mariage... et si pas mariage... A présent que la solution heureuse était écartée, que l'espérance venait de s'éparpiller, il lui fallait affronter la solution malheureuse, mutilante.

Toute l'hérédité Schoudler, La Monnerie, Huisnes et Mauglaives, qui n'avait pas été assez forte pour la retenir d'avoir des amants alors qu'elle était fille, dressait soudain ses interdits. Et non pas pour opposer à Marie-Ange le commandement chrétien : « Tu ne détruiras pas le fruit de tes entrailles », mais pour lui formuler la réprobation sociale : « Pas d'enfant naturel. »

Or, qui restait, de toute la famille, pour reprocher à Marie-Ange d'avoir un enfant hors mariage ?

Les Mauglaives étaient éteints depuis quatre-vingts ans. Le nom de La Monnerie n'était plus porté par personne. Et les d'Huisnes disparaîtraient définitivement avec Isabelle.

Il restait Isabelle, voilà tout.

De tant de racines mortes, Marie-Ange et Jean-Noël étaient les seuls rejets. Et, malgré tout, les défenses continuaient de jouer.

« Non, jamais, se disait Marie-Ange, je n'oserais avouer cela à tante Isabelle qui a eu une vie malheureuse mais irréprochable. »

Mais tante Isabelle n'était que le prétexte, le symbole.

Pour Marie-Ange, dernière descendante féminine d'un clan progressivement frappé de stérilité, la maternité illégitime continuait d'apparaître comme un honteux accident de l'amour.

« Et puis élever un enfant, quand on n'a pas un franc ! Je n'ai d'autre ressource que de travailler ou de me faire entretenir... »

Et pourtant... Et pourtant ce qui en elle n'était pas sclérosé, ce qui en elle constituait une fille de vingt-cinq ans, belle, avec une chair saine, éprouvait la tentation, jugée par elle-même absurde, de conserver l'enfant qu'elle portait.

Depuis qu'elle était enceinte, Marie-Ange, à part quelques nausées passagères, se trouvait en aussi bonne santé que jamais. Chaque matin, en allant à son miroir, elle s'attendait à voir apparaître ces cernes autour des yeux et ces taches jaunes qui font partie de la légende des grossesses. Et elle rencontrait son image florissante. Elle avait engraissé légèrement; sa poitrine s'était arrondie... Et tout le monde lui faisait compliment sur son éclat.

« Un enfant, se disait-elle alors, est nécessaire à l'équilibre d'une femme. Nous sommes faites pour cela. En tout cas, moi je suis faite pour cela... Un enfant... »

L'enfant qu'on berce, l'enfant qu'on allaite, l'enfant dont on embrasse la joue fraîche et douce comme un fruit, l'enfant qui ouvre de larges yeux où l'univers s'invente, l'enfant chatouilleux qui rit dans son berceau, l'enfant dont on voudrait lécher tout le corps potelé et fragile comme font les femelles animales, l'enfant qui trébuche, qui marche et qui grandit...

« Pourquoi tant de femmes, murmura-t-elle, peuvent avoir un enfant sans que ce soit un drame ou une malédiction ? »

Un caillou, un autre caillou... une statue... une fontaine...

Des voix se croisaient autour d'elle :

« Je n'ai jamais vu Versailles plus beau qu'aujourd'hui !

— Vous êtes sûr qu'il n'y aura qu'un seul tour ?... »

Pourquoi Simon ne lui disait-il pas : « Marie-Ange, garde cet enfant. Je te le demande. Je le désire. Il est à moi aussi, et tu n'as pas le droit d'en disposer sans moi. Nous l'élèverons ensemble, et nous nous marierons plus tard, quand je serai libre. Et tant pis pour l'opinion publique. L'opinion publique n'est pas dans notre peau... Je prends la responsabilité, et de lui et de toi. »

Pourquoi ne parlait-il pas de la sorte, pourquoi n'imposait-il pas, ne commandait-il pas ? Pourquoi, après avoir tenu son rôle de mâle, l'abandonnait-il maintenant ?

« S'il me disait cela, je passerais sur toute autre considération. Et je me sentirais heureuse. Et une décision serait prise. Et c'est cela, dans le fond, que je souhaite. Mais il faudrait qu'il le dise, tout de suite. »

Une bataille identique se livrait en Simon. Le

désir de l'enfant était peut-être encore plus fort
chez lui que chez Marie-Ange. « Elle, elle pourra
en avoir d'autres... Moi, c'est sans doute la dernière
occasion. » Mais avait-il le droit de demander cela
à Marie-Ange ? Il imaginait trop bien le drame qui
se jouait en elle. Pour lui-même, la part d'engagement était relativement mince; elle pouvait se résu-
mer à une simple obligation pécuniaire. Marie-
Ange, au contraire, aurait à supporter toutes les
peines d'une telle situation, la souffrance morale,
la fausse position sociale... « Et si je meurs avant
d'avoir pu divorcer, avant d'avoir pu reconnaître
l'enfant, ou si la guerre nous sépare... sait-on ce qui
peut arriver ?... alors elle reste là, avec un gosse
sur les bras, une vie difficile à refaire, un destin
gâché... non, je n'ai pas le droit. »

Pour une fois, une unique fois dans son existence
d'égoïste, où il se mettait à la place de sa partenaire, il allait exactement à contresens de ce que
cette partenaire espérait de lui, et de ce qui eût
fait le bonheur des deux.

« C'est à elle de décider. Je ne veux rien lui
imposer, ni en rien l'influencer. »

En même temps, un vieil instinct paysan, ou bien
la forme la plus primitive de la vanité mâle, le
faisait s'étonner de ce que le respect de la vie engen-
drée ne se révélât pas, chez Marie-Ange, plus fort que
tout.

Bosquets, marbres et fontaines. L'énorme bruisse-
ment des jets d'eau entourait leur silence.

« C'est qu'elle ne m'aime pas assez pour vouloir

garder un enfant de moi », se dit Simon, touchant soudain la pire peine du monde, celle de n'être pas assez aimé de l'être qu'on aime, et dans la plus grande occasion que l'amour a de se prouver.

« C'est qu'il ne m'aime pas assez pour me demander de lui donner un enfant de lui », pensa Marie-Ange.

Et aucun d'eux ne prononça la parole qu'ils attendaient de l'autre.

« Tu sais bien que je ne te laisserai pas dans l'ennui..., dit Simon, cherchant à être gentil, et ne trouvant que cette phrase qui ne voulait rien dire, et qui n'était qu'une maladresse supplémentaire.

— Mais oui, je sais... », dit-elle.

Simon regarda sa montre.

« Il faut que je rentre en séance. Veux-tu m'attendre ? Nous repartirons tout à l'heure ensemble.

— Oh ! non, dit-elle. J'aimerais mieux rentrer maintenant, si tu peux me faire reconduire.

— Tu es fatiguée, mon chéri ?

— Oui, un peu. »

Sur le chemin du retour, Marie-Ange se fit arrêter à une pâtisserie.

Le destin était joué; la morale sociale de ses ancêtres avait gagné, malgré elle, malgré eux.

Et Marie-Ange, seule à l'arrière de la voiture, pleurait de longues larmes silencieuses sur les derniers éclairs au chocolat qu'elle mangerait avant longtemps.

XII

Pendant ce temps, Jean-Noël et la duchesse de Salvimonte se promenaient dans les jardins du Grand Trianon.

Depuis quinze jours, on pouvait dire qu'ils ne se quittaient plus.

Ils s'étaient rendus ensemble, rue Blomet, chez l'astrologue auquel Lydia avait donné une fausse date de naissance, se rajeunissant de dix ans, sans pour cela accorder moins de foi à la consultation.

Et le lendemain, ils étaient allés à la banque, et elle avait fait signer à Jean-Noël un papier selon lequel il s'engageait à lui rendre l'argent dans les trois jours. Le soir, il l'accompagnait à l'Opéra. Et le lendemain, Lydia avait justement des places pour une générale à la Comédie-Française...

Au bout de trois jours, Jean-Noël, désolé, était venu lui dire qu'il ne pouvait pas la rembourser. La vieille Lydia lui avait prolongé le prêt, pour trois jours encore, en lui faisant signer un second papier. Et ainsi de suite, jusqu'à cette journée, qui était la cinquième échéance. Mais à présent, elle ne lui demandait plus de renouveler la reconnaissance de dette, et se contentait d'accorder un délai verbal. Moyennant quoi, elle imposait au jeune homme des distractions auxquelles il ne pouvait pas se dérober, la suivant comme un lévrier en laisse à travers les expositions, les salons de thé, les réceptions.

Ceux qui les voyaient ainsi, inséparables, et qui savaient quelles amitiés Jean-Noël avait eues en Italie, attribuaient cet attachement au goût qu'ont les pédérastes pour la compagnie des vieilles dames.

En sortant de table, la duchesse avait dit à Jean-Noël :

« Je vais vous montrer, cher, la partie des jardins que j'aime, et qu'on ne vient jamais voir. Le château, le grand parc, l'étang des Suisses, tout cela c'est grandiose et tape-à-l'œil. Venez avec moi. »

D'un pas qu'elle croyait encore un pas de femme jeune, sur ses chevilles sèches qui lui obéissaient mal, elle conduisait Jean-Noël à travers les Trianons et s'efforçait de lui communiquer son enthousiasme pour ces architectures, ces buffets d'eau, parfait mariage de l'art italien et de l'art français.

Ils étaient parvenus tout au bout de l'aile gauche du Grand Trianon, devant la petite façade au milieu de laquelle riait une tête de faune.

« Comme tout cela est divin de proportions, et sensuel en même temps ! Ne dirait-on pas, s'écria la Salvimonte, montrant l'escalier léger à double descente, ne dirait-on pas qu'un roi et une reine qui viennent de faire l'amour vont descendre ces marches et venir se promener dans ce jardin ? »

Elle désignait le bassin oblong, bordé de marbre, et le plomb de la fontaine, au centre, où un Bacchus enfant terrassait un lionceau pour lui faire manger des raisins.

La foule du congrès n'arrivait pas à cette retraite, et la féerie jouait pour eux seuls.

Jean-Noël crut bon de saisir ce moment pour répéter son homélie bihebdomadaire.

« Chère Lydia, je suis confus, dit-il. Je vous jure que je n'ai cessé depuis trois jours... »

Et il se déroba derrière une brume de mensonges, offrit de nouveau l'hypothèque sur Mauglaives.

La Salvimonte l'écoutait à peine. Soudain, elle s'arrêta, se tourna vers lui :

« Mais vous ne comprenez donc pas, cher, que je me moque de cet argent ? » s'écria-t-elle en le regardant dans les yeux.

Jean-Noël haussa les sourcils avec une surprise bienheureuse.

« Vous ne comprenez donc rien ? reprit-elle. Pourquoi croyez-vous que je vous aie fait signer ces misérables papiers ? Et comment me croyez-vous capable de cette mesquinerie ? Si j'ai fait cela, c'était pour être sûre de vous voir au moins une fois chaque trois jours, là !... Ah ! mon Dieu, que les hommes sont stupides et qu'il faut tout leur expliquer ! »

Si Jean-Noël n'avait pas deviné exactement la raison de délais si rapprochés, il n'était pas sans s'apercevoir, et pour s'en inquiéter autant que s'en féliciter, du goût que la vieille duchesse éprouvait pour lui. En quinze jours, ils avaient épuisé, sur l'amour, l'art et la société, toutes les considérations générales que peuvent échanger un homme et une femme qui n'ont rien à se dire et que sépare un demi-siècle d'âge.

Faudrait-il en venir à une tendresse plus précise et la Salvimonte était-elle de la même espèce que cette princesse de Metternich qui, comme on lui demandait à quel âge une femme cessait d'être tourmentée par la chair, répondait : « Je ne sais pas; je n'ai que soixante-cinq ans » ?

La vieille Lydia avait, lorsqu'ils étaient en voiture, une manière de se placer contre Jean-Noël, une façon de lui offrir le contact de sa jambe arthritique et de sa jarretelle qui ne laissait guère de doute au jeune homme et le terrifiait un peu.

Mais il espérait qu'elle en resterait à ces petites avances, et pensait qu'il existait une pudeur du grand âge, comme il existe une timidité de la première adolescence.

« Mais enfin, *caro*, reprit-elle, qu'est-ce que vous attendez ? Vous êtes là depuis quinze jours, à me voir sans cesse. Je croyais d'abord que c'était pour cet argent. Mais non, je me rends compte; vous ne pouvez plus vous passer de moi. Alors qu'est-ce que vous attendez, ami ? Faut-il que je vous encourage ? Mais profitez donc de moi pendant que je suis encore une femme agréable ! Je n'ai plus tellement de temps, hélas ! J'ai là, j'ai là, continua-t-elle en frappant sa poitrine desséchée, des trésors de jeunesse qu'aucun homme n'a su comprendre ! »

« J'ai trop bien joué la comédie, se dit Jean-Noël. J'en ai trop fait pour mes deux cent cinquante mille francs. »

Tout occupé de l'attitude à prendre, il ne se rendait pas compte de l'état d'espérance douloureuse auquel deux semaines de sa présence avaient amené sa septuagénaire amie.

« Chère Lydia, j'ai une immense affection pour

vous... Mais vous savez bien que je n'ai pas de goût
pour les femmes. J'aime les hommes, dit-il hypocri-
tement en baissant la tête et en traçant, de la pointe
de son soulier, de vagues dessins sur le sable de
l'allée.

— Mais ce n'est pas vrai, cher ! s'écria-t-elle.
Vous avez eu la Sandoval, et puis, à Venise, la Rocapolli, on m'a dit...

— Justement, ce sont des expériences malheu-
reuses...

— Mais parce que vous êtes tombé sur des créatures impossibles, *poveretto*. Une boiteuse et une
guenon !... Et des femmes trop jeunes qui ne pen-
sent qu'à elles. Mais moi, je vous garantis, je vous
convertirai. J'ai à la fois l'intuition et l'expérience
de l'amour ! »

Ils étaient au bord du bassin. Sur une feuille de
nénuphar, deux libellules s'accouplaient.

« Regardez-les ! » dit la Salvimonte avec un
accent rauque dans la voix.

« Une maniaque et une folle », pensa Jean-Noël.
Son regard se porta des libellules sur la vieille
duchesse.

Elle était hideuse et pitoyable. Le sang affluait
à ses pommettes mal retenues. Une buée sénile
humectait ses cils rares, englués de rimmel.

Et pour la première fois de sa vie, Jean-Noël se
sentit plus fort que l'être qu'il avait en face de lui,
sentit que quelqu'un était entièrement à sa merci.

Au milieu d'un panier d'eau, le jeune Bacchus
écrasait des raisins de plomb dans la gueule du lion...

« Mais enfin, *tesoro,* vous êtes un garçon normal...
enfin, je veux dire, de corps ? dit la Salvimonte à
mi-voix, mais sans moins d'ardeur.

— Oui..., dit Jean-Noël. Seulement il y a une
chose... Je ne peux rien faire, je suis incapable de
penser à l'amour quand je manque d'argent. »

Et cela, c'était vrai.

« Mais, mon ange, j'ai de l'argent, vous le savez
bien, dit la Salvimonte. Et je dis toujours : « Quand
« il y en a pour un, il y en a pour deux. » D'abord
moi, je suis faite pour donner ! Je voudrais vous
enlever tous vos soucis, si c'est cela qui vous empêche
d'être viril ! Voyons, que vous faut-il ? »

Jean-Noël ne répondit pas. Il calculait. « Un
million, est-ce que je peux lui demander un million ?
Mais là, il faudra que je m'exécute. Parce que, les
deux cent cinquante mille francs, ce n'étaient que
des hors-d'œuvre. Mais cette fois... Est-ce que vraiment je pourrai ? »

« Ah ! voyez-vous, trésor, le premier jour que je
vous ai vu, à ce bal, il y a deux ans, dit-elle, et
que vous êtes venu m'inviter à danser, ou c'est peut-
être moi qui vous ai demandé, je ne sais plus... eh
bien, j'ai su qu'il existait un fluide entre nous. Le
choc, j'ai ressenti le choc, vous comprenez ?... Et ce
jour où vous êtes venu dans ma gondole, à l'enterrement du cher Pemrose, ce chemin sur la lagune
pour aller au cimetière, c'est un des plus beaux souvenirs de ma vie ! »

Une émotion de fillette soulevait les cartilages de
son bréchet.

« Combien de temps peut-elle encore avoir à vivre ? » se demanda Jean-Noël.

« Quels moments merveilleux je voudrais vous faire, chéri ! reprit-elle. Nous pourrions aller vivre dans mes palais d'Italie. Je peux vous emmener faire le tour du monde. Vous pouvez tout avoir avec moi ! »

Il inclina la tête, comme s'il réfléchissait profondément. Puis il se redressa, d'un grand mouvement de dignité douloureuse.

« Non, Lydia, ne me tentez pas. Ce n'est pas possible, dit-il. Comprenez-moi, je ne peux pas être entretenu par vous, je ne peux pas. De quoi aurais-je l'air ?

— Mais l'opinion des autres, est-ce que cela compte, quand il y a l'amour ? Vous en êtes encore là ?

— Ce n'est pas l'opinion des autres, c'est ma propre opinion. Je me mépriserais... Et puis je dois penser à mon avenir. Bien sûr, je mènerais pendant quelques mois une vie merveilleuse. Et après ? Il faut que je me fasse une carrière. Et puis j'ai ma sœur, dont je vais m'occuper... Nous sommes deux orphelins ruinés, ma chère Lydia... »

Il était en train de courir après la donation, ou la promesse de legs. Il cherchait à suggérer quelque chose de cette sorte. Une idée germait. Pourquoi Lydia n'adopterait-elle pas Marie-Ange, ou lui-même ? Car il continuait à la considérer comme une grand-mère.

« Alors, cher, dans ce cas..., dit la Salvimonte

devenant subitement grave... Alors, dans ce cas, je
vous dis très solennellement : pourquoi ne m'épou-
sez-vous pas ? Toutes les femmes, vous savez, ont
le goût du mariage. Et moi j'ai l'expérience, puisque
je suis veuve. »

Jean-Noël demeura stupide pendant dix secondes.

« Mais oui, c'est la vraie solution, continua-t-elle,
de nouveau lyrique. Vous avez alors une position
honorable. Et je ne vous entretiens pas comme un
gigolo. C'est une association. Cet argent dont il
m'assomme de m'occuper, et ces gens d'affaires, et
ces propriétés, et ces majordomes; tout cela, c'est
le travail d'un homme. Et c'est une carrière, je vous
assure ! Moi je suis faite pour l'amour et rien
d'autre. »

Toute sa fortune à elle, et toute la fortune de Ben
qu'elle venait de recevoir... Jean-Noël était en train
de chiffrer le miracle.

Ce serait folie que de ne pas le saisir puisqu'il
s'offrait à lui.

Le ridicule d'une pareille union ? « Quarante
millions, ce n'est jamais ridicule », se dit-il. Il se
sentait béni des dieux. Il trouverait bien quelque
pieux ou superstitieux prétexte pour imposer la
chasteté, jusqu'au moment des noces. Après cela, on
verrait...

Il laissa la vieille duchesse parler encore quelques minutes pour emporter un assentiment qui était
déjà acquis.

« Alors, chéri ? demanda-t-elle.

— Alors... chérie... je crois que nous nous sou-
viendrons avec émotion de ce faune, de ce lion, et
de ce jardin », répondit Jean-Noël entrant déjà dans
son rôle qui était de lui vendre, au prix de quin-
taux d'or, l'illusion la plus misérable de l'amour.

Les paupières barbouillées de rimmel fondant, elle
se hissa jusqu'à lui pour lui tendre sa bouche.

« C'est le deuxième plus beau jour de ma vie,
dit-elle. Et je crois que j'ai oublié l'autre. »

Ils sortirent du jardin. Il pensait en la suivant :
« Si j'ai un peu de chance, elle peut n'avoir guère
plus de deux ou trois ans à vivre. »

Une allégresse de jeune fille emportait la
duchesse, une allégresse à laquelle ses jambes n'obéissaient pas.

Elle trébucha sur le rebord d'un trottoir. Jean-
Noël la rattrapa de justesse au moment où elle
allait s'écraser la tête sur la pierre. L'effroi de voir
ses espérances se réaliser trop tôt avait donné à Jean-
Noël une vigueur que la Salvimonte prit pour un
signe de passion.

« Tu vois, dit-elle, lui prenant le bras d'un
mouvement câlin, comme j'ai besoin de toi. »

XIII

Il était un peu moins de cinq heures lorsqu'un
valet de chambre de l'hôtel Trianon descendit pré-

cipitamment du troisième étage et vint parler à voix basse au directeur.

Celui-ci demanda aussitôt au concierge :

« Est-ce qu'il y a un médecin ici ? Il faut appeler un médecin tout de suite. »

Et apercevant Lartois qui prenait le thé dans la galerie, en compagnie de quelques dames, il s'approcha de lui et dit :

« Monsieur le professeur, je vous demande pardon. Si vous pouviez venir... pour M. Wilner... »

Ils prirent l'ascenseur.

Dans le couloir qu'ils suivirent en courant, deux femmes de service et un valet d'étage chuchotaient devant une porte.

Lartois et le directeur pénétrèrent dans l'appartement.

Edouard Wilner était assis à sa table de travail, le corps écroulé, le front tombé sur ses feuillets, et sa grande nuque de bœuf sacré offerte à la lumière de la fenêtre. La main pendait le long du bras du fauteuil. Le stylo avait roulé sur le tapis, qui en buvait l'encre.

Lartois souleva cette tête déjà froide, cette grande tête pesante et ballante, inerte comme une pièce de boucherie, lourde comme le marbre d'un buste.

Les paupières étaient à demi closes sur les globes vitreux, et la narine, sur laquelle tout le poids de la tête avait porté, restait collée à la paroi du nez. Un peu d'encre marquait le sourcil qui avait balayé la feuille.

« C'est fini, dit Lartois, et au moins depuis une demi-heure. Il n'y a qu'à le transporter sur le lit. »

Lartois regarda sur les feuilles blanches éparses la grande écriture noire, toute hachée de virgules, du dramaturge.

« ... *Je te répondrai sept jours, pour ne pas engager plus de temps qu'il n'en fallut à Dieu pour créer tout l'univers.* »

Mais ce n'était pas sur cette page que la mort avait surpris Wilner. Il s'était écroulé sur un demi-feuillet coupé, par une habitude d'économie, comme pour prendre une note.

Et sur cette petite feuille, Lartois lut :

« *Lucienne va venir à cinq heures. Lucienne a de belles fesses. Toutes les fesses des filles...* »

L'effroyable et incohérente obscénité des lignes qui suivaient amena une contraction douloureuse sur les traits de Lartois. Il glissa dans sa poche, discrètement, l'écœurant feuillet, afin que ne fût pas gâchée la belle légende que l'histoire littéraire enregistrerait, la légende du dramaturge terrassé sur son œuvre au moment où il comparait l'amour à la création du monde.

« Je suis venu lui apporter son thé, comme d'habitude. Et puis je l'ai trouvé comme ça », expliquait le valet de chambre.

La pièce s'était emplie du personnel de l'étage.

« Ce n'est vraiment pas de chance qu'il soit mort ici », pensait le directeur.

Et en même temps, il donnait des consignes de discrétion, pour ne pas effaroucher le reste de la clientèle.

Il fallut quatre hommes pour transporter, de la table au lit, le corps du dramaturge.

Lartois éprouvait encore dans ses doigts le poids, la forme de la lourde tête qu'il avait soulevée, ce crâne qui avait contenu, créé, construit un monde à demi imaginaire, ce grand front couvert de crins courts et blancs qui avait logé la plus impitoyable observation des hommes de son temps, et la plus impitoyable observation de soi-même.

Une voix féminine, naïve et un peu traînante, demanda :

« Eh bien, qu'est-ce qui se passe ? »

Lartois releva les yeux et aperçut, entre les visages des serviteurs, une haute fille, assez belle, à grande chevelure brune.

« C'est vous qui vous appelez Lucienne ? demanda-t-il... Il n'a plus besoin de vous désormais. »

Depuis des décennies, professionnellement, il voyait mourir les hommes et il ne comprenait toujours pas. Il ne comprenait pas ce mélange, cet alliage des activités les plus hautes et des obsessions les plus basses, jusqu'au dernier instant. Et d'ailleurs, pourquoi ce jugement de « haut » et de « bas » ? Cela n'avait pas plus de signification que les étiquettes collées sur les caisses de porcelaines. Juste une précaution empirique, pour le transport à travers la vie, d'une matière fragile qui, de toute manière, finissait par se briser...

Que Wilner, le pire anxieux de son temps, fût mort foudroyé, laissait Lartois perplexe.

« Cela a l'air d'un symbole, mais d'un symbole inexplicable... C'est toute cette ignorance qui nous garde l'illusion d'être jeune. C'est parce que nous sommes aussi démunis et aussi avides de comprendre que nous l'étions dans notre adolescence que nous entretenons en nous ce leurre... Etre vieux, c'est voir tomber l'un après l'autre, autour de soi, les êtres que nous aimions. Et de n'avoir plus rien à faire, en attendant d'aller les rejoindre, que de nous poser les mêmes questions qu'ils n'ont pas résolues, et que nous ne résoudrons pas... »

La vie continuait dans le reste de l'hôtel. Les petits voyants rouges s'allumaient et s'éteignaient, comme les idées d'un cerveau, sur le tableau de la téléphoniste. Les barmen agitaient des mélanges dans des gobelets argentés. Les cuisiniers paraient les viandes du dîner.

Cependant, précédé d'escadrons de la garde et de motocyclistes à gants blancs, le président réélu, saluant la foule du fond de sa voiture découverte, redescendait vers la capitale. Et tout le cortège de l'ambition, des intrigues, des passions et des vanités le suivait, entre deux haies d'ovations.

L'homme qui avait démonté, qui avait reconstruit dans la matière verbale, qui avait fixé pour le futur ces vanités, ces intrigues, ces passions, n'était plus qu'un lourd cadavre étalé sur un lit.

Le professeur Lartois se détourna vers la fenêtre, pour qu'on ne vît pas ses larmes.

CHAPITRE V

RETOUR A MAUGLAIVES

I

LES couvreurs couraient sur les toits de Mauglaives. Les peintres, dans les galeries, sifflaient sur leurs échelles. Devant les façades se dressaient d'immenses échafaudages. On fermait les lézardes avec des broches de fer qui ressemblaient à des points de suture. Le sol des cours était jonché d'ardoises.

Jean-Noël se promenait en pantalons de cheval, à longueur de journée, à travers le chantier. Christian Leluc, foulard au cou, l'accompagnait généralement. Jean-Noël avait trouvé plaisant, ne fût-ce que pour exaspérer Lydia, d'inviter le jeune pianiste à passer l'été à Mauglaives. Et puis Christian, formé lui aussi à l'école des Trois Abeilles, avait du goût. Et les deux jeunes gens s'amusaient à un étonnant jeu de construction, avec de vraies tourelles, de vrais murs, de vrais plafonds.

« Pour la galerie des maréchaux, je vois très bien les boiseries carrément jaunes, bouton-d'or, et les sièges en satin bleu roi, le bleu du cordon de Saint-Louis, une opposition gueulante », disait Leluc.

Soudain éclataient des drames.

« Qui vous a dit de tirer ces filets mauves dans les moulures ? demandait Jean-Noël aux peintres.

— Mais c'est M. Leluc, monsieur le baron...

— M. Leluc ne donne pas les ordres... Allez, effacez-moi cela et remettez des filets cerise, comme ce qui avait été décidé. »

Là-dessus, Leluc boudait pendant une demi-journée.

Les ouvriers détestaient cet insecte noir, cette espèce d'araignée qui tombait au milieu d'eux à tout moment, descendu d'on ne savait quel fil, et dont une fois sur deux il fallait exécuter les ordres, et l'autre fois pas, et qui allait faire à Jean-Noël son rapport sournois, à moins qu'il ne fût rabroué par lui.

Et les ouvriers n'aimaient pas non plus Jean-Noël qui ne savait pas commander. Ils étaient choqués par le gâchis de temps et de marchandises, exaspérés d'avoir à rester polis et attentifs pendant que Jean-Noël et Christian discutaient interminablement, quelques échantillons d'étoffe à la main.

Mais qui donc commandait dans la maison ?

Jean-Noël venait de recevoir une lettre de son cousin Valleroy. « Pour tout t'avouer, écrivait le duc, nous avons été un peu surpris par ton mariage. Mais puisque la fortune de ta femme te permet de

rouvrir Mauglaives et de le remettre en état, c'est
là une décision que j'approuve... »

Ta femme... Jean-Noël n'arrivait pas à s'habituer à ce que Lydia fût sa femme.

Mais qui donc s'y habituait ?

Léontine Laverdure, les yeux papillotants et la
voix aiguë, ne s'était pas gênée pour le dire à Jean-
Noël.

« Pour nous, madame la baronne, c'était la mère
à monsieur. Mais alors, que la nouvelle madame la
baronne, à présent, soye quelqu'un qui aurait pu être
la mère à la mère de monsieur, ça alors, on ne s'y
fait pas. »

Laverdure, vieilli, blanchi, alourdi et qui continuait à tenir le rôle de régisseur, prenait les choses
plus tranquillement.

« Tu sais, maman, on en a tant vu, dans notre
vie... », disait-il à sa femme.

Jean-Noël eût complètement oublié de régler les
deux années de gages qu'il devait à l'ancien piqueux,
si celui-ci ne s'était décidé à les porter en compte.

Mais qui donc pensait à autrui ?

Lydia... Lydia Schoudler, madame Jean-Noël...
prenait des bains de soleil entièrement nue, sur une
partie de la pelouse qu'elle s'était réservée, et où des
haies de fusains la protégeaient en principe des
regards. En principe seulement... Car si on ne pouvait
pas l'apercevoir des allées, elle s'offrait en pleine vue
aux couvreurs et aux maçons qui travaillaient au
flanc des tours. Etalée sur un matelas orange, elle
avait feint, les premiers jours, d'ignorer les ouvriers.

Mais maintenant elle dirigeait franchement vers eux
ses lunettes noires, tandis qu'elle enduisait de crème
à brunir ses membres de vieille chèvre.

« Si c'est pas malheureux, à cet âge-là ! disaient
les ouvriers. Il paraît que c'est elle qui paie tout
ça, la vieille. Elle pourrait aussi se payer un cache-
sexe... Et dire que tout ce monde-là va à la messe
le dimanche ! »

Lorsqu'elle avait terminé de se chauffer à la fois
au soleil d'août et au regard de ces hommes, Lydia,
dans des robes de fillette à la plage, venait aggra-
ver le désordre.

Tante Isabelle, faute d'avoir choisi un autre lieu
pour passer l'été, séjournait également à Mauglaives.
Elle se chargeait de diriger les domestiques, ce qui
consistait à faire et à défaire dix fois les menus, car
elle en était arrivée à un point d'aboulie où elle
ne savait même plus ce qu'elle désirait prendre pour
son repas. Et elle s'imaginait, ce faisant, se dévouer
une fois de plus à la famille, puisque cette étrange
nièce par alliance, vieille de soixante-douze ans,
qui lui était échue, se montrait incapable de commander la maison elle-même, et puisque Marie-Ange,
dont ç'aurait dû être le rôle, errait à travers le
parc, ou bien restait étendue sur une chaise longue,
ou bien s'enfermait dans sa chambre. « Pauvre
petite Marie-Ange... Tout de même, elle devrait
faire un effort. Elle prend vraiment mal ce qui lui
est arrivé, se disait Isabelle. Heureusement que je
suis là pour la soutenir. Sinon, qui s'occuperait
d'elle ? »

II

Marie-Ange retournait dans ses doigts la lettre qu'on venait de lui apporter. Une lettre de Simon. L'ouvrirait-elle ou la déchirerait-elle, sans la lire, comme les précédentes ?

Ne pas ouvrir cette lettre représentait un effort de volonté, une fatigue de la volonté. Quatre mois s'étaient écoulés; le désespoir, l'indignation avaient fait place, chez Marie-Ange, à l'abattement. Cette persévérance de Simon la touchait un peu. Mais, si elle décachetait la lettre, elle risquait d'être attendrie par un souvenir, par une phrase; elle se laisserait aller à répondre, et puis à revoir Simon... puisque rien d'autre n'apparaissait dans sa vie. Et cela, il ne le fallait pas; c'était absurde et ne pouvait conduire à rien. Un replâtrage, un rafistolage, comme la figure de Lydia, comme la façade de Mauglaives. Elle n'était entourée que de rafistolages. Les sentiments étaient plus fragiles que les vieilles pierres et que les vieux visages...

L'intervention discrète qui avait délivré Marie-Ange de l'enfant qu'elle portait s'était mal passée. Une grave hémorragie en avait été la conséquence immédiate et une crise de neurasthénie la séquelle durable.

Marie-Ange enviait ces filles qu'elle avait vues chez Marcel Germain revenir à la cabine le lendemain d'une fausse couche. Et qui n'en gardaient pas rancune à leur amant.

Elle n'aurait jamais cru que sa chair tenait autant à cet enfant aboli. Ni que son amour pour Simon se briserait du même coup.

Comme au réveil d'une longue ivresse, la tête martelée par la migraine, avec une sensation d'écœurement et de honte, elle jugeait Simon tel qu'il était, laid de visage et de corps, trop âgé pour elle, égoïste, serviteur d'une existence déjà accomplie, serviteur de sa propre puissance, soumis à ses obligations d'homme public et à ses actes antérieurs. « Pourquoi ai-je à payer pour ce qu'il a fait ou ce qu'il a été avant que je le connaisse ? » Elle trouvait injuste que sa part à elle fût si lourde, et si légère celle de Simon.

Les liens qui peuvent unir mystérieusement, incompréhensiblement, pendant un moment de la vie, deux êtres que rien en apparence ne destinait l'un à l'autre, s'étaient dissous, du moins pour elle.

Encore malade, Marie-Ange ne s'était relevée que pour assister à l'étrange, au monstrueux mariage de son frère. Et ce soir-là, tout abattue, dînant avec sa tante Isabelle, elle lui avait raconté, à demi-mot, et sans nommer Simon, ce qui venait de lui arriver.

« Comme c'est bête, pensait Marie-Ange en parlant; avant j'étais terrifiée à l'idée de lui avouer, et maintenant que tout est fini, voilà, je me confesse. C'est absurde... »

Tante Isabelle, ravie de s'agiter autour de ce drame qui s'offrait à elle, ravie surtout de pouvoir parler d'elle-même, avait répondu :

« C'est affreux. Et je peux comprendre par quoi
tu es passée, ma pauvre petite. Parce que moi aussi,
vois-tu, il y a longtemps... Je n'avais jamais eu de
raison de t'en parler. Ce sont des choses qu'on garde
pour soi, à moins qu'une occasion comme celle-ci
se présente, entre femmes. Pour moi, cela ne s'est
pas terminé de la même façon. Ta grand-mère m'a
mariée à ce pauvre Olivier... inutilement d'ailleurs,
car j'ai fait une fausse couche naturelle. Mais ma
vie était gâchée... Moi aussi j'ai eu mon roman
d'amour. »

Comment ? Tante Isabelle, épaisse, sanglée dans
sa gaine, avec ses cheveux poivre et sel, ses lunettes
d'écaille... tante Isabelle irréprochable !

« L'homme dont j'étais enceinte, ajouta Isabelle en confidence, c'était Simon Lachaume... Cela
te surprend ! Si j'avais été un peu plus habile, je serais
peut-être aujourd'hui femme de ministre. Mais il
était marié. J'ai eu peur du scandale... »

Marie-Ange n'avait rien répondu. Mais cette révélation avait été le dernier coup porté, une blessure
meurtrière, irréparable. « Il aurait pu au moins
me le dire, pensait-elle, ne pas jouer l'émotion de
l'homme à qui cela arrive pour la première fois. »

Et tout le monde était parti pour Mauglaives,
dont Jean-Noël avait obtenu la restauration comme
cadeau de noces, et où l'on vivait dans un chantier.

Marie-Ange habitait la chambre de Diane, la
pièce féerique tendue de tapisseries de chasses à
myriades de petits personnages d'or, et où sa mère
était morte assassinée. Marie-Ange avait tenu à

occuper cette chambre, poussée par une obscure sentimentalité du malheur, et aussi pour que Lydia ne s'y installât point.

La balustrade de la loggia, par laquelle Laverdure avait naguère précipité le fragile cadavre, avait été refaite en pierres neuves.

Marie-Ange lisait des romans, parcourait les journaux où de gros titres annonçaient l'aggravation de la situation internationale. Elle rencontrait parfois le nom de Lachaume.

« A l'occasion d'un banquet des maires de sa circonscription, qui s'est tenu à Jeumont, l'ancien ministre de la Guerre, faisant un large tour d'horizon politique, a notamment déclaré... »

Et elle pensait alors à la maison de Jeumont...

Ou bien, comme aujourd'hui, elle retournait pendant une heure une lettre de Simon avant de la déchirer. Oui, c'était dur de ne pas céder à la tentation de la lire, alors que les semaines passaient, que les jours s'épaississaient comme le tissu d'un kyste autour des souffrances anciennes, et que rien de nouveau n'arrivait...

On était samedi, et midi venait de sonner; le bruit des maillets, des rabots, des truelles, sur les toits, le long des façades, dans les cours et les salons, venait de s'arrêter.

Et Marie-Ange percevait des éclats de voix... une dispute de plus entre Jean-Noël et Lydia, ou plutôt la même scène qu'ils se faisaient continuellement, se rejetant à la face, avec le pire cynisme, des chiffres et des âges. Jean-Noël se plaignait d'avoir été

« roulé » parce que Lydia avait exigé de se marier
sous le régime de la séparation de biens. Et Lydia
se jugeait « roulée » elle aussi, pour d'autres raisons...

Marie-Ange entendit des injures hurlées dans le
couloir, puis la porte de sa chambre s'ouvrit, et Lydia
entra, les yeux en pleurs et ses cheveux acajou à racines grises tout défaits. Elle portait une robe légère,
à fleurs jaunes et rouges, qui découvrait atrocement
sa poitrine et ses épaules sous les minces bretelles.

« Ah ! ma chère, ma chère, s'écria-t-elle en se
tamponnant les paupières, votre frère est vraiment
trop atroce avec moi. Savez-vous ce qu'il me refuse ?
Ma salle de bain en mosaïque pompéienne sous prétexte que ce sera laid. Et est-ce que ce sera beau,
tout ce qu'ils font, lui et son horrible petit Leluc,
dont il m'impose la présence... Et est-ce que je n'ai
pas le droit d'avoir ce que je désire ? Tout cela me
coûte assez d'argent, cette folie de réparer ce vieux
château, alors que j'ai quatre palais en Italie... Et
pourquoi tout cela ? Pour rien, vous m'entendez, pour
rien. Votre frère est un impuissant. Et il refuse par
méchanceté de se faire soigner. Je finirai par coucher
avec les maçons, pour me venger... Et maintenant, le
monstre, il m'a volé mon passeport et il refuse de me
le rendre... »

Trois jours plus tôt, ne réussissant pas à ouvrir la
porte de sa chambre qui frottait contre le linteau, et
croyant que Jean-Noël l'avait enfermée à clef, elle
s'était échappée par la fenêtre et les échafaudages,
en criant qu'elle voulait partir pour Rome demander l'annulation du mariage. Il avait fallu aller

la décrocher d'une poutrelle où elle s'était aventurée entre ciel et terre. A la suite de quoi, Jean-Noël lui avait confisqué ses papiers d'identité.

« D'abord je veux ce passeport », dit-elle en se levant et en sortant de la pièce aussi brusquement qu'elle y était entrée.

Et Marie-Ange l'entendit crier dans les couloirs :

« Jean-Noël... Cette fois, je veux mon passeport. »

Marie-Ange, devant cette vieille femme, ne savait pas ce qui l'emportait, du dégoût, de la pitié ou de la honte.

« Car nous acceptons tous de vivre d'elle, non seulement Jean-Noël, mais Isabelle, mais moi-même. Jean-Noël ne semble avoir retrouvé le sentiment de la famille que pour pressurer cette malheureuse qu'il est en train de rendre complètement folle. C'est peut-être ce qu'il cherche, après tout... La faire enfermer. Les os de nos grands-parents doivent se retourner dans leur tombeau en voyant où nous en sommes arrivés... »

La lettre de Simon était toujours devant elle. Que pouvait-il y avoir dedans ? Elle ne le saurait jamais car elle saisit l'enveloppe, la déchira en huit, et, pour ne pas céder à la tentation de rabouter les morceaux, elle la brûla dans la cheminée.

Mais elle sentait que c'était la dernière fois qu'elle aurait ce courage négatif. Il fallait empêcher qu'une autre lettre ne vînt.

Elle rédigea un mot bref pour informer Simon du sort qu'elle donnait à ses messages.

« *Ayez la charité de m'aider à oublier par votre*

silence, écrivit-elle en terminant. *Vous êtes peut-être coutumier du fait, pas moi. J'ai les nerfs brisés; c'est plus long à se ressouder que les os.* »

III

Le curé venait de monter en chaire et, devant le registre ouvert, s'éclaircit la voix. Puis, d'un ton de récitant, il dit :

« Comme chaque semaine, nous prierons aujourd'hui pour tous les défunts et principalement pour les bienfaiteurs de cette église, les marquis de Mauglaives et de La Monnerie, le baron et la baronne Schoudler, ainsi que pour les anciens curés de la paroisse : Angevin, Vollard et Guillaumet, et pour les familles Delafosse, Grossein, Vanier, Paternos-Legendre, Passé, Leroux, Boissel... Notre Père qui êtes aux cieux... »

Et tous les Boissel, les Leroux, les Passé, les Grossein et les Delafosse qui se trouvaient dans l'assistance, les vieilles femmes en coiffe, les plus jeunes en chapeau noir, les fillettes en bas de coton, les enfants aux genoux roses, les hommes au cou quadrillé comme du pain d'autrefois, le dos serré dans leurs trop justes vestons des dimanches, tout le village murmura le *pater noster*.

Au banc du château, Jean-Noël, Lydia, Marie-Ange et Isabelle se tenaient côte à côte.

« Et aujourd'hui, mes bien chers frères, reprit le curé, je vous invite à une prière toute spéciale à l'intention de ceux d'entre vous qui ont été rappelés ces jours-ci aux armées... Prions le Seigneur pour qu'Il abrège l'absence des chers vôtres, et demandons-Lui du fond de notre cœur, avec toute notre ferveur, d'épargner à notre chère Patrie les horreurs d'une nouvelle guerre... Nous dirons à cette intention un acte de foi et un acte d'espérance... »

Jean-Noël éprouva une sorte d'effroi, non pas à la pensée de la guerre, mais en s'apercevant qu'il avait complètement oublié les prières de son enfance. S'était-il écoulé tellement de temps depuis sa première communion, depuis sa confirmation, dans cette même église où il quêtait, naguère, avec Marie-Ange, les jours de Saint-Hubert... Le curé demandait de la ferveur, et lui ne se rappelait même pas les mots. De même qu'entouré d'enfants qui résolvent un problème d'arithmétique on peut se sentir pris d'une solitude atroce parce qu'on ne sait plus faire une règle de trois, de même Jean-Noël, devant ce village agenouillé par rangées et dont il ne pouvait plus suivre le marmonnement, se sentait isolé, menacé, comme un cerf-volant fragile au bout d'une corde qui va casser.

Il avait voulu, pour justifier à ses propres yeux et aux yeux d'autrui un mariage honteux, reprendre la place traditionnelle de seigneur de ce village, et il n'était même pas capable d'en partager les murmures propitiatoires.

Pouvait-il s'étonner de lire, dans les yeux des

paysans qu'il croisait, une sorte d'indifférence et parfois d'hostilité méprisante ? Comme il était loin de
tous ces gens, loin de leur terre, de leurs habitudes,
de leur église, de leur croyance résignée... « faut
bien que le Bon Dieu existe, sinon qu'est-ce qu'il y
aurait d'autre ? »... de leur foi et de leur espérance
apprises par cœur une fois pour toutes !

Comme il était loin de cette petite magie orale
dont on occupait leur cervelle, ces recettes pour toutes
circonstances qui n'avaient jamais servi à éviter un
massacre ni même à faire pleuvoir, les années de
sécheresse, et dont ils continuaient pourtant à user
depuis cinquante générations. Actions de grâces
pour les vainqueurs, acte de contrition pour les
vaincus. Acte d'espérance en attendant d'être l'un ou
l'autre. « Dieu nous envoie ces épreuves en expiation de nos péchés. Offrons-Lui nos souffrances... »

« Dieu se fout d'eux avec persévérance, pensait
Jean-Noël. Et moi je ne viens m'asseoir ici que
pour entretenir le mensonge... Et quand je pense que
celle-là, se dit-il encore en regardant avec haine
Lydia à côté de lui, m'a obligé à un mariage reli-
gieux ! »

« Celle-là » récitait en italien l'acte d'espérance
à l'intention de Jean-Noël, afin qu'il retrouvât sa
virilité. Et en même temps, elle se promettait
d'en appeler au pape si cette espérance ne se réali-
sait pas dans la semaine.

Marie-Ange regardait du côté de la porte chaque
fois qu'un retardataire entrait. « Voilà où j'en suis.
Je suis devenue comme ces filles de province qui

attendent à chaque minute qu'apparaisse un fiancé, un parti... C'est absurde. » Elle observait Jean-Noël. « S'il n'était pas mon frère, si je ne le connaissais pas, je souhaiterais sûrement qu'il s'intéresse à moi. Au fond, j'attends quelqu'un comme lui, pour être malheureuse comme les pierres, une fois de plus... Il est vraiment beau dans cette pénombre. Ou bien peut-être est-ce parce qu'il est mon frère que je me suis fait cette image de la beauté masculine. »

Tante Isabelle, n'ayant à souffrir vraiment pour personne, s'efforçait de rassembler en elle-même la souffrance de l'univers entier, se lamentait intérieurement sur les chers défunts, sur les chers absents aux armées, sur la chère patrie menacée...

« Et pourtant, se disait Jean-Noël, il y a des gens qui croient en Dieu, des gens qui sont pratiquants, et qui ne sont pas des imbéciles. »

Il pensa à Pem, et se rappela la note en marge de sainte Catherine de Gênes. « *Les enfers sont sur la terre et chacun de nous s'y inflige son propre châtiment*... Pourquoi, pourquoi, suis-je malheureux ? »

Il n'avait apparemment plus de raisons de l'être. Il devait bien reconnaître que, s'il souffrait, ce n'était que du mépris qu'il avait de lui-même, tout en ne pouvant agir que de manière à mériter ce mépris.

IV

La dispute, la même et perpétuelle dispute avait repris, parce que Lydia refusait d'établir les chèques pour les entrepreneurs.

« Je ne paierai plus rien avant que tu m'aies rendu mon passeport, cria-t-elle.

— Je ne te le rendrai que lorsque tu auras signé les papiers pour le notaire, répondit Jean-Noël.

— Je ne les signerai pas avant que le mariage soit consommé. Non et non.

— Tu n'auras pas ton passeport.

— J'irai me plaindre à mon ambassadeur.

— Tu n'as plus d'ambassadeur, tu es devenue Française par ton mariage.

— Mais il n'y a pas de mariage puisque tu n'es pas un mari. »

Elle était en train de se changer, ôtant les vêtements qu'elle portait pour la messe et s'apprêtant à remettre une de ses robes de fillette. Elle était nue devant Jean-Noël, et prenait tous les prétextes... un coup de peigne dans les cheveux, du talc sur ses flancs secs... pour rester ainsi le plus longtemps possible.

De face, elle offrait la vision d'une sénilité atroce. De dos, elle avait encore l'apparence d'une femme.

« Allons, sois gentille, fais ce que je te demande, dit Jean-Noël avec un calme étrange dont on ne pouvait savoir s'il était douceur ou menace.

— Mais je ne désire qu'être gentille, si toi tu l'es un peu. »

Elle vint se coller contre lui, l'entoura de ses bras, et eut un recul soudain et triomphant.

« Mais tu vois bien que tu n'es pas impuissant ! s'écria-t-elle. Alors, tu fais semblant de l'être pour me faire souffrir ? »

Etait-ce l'effet d'une longue chasteté, ou bien trouvait-il, dans l'horreur même de la situation, un piment érotique ? Jean-Noël se le demandait... Il avait compris que, de toute manière, il fallait en finir, parce que Lydia allait se livrer aux plus redoutables extravagances. Et dans l'imagination de la scène dont il avait réglé par avance les détails, il puisait une délectation morbide.

Il passa un quart d'heure à se déshabiller lui-même, avec une lenteur perverse, s'interrompant pour parcourir le dos de la vieille femme d'une main habile, marchandant ses caresses, les arrêtant avec une subtilité sournoise et méchante, se laissant lui-même caresser pour se dégager aussitôt, jusqu'à ce qu'il eût réduit Lydia à un état d'égarement total.

Elle râlait, elle hoquetait, elle dévidait un répertoire amoureux, incohérent et trilingue; elle tombait aux pieds de Jean-Noël, elle enserrait ses jambes et se traînait sur les genoux. Jean-Noël savourait le spectacle hideux qu'elle donnait, l'atroce déformation des traits, la folie du regard, la gesticulation de ces vieux membres. Elle était à la fois la sorcière et le fagot, tordue du feu qu'elle portait en elle.

Il la tira devant la glace.

« Et maintenant, regarde-toi, lui dit-il, regarde-toi !

— Oh ! oui, oh ! oui, je me vois », s'écria-t-elle extasiée de son propre reflet.

« Elle pourrait vraiment claquer à se mettre dans des états pareils, à son âge », pensa Jean-Noël.

Il la laissa pour passer dans sa propre chambre.

« Jean-Noël... *darling, amore mio,* ne t'en va pas... Oh non ! cria-t-elle d'une voix enrouée par l'angoisse. Ah ! ne me fais pas une chose pareille.

— Mais non, mais non, je ne m'en vais pas. Je reviens tout de suite », répondit-il.

Il y eut un bruit de tiroir ouvert et refermé.

« *Amore mio... amore mio... amore mio* », répétait la vieille en hoquetant.

Elle était toujours à genoux sur le parquet luisant et marqueté.

Jean-Noël reparut. Il tenait des papiers timbrés et un stylo.

« Ah ! non... pas maintenant... après, dit Lydia en gémissant.

— Non, avant », dit-il.

Il posa les papiers devant elle, sur le parquet, lui mit de force le stylo dans la main.

Il s'agissait d'un acte de donation entre vifs, au dernier survivant.

« Signe, dit-il.

— Salaud... petit salaud... », dit-elle.

Elle avait les yeux embués de larmes. Elle signa.

« Et celui-là aussi », dit Jean-Noël avançant un second papier.

C'était un acte complémentaire du premier, par lequel la donation était réversible sur Marie-Ange.

Lydia voulut encore se défendre.

« Après..., répéta-t-elle.

— Signe », dit Jean-Noël en pesant sur les épaules de la vieille femme agenouillée.

Il avait sous les doigts les clavicules maigres, que d'une pression un peu forte il pouvait briser.

Il se vengeait, il se vengeait d'un seul coup de tous les vieillards qui les avaient, sa sœur et lui, dépouillés et ruinés. Il se vengeait des gérontes qui les avaient livrés, avec un sang faible et appauvri, à un univers où ils étaient incapables de se défendre. Il regagnait en bloc les cinquante millions qui eussent dû être leur héritage familial; il se faisait restituer cette fortune pour laquelle il avait été élevé, et sans laquelle il n'était qu'un infirme.

« Ton paraphe dans la marge, à côté de la rature...

— Comme tu me serres fort les épaules... comme c'est bon... », disait Lydia.

Il se vengeait des baisers des vieilles gens sur ses joues de bébé; il se vengeait des dégoûts que lui imposait son arrière-grand-père, le baron Siegfried, en le faisant assister au défilé des gueux; il se vengeait des terreurs que lui inspiraient les colères de son grand-père, le géant Noël; il se vengeait, sur cette vieillarde hystérique, des vieux amants d'Inès qui, dans leurs bavardages de salle de bain, avaient pour lui flétri l'amour.

Il se savait abject; il savourait son abjection.

Il se savait le plus fort, de la force de l'enfant qui arrache les ailes d'une mouche.

« Et celui-là; allez, signe ! C'est le dernier. »

C'était une procuration générale pour la banque et pour toutes les opérations mobilières et immobilières.

En signant, Lydia allait avaliser son dépouillement définitif.

« Tu as voulu me tenir à ta merci avec ton contrat de séparation de biens. Ça t'apprendra... ça t'apprendra... », pensait Jean-Noël.

Il lui caressait les reins, il caressait les millions collés à ce vieil épiderme.

« Oh ! que c'est bon... encore », disait-elle en gémissant.

La plus belle fille, à la peau la plus fraîche, n'eût pas pu déterminer chez Jean-Noël une incitation charnelle plus vive que cette ancêtre aux mamelles vides qui s'accrochait à ses mollets.

Elle contemplait, haletante et fascinée, les signes qu'il exposait d'une virilité sans défaillance.

« C'est toi le mâle... c'est toi qui commandes », dit-elle.

Et elle signa la dernière pièce.

« Viens maintenant, viens », dit-elle.

Et sa supplication avait un ton de rage.

Jean-Noël avait cru qu'il parachèverait sa vengeance en la laissant ainsi, lorsqu'il détiendrait les signatures. Mais ses nerfs réclamaient leur assouvissement. Son esprit à lui aussi se brouilla. Il la retourna, pour ne pas voir se tordre le visage réparé...

Le mariage était consommé. Lydia, encore hoquetante et agitée de soubresauts, avançait à quatre pattes sur le tapis.

« *Amore mio, amore mio,* relève-moi, aide-moi... je ne peux pas me relever seule... »

Il claqua la porte sans répondre.

La vieille femme continua de parler toute seule.

« Comme c'était bon... il n'y a que ça au monde... Je voudrais mourir ainsi. On ne doit pas s'apercevoir qu'on meurt... on recommencera demain. »

Elle avait senti la semence se perdre dans les replis de ses muqueuses, pareilles à la fange craquelée des étangs desséchés.

« Comme c'était bon. »

Elle cherchait vainement à se remettre debout.

Elle voulut s'accrocher à un fauteuil, mais le fauteuil glissa sous sa main. « Je ne peux pas, je ne peux pas; il faut qu'on vienne m'aider. »

Sur les genoux et les paumes, elle traversa la chambre somptueuse, dont le vieux parquet sentait la cire; elle se traîna jusqu'au cordon de tapisserie, agita une sonnette lointaine, et attendit que ses domestiques vinssent la relever.

Elle saignait légèrement du nez, mais ne s'en inquiétait pas, car cela lui était déjà arrivé.

V

Dans le couloir, Jean-Noël rencontra Christian Leluc.

« Va donc voir la vieille, lui dit-il au passage. Comme cela, tu seras témoin qu'il y a eu consommation. »

Et il suivit son chemin.

Il avait les papiers signés dans sa poche. Il était le maître de cette fortune énorme. « Et maintenant ? », se demandait-il.

Maintenant, il éprouvait le pire dégoût qui soit.

Il entra chez Marie-Ange. Elle était couchée, lasse une fois de plus, lasse de n'avoir rien à faire, lasse de n'avoir ni amour, ni espérance.

« Tiens, dit Jean-Noël en déposant les papiers timbrés sur la table de chevet. Mets cela de côté, en les cachant bien. Nous sommes définitivement riches, et je ne t'ai pas oubliée. »

A l'expression du visage de son frère, Marie-Ange comprit ce qui s'était passé, et ne répondit pas.

Elle ne le jugeait pas; elle le plaignait. Et parce qu'il avait songé à assurer son existence matérielle, à elle aussi, elle partageait sa honte, se sentait complice d'une espèce de crime qu'aucun code ne définissait.

Jean-Noël alla s'accouder à la balustrade de la loggia. Au-dessous de lui, les clématites, les sureaux

et les chèvrefeuilles confondaient leurs fleurs dans
les douves, et le grand parc à l'anglaise s'étendait
sous le soleil de fin août, avec ses pelouses qu'il
faudrait bientôt faucher pour le regain, ses bouquets
d'ormes et de hêtres pourpres...

« Et voilà... Et voilà..., se disait Jean-Noël. Je suis
le descendant des maréchaux de Mauglaives, je suis
le petit-neveu du général de La Monnerie, et je me
suis fait planquer comme chauffeur d'un ministre,
d'un ministre qui, en plus, était l'amant de ma
sœur... Je suis le rejeton de familles qui ont fourni
je ne sais combien d'évêques et de cardinaux, et je ne
sais même plus mes prières, et je n'ai même plus
le recours de croire en Dieu... Je porte le nom d'une
dynastie de banquiers européens, et j'ai fait des
chèques sans provision, et je vis comme un maque-
reau... Je suis le petit-fils d'un poète dont les amours
ont été célèbres, et moi j'ai été le vingt-cinquième
amant d'une poétesse mûrissante; mon voyage de
noces en Italie, je l'ai fait en compagnie d'un vieux
pédéraste, et me voici marié à une femme de
soixante-douze ans... Mon père était un homme
honnête, droit et courageux... et il s'est tué. Et ma
mère était une femme digne, pieuse et vertueuse,
et on l'a tuée... ici. Et il y a des gens qui labourent
la terre, la terre de mes ancêtres, *ma* terre, et je
ne les comprends pas, ils ne m'aiment pas et je ne
les aime pas... »

Il y avait aussi des gens qui construisaient des
barrages, traçaient des plans d'avion, détectaient au
microscope l'origine des maladies, pensaient l'uni-

vers nouveau, prêchaient la révolution. Jean-Noël
sentait bien que du côté de ces gens-là était la
vérité, mais une vérité inaccessible pour lui. Le
monde ne l'avait fait pour rien de tel. Le monde
ne l'avait fait que pour prolonger une société qui
n'existait plus, ou presque plus. Sans rêve, sans
ambition, sans aptitude ni vocation, sans rien avoir
à apporter à ses semblables, donc sans pouvoir
rien en attendre, coupé des amarres du passé,
démuni de rames pour gagner l'avenir, à la dérive sur
les jours... était-ce cela qu'on appelait : être une
fin de race ?

« Jean-Noël... », appela doucement Marie-Ange.

Il vint vers elle, s'assit sur le bord du lit.

« Allons, allons, ne te désespère pas, tu auras le
temps d'être heureux », dit-elle.

Elle oubliait la guerre imminente.

Pour la première fois, avec une surprise douloureuse, elle voyait Jean-Noël non plus comme un
petit frère qui n'agissait que pour faire des sottises,
mais comme un homme qui commençait une crise
de conscience, un homme que son existence acca-
blait soudain comme une indignité.

Et comme une femme qui cherche à consoler
un homme qui souffre, elle attira doucement la tête
de Jean-Noël contre son épaule.

Il faisait chaud. Marie-Ange était nue sous le drap
de lin usé qui venait de l'armoire de leurs aïeules.
Jean-Noël se sentait mieux, le front contre cette
épaule tiède. Il resta ainsi plusieurs minutes. Et puis
il releva la tête et regarda Marie-Ange. L'avait-

il jamais regardée de si près, et si attentivement ?

Il n'avait jamais remarqué sur ce beau visage la
ride minuscule, le tout petit trait encore à peine précisé au coin de la paupière, ni cette courbe à
peine indiquée sous le maxillaire.

« Elle aura un peu de double menton, l'ombre
se creusera autour de la narine... », se dit-il. Il étu-
diait les méplats de la chair où s'installeraient les
affaissements, les places où les pores se relâcheraient,
les asymétries qui s'accentueraient. S'il avait su
dessiner, il eût pu la représenter exactement telle
qu'elle serait dans trente ou trente-cinq années.

Comment comprit-elle ce qu'il observait, ce
qu'il pensait ?

« Tu regardes le visage que j'aurai quand je
serai vieille », dit-elle.

Il ne répondit pas, mais il fit ce que fait un
homme pour rassurer une femme sur sa beauté. Il lui
donna un baiser, et le baiser se posa, très naturellement, sur cette bouche dont il venait d'apercevoir
la déformation future.

Pas un baiser de frère et de sœur; un baiser
d'homme et de femme. Et les deux bouches se répon-
dirent parce que c'était leur rôle et leur besoin de se
répondre.

Jean-Noël et Marie-Ange se retrouvèrent, les yeux
devant les yeux, un peu surpris.

Une émotion étrange s'installait entre eux. Le
pépiement d'un oiseau, dehors, prit une importance
inattendue dans un silence qui s'allongeait irréelle-
ment.

Jean-Noël commandait-il lucidement à sa main lorsqu'il la posa doucement, si doucement, sur la poitrine de sa sœur ?

Quelle revanche, après ce qui s'était passé à quelques chambres de là, l'heure précédente, son corps demandait-il à la jeunesse ?

Ses doigts d'homme suivaient la courbe d'un beau sein, souple et dense, interrogeaient la pointe arrondie... Marie-Ange avait fermé les yeux, et l'ombre de ses cils s'allongeait sur la joue.

Elle rouvrit les yeux, tourna vers Jean-Noël un regard où se lisait un léger effroi, une interrogation qui ne trouva pas de réponse.

Quand la main de Jean-Noël commença de descendre vers le ventre, ce ventre chaste depuis trop de semaines, Marie-Ange referma les paupières et une nacre rose se répandit sur son visage consentant.

Elle eut juste la présence d'esprit de murmurer, instruite par une expérience amère :

« Fais attention, je t'en prie. »

Et l'inceste s'accomplit, qui leur était promis, sans qu'ils en fussent avertis, depuis leur enfance... l'inceste comme un retour dans le silence du sein maternel, et comme un oubli d'être.

Bien rares sont les chairs qui s'accordent vraiment. Chaque homme, chaque femme, dans le secret de sa pensée, et quelque nombreux qu'aient pu être ses entraînements ou ses expériences, doit reconnaître qu'il n'a droit qu'à très peu de ces rencontres heureuses sur tout le chemin de la vie. Etait-ce leur faute, si leurs épidermes étaient destinés à cet accord, et si la malchance voulait qu'ils fussent frère et sœur ?

Mais quand Jean-Noël, cet après-midi-là, apprit qu'on venait d'afficher sur les murs du village l'ordre de mobilisation, il accueillit cette nouvelle comme une délivrance.

La guerre leur permettrait peut-être, à Marie-Ange et à lui, d'oublier le seul amour pour lequel ils étaient faits.

Il ne doutait point qu'il serait tué, car, pour l'instant, il le souhaitait. Il était décidé à demander une affectation périlleuse, et à jouer perdant avec le danger, non point par patriotisme, non point par sentiment de rachat, mais simplement par mépris de vivre. Il se sentait un mort avant d'aller combattre.

ÉPILOGUE

Simon Lachaume s'approcha de la fenêtre ouverte, et s'appuya au montant. Combien de fois, de milliers de fois, depuis qu'il habitait cet appartement, avait-il fait ce geste machinal ? Combien de milliers de fois avait-il posé les yeux sur ce paysage de toits, de palais et de jardins qu'il finissait par ne plus voir à force de l'avoir trop regardé ?

Mais ce soir, jardins, palais et toits, et la grande tour d'acier au sommet de laquelle le phare, qui d'ordinaire y tournait, ne brillait plus, tout cela d'être subitement éteint, inhabituellement obscur, prenait un relief étrange, une vérité profonde, angoissante, accusatrice.

Ville lunaire, capitale morte, rues pareilles à des couloirs d'ombres où passaient, comme des vers luisants, les phares en veilleuse des taxis, où s'allumait, infime, le briquet d'un dîneur tardif cherchant le bouton de sa porte, où les vitres des réverbères ne luisaient que du pâle reflet de la voie lactée... Première nuit aveugle de Paris.

La guerre avait été déclarée quelques heures plus tôt, « après des communications tragiques entre les gouvernements de Londres et de Paris », écrivaient les journaux, comme si l'on pouvait douter qu'il fût tragique de déclarer la guerre.

« Au moins, j'ai la chance de ne pas être au gouvernement en ce moment », se dit Simon.

Mais était-ce vraiment une chance que cette solitude, cette sensation de désœuvrement ? Oh ! bien sûr, il avait à étudier une pile de dossiers, et tous les problèmes que la mobilisation, les réquisitions allaient soulever dans sa circonscription. Et demain il irait à la Chambre; il ne manquerait pas de poser des questions pertinentes sur l'équipement des unités de forteresse et sur le maintien dans les campagnes de la main-d'œuvre indispensable aux travaux agricoles; puis il voterait les crédits exceptionnels nécessaires au massacre, et toute l'assemblée se lèverait dans un beau mouvement d'unanimité nationale, et peut-être qu'on chanterait faux *La Marseillaise* avec des larmes plein les yeux... Est-ce qu'on avait besoin de lui pour cela ? Est-ce que n'importe qui ne pouvait pas le faire à sa place ? Est-ce que n'importe qui n'aurait pas pu faire à sa place tout ce qu'il avait fait ?

Dans la rue, un agent cycliste, s'arrêtant contre le trottoir, siffla.

« Eh ! là-haut, votre lumière, cria-t-il, vous voulez une contravention, non ?

— Oui, oui, tout de suite », répondit docilement Lachaume.

L'agent de police ne pouvait pas savoir, évidemment, à qui il s'adressait. Mais l'aurait-il su, il se serait mis au garde-à-vous et il aurait dit : « Je vous demande pardon, monsieur le ministre. Mais les ordres sont les ordres. »

Et Simon aurait répondu : « Mais parfaitement, mon ami. Vous avez raison, vous accomplissez votre devoir et je vous en félicite. » Misérable comédie. La guerre allait donner à tous ceux qui ne la feraient pas l'occasion de se gonfler dans leur petit rôle, leur petit rôle d'agent de police ou de président de groupe parlementaire.

Simon alla éteindre le lustre, alluma sa lampe de bureau, à abat-jour vert, qu'on ne pouvait pas apercevoir de l'extérieur.

La lettre de Marie-Ange était sur le buvard.

« J'ai déchiré toutes vos dernières lettres sans les lire. Je vous demande de ne plus m'écrire... J'ai les nerfs brisés; c'est plus long à se ressouder que les os. »

Simon ne pouvait pas voir cette feuille, ni s'en répéter les phrases sans qu'une émotion malheureuse l'étreignît.

Ainsi Marie-Ange ne savait même pas ce que contenaient tant de pages envoyées, semaine après semaine; elle n'avait même pas consenti à lire les aveux, les élans, les supplications qu'il lui adressait, ni les reproches qu'il s'infligeait. L'humiliation d'écrire à quelqu'un qui ne vous répond pas n'avait donc servi à rien...

« Mais il n'y a pas d'humiliation, lorsqu'on aime

vraiment..., se disait-il. Et maintenant, qu'est-ce
que je fais au monde, qu'est-ce que je fais sur la
terre ? »

Depuis le départ de Marie-Ange, il n'avait pu
s'intéresser, il n'avait pu toucher à aucune femme.
Il errait à travers son amour vide comme un pauvre
dans une maison démeublée. Quel visage pourrait
l'émouvoir, autre que celui de Marie-Ange, dont
l'enchantaient toutes les expressions, dont il se plaisait
à déchiffrer toute la petite syntaxe secrète des sourires, des sourcils qui frémissent légèrement, des
paupières qui s'abaissent ou se relèvent pour interroger ? Quel corps pourrait jamais lui apporter la
même paix en se blottissant contre le sien dans le
sommeil ?

« Elle m'aimait moins que je ne l'aimais. Mais
c'est naturel; c'est le plus jeune qui a l'avantage
toujours. L'avantage en amour est détenu par celui
qui tient le moins à l'autre. Jusqu'à elle, j'avais
toujours eu l'avantage... Et pourtant, elle semblait
heureuse avec moi, à cause de moi ! »

C'était de cela qu'il souffrait tellement, de n'avoir
plus personne à qui donner du bonheur, d'avoir
perdu le seul être auquel il avait jamais eu envie
d'en donner.

En vieillissant, une disposition pour la bonté,
jusque-là bien étrangère à sa nature, s'était des-
sinée en lui mais restait sans emploi. Et sa vie
n'avait plus de sens, et il avait l'impression de vivre
pour rien.

Il eut honte d'être obsédé à ce point de son

drame personnel alors que le drame gigantesque
venait de s'abattre sur le pays tout entier, alors
qu'on venait de tirer un drap nocturne sur la capitale du second empire du monde... et que sous ce drap
noir piqueté d'étoiles, catafalque pour toute une
cité, s'agitaient le malheur des pères qui avaient
conduit leur fils à la gare, le malheur des mères
qui avaient insisté, en plein cœur de l'été, pour
mettre un cache-nez de laine dans la valise du
mobilisé, l'angoisse des épouses, l'angoisse des maîtresses dans leurs lits soudainement trop grands, le
désespoir des fiancés devant leurs rêves différés,
l'effroi des femmes enceintes, l'effroi des femmes
en couches, la misère de toutes les chairs fragiles entre
les murs friables et menacés.

Mais s'il n'avait pas été lui-même dévoré par
son chagrin, eût-il été aussi sensible, aussi récep-
tif au malheur collectif, aussi capable d'imaginer
la détresse des inconnus ?

« Marie-Ange est à la campagne en sécurité.
Au fond, c'est très bien ainsi. S'il y a des raids ici,
elle ne risquera rien. Je devrais être content de
n'avoir personne de proche pour qui trembler »,
se disait-il. Et l'instant d'après, il pensait : « Elle
va probablement revenir. Je la reverrai. La guerre
change bien des choses. Et puis, elle aura sûrement
à me demander un service pour son frère... »

On sonna à la porte d'entrée. Ses domestiques
étaient couchés. Il alla ouvrir avec l'espérance
absurde que ce pût être Marie-Ange. Ou bien un
télégramme d'elle.

« Je vous apporte votre masque à gaz, monsieur le ministre. »

C'était le concierge, promu chef de la défense passive pour l'immeuble. Ses cheveux drus et blancs faisaient tache claire dans la pénombre.

« On les a distribués cet après-midi, continuat-il. J'ai dit : « Je vais prendre celui de monsieur « le ministre parce que lui, occupé comme il est, « il va sûrement pas y penser. C'est qu'il faut le « protéger, monsieur le ministre ! Des hommes « comme lui, on n'en a pas de trop. » Alors je vous l'apporte, des fois que ces cochons-là se mettraient cette nuit à nous jeter des obus à gaz...

— Merci bien, monsieur Lecorne, dit Simon en prenant la boîte cylindrique et grise.

— Ça ne nous rajeunit pas, hein, monsieur le ministre ? » reprit le concierge.

Il avait envie de faire la conversation, d'être rassuré, probablement.

« Non, ça ne nous rajeunit pas, dit Simon. Merci encore. »

Il referma la porte et revint dans son bureau.

« J'aurais dû lui dire quelque chose à ce brave homme. Son fils a dû partir... »

Il posa le cylindre gris sur la table. Il se souvenait d'avoir signé, lorsqu'il était au ministère de la Guerre, l'ordre de fabriquer en série ces masques pour la protection des populations civiles. On lui en avait montré le modèle, choisi par les services compétents entre plusieurs systèmes proposés.

« Comment est-ce qu'il fonctionne, celui-là ? » se demanda-t-il.

Il sortit de la boîte le masque de caoutchouc, au groin de métal, et s'en affubla.

« Non, ça ne nous rajeunit pas », pensa-t-il. Il n'eut pas besoin d'aller devant la glace pour se revoir tel qu'il était quelque vingt ou vingt-deux ans plus tôt avec un masque à peu près semblable sur le visage. Sous les deux œillères de verre, il revoyait les tranchées, il revoyait son capitaine, il revoyait les camarades morts; il revoyait un bras accroché par un lambeau de manche à un poteau télégraphique; il revoyait des maisons qui n'avaient plus que trois murs, avec une photographie de mariage qui restait stupidement pendue au premier étage; il revoyait des chevaux éventrés dont les intestins se déroulaient dans la poussière; il revoyait le gourbi de son chef de section qui sautait... « Lachaume, c'est vous qui prenez le commandement »; il revoyait des forêts entières que les bombardements avaient transformées en champs de pieux noircis... Shrapnels, marmites, gros noirs... tout cela qui allait recommencer avec des explosifs dix fois plus forts, des tanks dix fois plus lourds, des avions dix fois plus rapides.

« J'étouffe là-dessous », se dit Lachaume en arrachant le masque.

Et pourtant, il avait supporté un masque semblable pendant de longues heures, durant les attaques. Etait-ce ce nouveau masque qui était mauvais, ou bien lui-même dont les poumons s'essoufflaient, les artères s'engorgeaient... sédentaire vieillissant, trop bien nourri et prématurément usé...

Il dévissa la capsule du groin, la revissa, vérifia l'élasticité des attaches, essuya les yeux de vitre, pratiquant une étrange autopsie sur ce visage de monstre qu'il croyait avoir abandonné à jamais, vingt ans plus tôt.

Si le lieutenant de réserve Lachaume, qui, le 14 juillet 1919, sous les arbres des Champs-Elysées, tout récemment démobilisé, écrasé par la foule, s'applaudissait lui-même en applaudissant les maréchaux à cheval, les troupes et les drapeaux défilant sous l'Arc de Triomphe, si le petit universitaire inconnu qui partageait alors la croyance de toute sa génération, à savoir qu'il s'était battu pour une paix définitive, « et qu'on ne reverrait plus jamais cela », si le lieutenant Lachaume avait pu se dresser sous ce masque, de quels reproches, de quelle colère n'eût-il pas accablé le ministre Lachaume ?

« Car je n'ai même pas l'excuse, se disait Simon, d'avoir été un citoyen ordinaire et obscur; j'ai été le maître d'un journal; j'ai eu la presse et la tribune à ma disposition, j'ai été dix fois ministre, j'ai eu en main ce qu'on appelle sottement les leviers de commande. Ai-je agi, ai-je parlé une seule fois, comme j'aurais dû le faire, comme je m'étais promis de le faire ? Ai-je une seule fois utilisé cette puissance pour la paix, pour la paix du monde ? Ai-je une seule fois élevé la voix pour dire que la paix n'était pas la tranquillité d'autruche pendant le cours d'une session législative, ni même la prospérité illusoire

d'une nation, mais qu'il ne pouvait y avoir de paix
pour les hommes si un seul homme était menacé sur
la terre, pas de prospérité sur la terre si un seul
homme y mourait de faim, pas de bonheur sur la
terre si un seul homme ne savait pas comment y
élever ses enfants ? »

Il pensait à l'Abyssinie, à la Mandchourie, aux
famines de l'Inde, à l'Espagne, à l'Autriche, à la
Tchécoslovaquie; à tout ce qu'il avait accepté, laissé
faire, entériné, approuvé.

Et il devait bien reconnaître que c'étaient les
moyens mêmes qu'il fallait employer pour conquérir
et conserver la puissance qui empêchaient de se
servir de cette puissance pour le bien du monde.

« L'avons-nous assez répété dans nos discours,
mes amis et moi, que, si une nouvelle guerre venait
à éclater, ce serait la ruine de la civilisation ?... Eh
bien, ça y est, c'est arrivé. Il y a des lumières qui se
sont éteintes ce soir et qui ne se rallumeront pas...
Et ce masque, ce masque ? Est-ce qu'au moins il est
efficace ? »

Pris d'un tardif scrupule, il traversa l'appartement pour aller à la cuisine essayer le masque
au-dessus du fourneau à gaz.

« Si j'étais sûr, au moins, d'avoir signé un ordre
utile, pris une mesure qui pût sauver des vies
humaines, je me dégoûterais moins... Est-ce que je
me suis demandé s'il y avait eu des pots-de-vin
distribués, ou du jeu d'influence pour faire choisir
ce modèle, pour désigner les usines... »

Il se rappela soudain que ce type de masque était

conçu pour se protéger contre les brouillards toxi-
ques que pouvaient utiliser les armées, mais non
contre le gaz d'éclairage, de nature et d'emploi tout
différents. L'expérience qu'il voulait faire n'avait
donc aucun sens. Il voulut tout de même la tenter,
pour savoir; il remit le masque, se pencha au-dessus du fourneau, tourna les robinets. Simon sentit
bientôt, plus fort que l'odeur du caoutchouc, le parfum douceâtre et venimeux du gaz; aussitôt, il arracha son masque, ferma les robinets, ouvrit la fenêtre.
« Ah ! oui, attention à la lumière. » Il éteignit. Et
voilà. Le gaz d'éclairage passait, sans que cela impli-
quât que le masque fût défectueux. L'odeur de gaz
continuait de flotter dans la cuisine. « Pourquoi me
suis-je arrêté ? pensa Simon. Pourquoi ai-je fermé
les robinets ? J'avais avalé la première goulée. C'était
bien commencé. Il n'y avait qu'à continuer. Que
puis-je encore attendre de la vie... J'ai eu tout ce
que je pouvais cueillir sur le chemin que j'ai pris.
Il ne pouvait aboutir que là. »

Là, c'est-à-dire assis sur la chaise de bois dans
sa cuisine, éteinte, entre les casseroles, le fourneau
émaillé, le buffet ripoliné qui luisaient faiblement,
et la fenêtre ouverte sur des cheminées de tôle.

Là... c'est-à-dire séparé de Marie-Ange, écarté
du pouvoir, avec la guerre déclarée et la certitude
de l'écroulement d'une société à laquelle il n'avait
aucun désir de survivre.

Mourir devant des casseroles pendues au mur,
après avoir été le parlementaire mondain, qui allait
aux vernissages, aux bals masqués, aux répétitions

générales... Des casseroles. Il revit sa mère devant
la cheminée, aux Mureaux. Sa mère qu'il n'avait
jamais aimée...

Et après un moment, il haussa les épaules. Si
désespéré qu'il fût, il sentit qu'il ne lui serait pas
facile de se résoudre à mourir. Il était trop vieux. Il
avait passé l'âge du suicide.

Il revint dans son bureau; cette errance à travers
l'appartement vide agissait comme un maléfice sur
ses nerfs. Il s'approcha de la bibliothèque cherchant
quelque réconfort parmi ces volumes dont il savait
chaque place sur les rayons. Ouvrages d'économie
politique, Mémoires, histoire diplomatique... comme
il s'était mal servi de tout cela... les poètes, les
poètes qui apaisent, les poètes dont la fonction (ils
le disent) est de souffrir pour les autres, les poètes
qui avaient nourri sa jeunesse, les grands, les moins
grands, les démodés... Verlaine, Sully Prud-
homme, Jean de La Monnerie...

La Monnerie... Marie-Ange. Simon pensa au
vieux maître mort au lendemain de l'autre guerre.

Quelle chance avaient ces gens-là de se créer des
douleurs lyriques avec lesquelles ils pouvaient
vivre honorés, admirés, jusqu'à quatre-vingts ans !
Mais non, mais non. Même pas cela pour Simon.
Il n'avait même pas voulu être un dieu. Il avait
voulu arriver, réussir...

Trois adolescents sur quatre rêvent d'une destinée exceptionnelle. Mais ceux qui la conquièrent
ne sont pas assurés pour autant d'être devenus des
hommes d'exception.

Il avait assez vécu pour se rendre compte qu'il existe dans la société un certain nombre de fonctions prééminentes qui doivent être tenues, coûte que coûte, et que les hommes qui ont des facultés de travail, de ténacité, de résistance physique un peu supérieures à la moyenne y accèdent par un chemin presque fatal.

Réussir, pour ceux-là, ce n'est presque qu'une question de durée, une question de santé. Ils n'ont qu'à attendre de remplacer les morts. Les très grands hommes sont rares, et ce sont les moins médiocres qui administrent ordinairement les affaires du monde.

« Mais oui, j'ai réussi, et voilà... La fin des hommes qui ont réussi est peut-être plus sinistre encore que celle des hommes qui ont échoué, car ils n'ont même pas la ressource de croire que le sort a été injuste à leur égard. »

Son regard continuait de se déplacer le long du rayon, mais sans espoir. Albert Samain, Henri de Régnier... Et Simon se souvint de la terrible parole de ce dernier, deux verbes accolés qui valaient à eux seuls toute une bibliothèque, deux verbes lucides, impitoyables, pareils à une inscription retrouvée parmi les ruines :

Vivre avilit.

On n'avait rien écrit de pire, ni de plus vrai, pour expliquer aux hommes à venir les hommes de cette société qui mourait.

« Vivre avilit... vivre avilit... Alors aujourd'hui,

demain, qu'importe, quand on a compris cela ! Et
plutôt aujourd'hui que demain... Et cette planète
refroidira. Et, bien avant, la France aura disparu,
comme disparaissent tous les pays... Langue morte,
pays mort... Il faut être Homère ou le passant tranquille. »

Le téléphone sonna. « C'est peut-être Marie-
Ange », se dit-il en sursautant. Et il courut à l'appareil.

« Monsieur Lachaume ? Lui-même ? Monsieur le
ministre, veuillez ne pas quitter; le président va vous
parler. »

La voix de l'attaché de cabinet fut remplacée par
celle, familière à Simon, du président du Conseil.

« Ah ! c'est toi, mon cher Lachaume. J'avais peur
qu'on ne te trouve pas... »

Et il expliqua à Simon ce qui se passait. Trois
ministres d'âge mobilisable avaient demandé à partir
aux armées... « nécessaire, indispensable pour le prestige du parlement. Ils ont du cran, c'est bien... »,
continuait-il. C'était l'occasion, également nécessaire,
indispensable, de remanier le gouvernement, de
constituer un cabinet d'union nationale et de salut
public. Le président, après avoir précisé le dosage
des partis, offrait à Simon la vice-présidence du
Conseil, sans portefeuille.

« Ton parti représente, sur l'échiquier électoral,
une notable partie des classes mobilisées... », dit le
président.

« Ah ! tout de même, il le reconnaît ! » pensa
Simon.

« Ce n'est plus le moment des divergences secondaires, poursuivait l'autre. Je te demande, j'insiste, pour que tu acceptes... Sans portefeuille, tu comprends bien, parce qu'il n'y en a aucun d'assez important pour toi, et que je compte placer plusieurs ministères sous ton contrôle... une vice-présidence réelle...

— Je te demande une demi-heure pour réfléchir. Je te donnerai ma réponse dans une demi-heure », dit Simon.

Le masque était posé devant lui sur la table.

Sa pensée qui, l'instant d'avant, tournait à vide dans le coton noir du désespoir s'était remise à fonctionner avec précision.

S'il ne prenait pas le poste offert, à qui le donnerait-on ? A François Moreau, évidemment, ou à Delpas. François Moreau était un idiot, enfin pas un idiot complet, mais nullement l'homme qu'il fallait en ce moment. Tandis que lui, Simon... Avait-il le droit de se dérober ? Et devait-il prendre l'avis de son groupe ? « Oh ! le groupe fera ce que je voudrai... Et il va falloir retrouver les luttes, les jalousies, les intrigues, les subordonnés qui obéissent mal, les responsabilités qu'on endosse... et tout cela avec la guerre. »

Mais du seul fait qu'on le rappelait aux affaires, il voyait la situation sous un jour moins tragique. Il était une heure du matin. Pas encore d'attaque aérienne. Les Allemands ne disposaient peut-être pas d'une flotte aérienne aussi nombreuse et efficace qu'on le croyait... Il s'agissait de prendre des mesures d'ordre; il s'agissait de faire vite, de concentrer les énergies de la nation. Cette guerre, pourquoi la voir interminable ? Elle pouvait être rapide et victorieuse. Hitler était profondément engagé en Pologne; et des peuples trop hâtivement conquis et forcément hostiles alourdissaient la machine allemande. La France allait peut-être sauver le monde et il fallait des hommes pour conduire ce salut. Simon avait déjà un beau discours, bien martelé, qui se formait sur le bout de sa langue. Les mesures prises pour la défense passive pouvaient rassurer les populations civiles...

Et il se voyait déjà inspectant les tranchées d'un pas rapide, comme Clemenceau, comme Poincaré... Car si le ministère venait à tomber, alors, la prochaine présidence...

Etait-ce le même homme qui, quelques minutes plus tôt, amusait sa solitude avec des robinets à gaz ?

Et Marie-Ange ? Reprendre le pouvoir sans savoir que Marie-Ange l'attendrait le soir.

« Mais Marie-Ange, je la reverrai. La guerre va la rapprocher de moi, forcément... J'ai eu un moment de faiblesse tout à l'heure, un moment de dégoût. Après tout, je suis un homme comme les autres. J'ai le droit d'avoir aussi un accès de découragement. Et je suis encore le plus fort de ma génération, et de celle qui me suit. »

Simon Lachaume regarda autour de lui le masque, les livres, le vague reflet de sa silhouette dans la glace, la fenêtre ouverte sur la ville obscure, et il

s'emplit les poumons de la fraîcheur de la nuit.
Il décrocha le téléphone, forma le numéro.

« Allô, dit-il, c'est toi, président ?... J'accepte. »

Vivre avilit, bien sûr; mais pour Simon Lachaume,
comme pour l'univers qu'il représentait, c'était encore
la seule manière d'exister.

Paris, 24 août 1951.

TABLE

IMPRIMÉ EN FRANCE PAR BRODARD ET TAUPIN
Usine de La Flèche (Sarthe).
LIBRAIRIE GÉNÉRALE FRANÇAISE - 6, rue Pierre-Sarrazin - 75006 Paris.

ISBN : 2 - 253 - 01455 - 9 　　　　　　　◈ 30/0896/8